江苏省教育科学"十四五"规划专项课题"学习地图全景视阈下中小学生科学阅读能力的发展机制研究"（课题号：C/2023/01/123）

2023年度江苏省高校哲学社会科学研究一般项目"基于学习地图支持的儿童创生性学习空间构建研究"（项目号：2023SJYB2154）

课程文化资本运作

对非贫失学青年的考察

仇盼盼 著

中国社会科学出版社

图书在版编目（CIP）数据

课程文化资本运作：对非贫失学青年的考察／仇盼盼著 . -- 北京：中国社会科学出版社，2024. 10.
ISBN 978-7-5227-4224-3

Ⅰ．G455

中国国家版本馆 CIP 数据核字第 2024TP1101 号

出 版 人	赵剑英
责任编辑	高　歌
责任校对	李　琳
责任印制	戴　宽

出　　版	中国社会科学出版社
社　　址	北京鼓楼西大街甲 158 号
邮　　编	100720
网　　址	http://www.csspw.cn
发 行 部	010-84083685
门 市 部	010-84029450
经　　销	新华书店及其他书店
印　　刷	北京明恒达印务有限公司
装　　订	廊坊市广阳区广增装订厂
版　　次	2024 年 10 月第 1 版
印　　次	2024 年 10 月第 1 次印刷
开　　本	710×1000　1/16
印　　张	18.25
插　　页	2
字　　数	273 千字
定　　价	99.00 元

凡购买中国社会科学出版社图书，如有质量问题请与本社营销中心联系调换
电话：010-84083683
版权所有　侵权必究

前　言

一直以来，人们坚信"书中自有黄金屋，书中自有颜如玉"，这表明读书求学获得的知识不仅珍贵美好，而且具有极大的价值，法国社会学家布迪厄更在文化资本的意涵上来定义人的知识的内在实力。随着知识时代的到来，人与人之间知识实力的竞争愈加艰巨。在这种时代背景下，每个人从进入学校伊始，便已经与以知识为实体的课程文化资本打交道，并且自然而然地展开课程文化资本的运作，为自身谋得发展效益。同时，只要知识作为内在实力存在于人的身上，知识的资本化运作行动便会一直发生。然而，那些失学的、本就没有从学校中获得多少课程文化资本的人，他们是如何运作自身的课程文化资本的？他们在课程文化资本运作中面临的困境是什么？这些困境又是如何发生的？为此，本书以失学青年为考察对象，聚焦他们的课程文化资本运作实际境况，尝试剖析他们在课程文化资本运作中受到发展阻滞的表现、发生机制和根源性问题。通过研究，一则可以为这些失学青年破解低效课程文化资本运作行动提供新的思路；二则能够为重新构建有效的课程文化资本运作图景提供可靠的依据；三则可以为基础教育课程在培养学生有效运作课程文化资本上提供有益的参考建议。

本书主要围绕文献、理论和现实三个层面同时展开。其一，以课程文化资本和课程文化资本运作等范畴为基础对已有文献进行回顾和学习，汲取已有研究的丰硕成果，为本书对课程文化资本运作的探索提供有力支撑，奠定坚实的地基。尤其是关于学生成就与以知识为实体的课程文

课程文化资本运作：对非贫失学青年的考察

化资本之间关系的研究，均证实了课程文化资本对人的发展具有重要影响。不过已有研究几乎都着重于课程文化资本对人的社会性发展的影响上，关于个体在课程文化资本运作中的自我发展的关注则比较薄弱，这为本研究深入思考"什么才是有效的课程文化资本运作"提供了契机。其二，本书以知识论（包括默会知识论）和人学两论分别对课程文化资本实体和课程文化资本运作主体进行理论层面的认识。通过课程文化资本与知识的价值、内容以及活动三个主要层面说明课程文化资本与知识的内在一致性，论证知识作为课程文化资本实体的正当性。以及通过人学理论确立课程文化资本运作主体为完整的现实的个人的基本立场，并在人的本质、特征、存在形态、内在导向和外在行动等维度上讨论非贫失学青年作为课程文化资本运作主体的人学基础。其三，本书选取江苏省北部某一自然村的非贫失学青年作为研究对象，主要结合并参考程序主义扎根理论和个体主义的方法论立场，具体采用半结构化深度访谈、撰写个人教育自传并辅之以个人教育经历与认识的口述等方法，全面收集这些青年在自身课程知识的资本化运作中的行动、互动、信念和感受等个人表现。在一年以上的交流和对话过程中，协助他们进行具体运作活动回忆，探察他们当下利用知识进行转化和变现知识价值的现实状况，以及课程文化资本进一步发展的行动规划和未来设想。至此，本书共获得了超过20万字的分析资料。在调查研究过程中，本书还针对这些青年的课程文化资本运作行为细节进行三角验证，直到选取32位非贫失学青年进行资料收集才满足理论饱和度检验，从而达到本书的效度期待。

首先，本书以质性研究工具 NVivo 11 plus 软件对收集的资料实施编码、类别化和范畴化等编辑工作，主要采用词频、节点图表、节点覆盖率、Pearson 相关系数、聚类分析和矩阵编码等功能进行数据画像，从而得出相应的研究发现：课程文化资本的低效获取运作造成了这些青年的失学，课程文化资本的低效转化运作加剧了他们的生存压力，课程文化资本的低效发展运作阻碍了他们的自我提升进程。其次，在这一发现的基础上，将非贫失学青年课程文化资本运作活动（课程文化资本获取、课程文化资本转化和课程文化资本发展）深描为顽主玩耍形态、规则游戏形态和异化共谋形态，这三个形态在非贫失学青年课程文化资本运作活动中的价值驱动、内容选择和应对方式上均呈现出知识学习或利用的低效性。继而，针对课程文化资本运作的低效事实，本书进一步阐释了课程文化资本低效运作的发生机制。非贫失学青年课程文化资本运作是在活动自我与心灵自我相互交缠的脉络中发生，并在运作发生过程中产生了对主体自身的冲突，适度冲突可以促进课程文化资本运作良性展开，但是，当冲突增强时则无法带来有效的知识资本化运作，甚至成为阻抗力量。本书深度挖掘了课程文化资本运作中的符号冲突、行动冲突和自我和解三种冲突形式的阻抗性，符号冲突最为强烈，导致主体对知识产生排斥和慌乱感，从而在远离知识中进行自我保护并丧失获取课程文化资本的欲望；行动冲突强度次之，这种冲突受到自我与社会追求的双重牵引，使主体在希望中学会选择和避让；自我和解表面上代表了冲突的消解，实际上是通过主体对一部分自我的放弃来成全自身的社会追求，而这并非冲突的消亡，恰恰是自我的矮化。同时由于冲突的阻抗力量，在课程文化资本运作过程中造成了主体与课程文化资本之间缺乏内恰、与社会共同体之间难以统一以及自我世界失衡的作用关系。

本书最终探讨了低效课程文化资本运作发生的根源问题，得出以下结论：主体对社会的深度依赖性导致课程文化资本运作中冲突的胶着，以致出现知识获得与利用过程的低效。而课程文化资本运作问题的纾解在于建立和保留合理的自我依赖性，这也是有效课程文化资本运作的根本出路。同时，本研究认为有效的知识资本化运作的应然归路是通过课程文化资本运作使主体在成长与发展中实现"繁荣"，这种"繁荣"必须指向自我舒适感的观照、内在意义的表达和物种性存在的追求。至此，本书回到课程本身，尝试在中国基础教育课程培养学生进行有效的课程文化资本运作上提出相关建议，包括基于课程文化资本的价值驱动，回到"人"的身份；基于课程文化资本的内容构成，把课程还给知识；以及基于课程文化资本的应对方式，营造开放式学习环境。只有真正关切知识与人的发展的深层关系，才能发挥出知识的资本效益。

本书是笔者的博士研究成果，代表着笔者对课程及其知识在人的发展和社会性意义上的理解和阐释，所以进行课程文化资本运作的研究，目的在于明确课程文化资本运作对主体发展的助益。本书着重探讨了主体在课程文化资本运作中的低效表现、问题和发生机制等，有助于主体在自我发展过程中正确认识和对待自身的课程文化资本运作行动，表现出一定程度的实践参考意义，也在一定程度上能够丰富课程文化资本及其运作的理论研究。不过，本书在有效课程文化资本运作问题上还只是做了初步和笼统的研究，期望未来能够呈现出更为系统、深刻、客观和鲜明的研究成果，从而充分展现课程文化资本及其运作研究的理论与实践价值。

仇盼盼
2024 年 2 月 29 日

目录 contents

绪 论 ·· 1
  第一节 研究缘起 ·· 1
  第二节 文献综述 ·· 3
  第三节 核心概念界定 ·· 27
  第四节 研究设计 ·· 38
  第五节 研究的方法论 ·· 46

第一章 知识论还原：课程文化资本的实体 ····················· 51
  第一节 课程、课程文化和知识作为课程文化资本实体的甄别 ····· 51
  第二节 知识作为课程文化资本实体的理据 ······················ 56
  第三节 知识作为课程文化资本实体的特性 ······················ 74

第二章 人学讨论：课程文化资本运作的主体 ··················· 81
  第一节 非贫失学青年作为课程文化资本运作主体的原理检视 ····· 81
  第二节 非贫失学青年作为课程文化资本运作主体的内在导向 ····· 90
  第三节 非贫失学青年作为课程文化资本运作主体的外在行动 ····· 95

第三章 非贫失学青年课程文化资本运作的实践表现探察 ············ 105
  第一节 研究对象概况与研究资料来源 ···························· 105
  第二节 研究资料编码 ·· 111
  第三节 研究发现 ··· 127

· 1 ·

第四节　研究效度检验 …………………………………… 134

第四章　非贫失学青年课程文化资本运作的形态深描 ……… 138
　　第一节　课程文化资本获取运作：顽主的玩耍 …………… 138
　　第二节　课程文化资本转化运作：规则的游戏 …………… 157
　　第三节　课程文化资本发展运作：异化的共谋 …………… 174

第五章　非贫失学青年课程文化资本运作发生机制阐释 …… 183
　　第一节　课程文化资本运作发生的整体脉络 ……………… 184
　　第二节　课程文化资本运作受到的阻抗力量 ……………… 190
　　第三节　课程文化资本运作形成的作用关系 ……………… 208

第六章　结论与建议 ……………………………………………… 219
　　第一节　结论 …………………………………………………… 219
　　第二节　对基础教育课程发展的建议 ……………………… 240

结　语 ……………………………………………………………… 252

附　录 ……………………………………………………………… 254
　　附录一　研究对象教育自传邀请信 ………………………… 254
　　附录二　研究对象访谈提纲 ………………………………… 255

参考文献 …………………………………………………………… 259

后　记 ……………………………………………………………… 283

绪 论

第一节 研究缘起

一 个人情结：课程知识如何成为失学青年的出路？

作为农村学生，我从小就知道也一直信奉：唯有读书和知识学习才有出路。我不知道其他人是否也有此信念，但是我目睹很多亲邻在知识学习和利用上的状态，尤其是我自己的弟弟。对我来说，印象最深刻的就是：20世纪90年代，我家还是带走廊的三间大瓦房。在走廊两边，西边是我每天趴在板凳上写课程作业，完成课程要求，东边是弟弟和他的几个同学或朋友玩弹珠、卡牌等当时流行的游戏，这个景象基本贯穿了小学和初中阶段，因为后来他们基本"不上了"，选择中断课程学习。作为失学青年，他们继而投身技校、学徒工作和外出打工等人生路径上，从此便很少出现在我家走廊的东边。这些失学青年在社会生活中兜兜转转，最终又回到家庭并依附家庭，既没有继承父辈的农作传统，也没有获得所谓"坐办公室"的机会。从整体上来看，他们对自身所学知识的资本化运作并没有实现常规的成功或成才。这些境遇逐渐引发我思考：这些匆匆结束学业的青年是不是在自身的知识学习和利用上出现了什么问题？至此，本书从失学青年的整体课程文化资本运作历程出发，不断追问课程知识是否以及能够如何成为个体的出路。

课程文化资本运作：对非贫失学青年的考察

二 学科观照：学生对课程文化资本的运作客观存在且具有必要性

资本并非静置性存在，而是运作着的。只有运作行为发生，资本才能实现自身的价值。主体对资本的运作行为必然存在，表现为一种有目的的价值谋求活动。在学生立场上，以知识为核心的课程文化资本运作行为同样客观存在。其一，在知识的学习上，知识学习就是学生在学习过程中对知识的价值进行认识，使有价值的知识成为自身的内在实力。随着学习的深入，知识对人的价值越来越大，也越来越表现出一种个人资本的属性。学生通过知识学习能够使自身越来越强大，越来越具有竞争力。也即，从学生开始在课程中进行知识学习，这种课程文化资本运作过程便已经发生。其二，在知识的使用上，知识使用就是学生利用知识实现自己的目的，同时发挥知识的价值，甚至提升知识的价值。人进行知识认识的目的就是利用知识，借助知识的价值维护人自身。学生对知识的使用就是使自己从知识中得到力量，从而在学习与生活的竞争中处于优势。学生用自身所掌握的知识及其价值赢得更好的发展，这一过程从资本视角来看，即为在竞争中进行课程文化资本运作。由此可见，学生的知识活动代表了课程文化资本运作的过程，而且，这种运作过程由于知识活动的客观存在而存在。此外，以知识为核心的课程文化资本运作对学生来说也具有必要性。在人的资本体系中，物质资本、社会资本以及人力资本等都非学生所能享有，学生只在以知识为核心的课程文化资本上具备运作可能性。每个学生都能够在课程殿堂里继承知识遗产并使自身更加明朗，使知识成为一生的财富，这种财富价值甚至是其他资本所不能取代的。在知识的润养下，学生赢得了安身之本、立业之基，这些课程文化资本能够为学生的人生发展提供资本实力。因此，学生对课程文化资本的运作客观存在且具有必要性。

三 现实回应：课程文化资本运作对人的影响值得关注与思考

以知识为核心的课程文化资本运作是伴随人一生的行动，既影响人的内在发展也影响人的外在发展。知识这种课程文化资本在个体的现实表现中对比悬殊，在知识竞争与价值争夺中对人的影响有所差异。个体良好的课程文化资本运作过程能够帮助他实现顺利发展，一方面个体在智力、能力、思想、情感和精神等方面普遍得到优化，逐渐成长为一个理想的人；另一方面个体在社会生活中能够妥帖地应对各种事务，收获理想的回报，从而迎来满意、知足、美好的生活状态。然而，个体低效或失败的课程文化资本运作过程则有可能使得个体发展陷入困境，个体容易对自我发展产生否定，对自身的生活状态不满意，也无法作为，甚至对自身课程文化资本实力感到失望。以失学青年为例，他们在课程文化资本运作过程中面临很多困难，他们处理困难的方式直接影响自身发展的结果。对这些青年如何应对课程文化资本运作这一问题的思考有助于进一步探察他们在文化资本视角下进行知识学习与使用的状态，理解他们在课程文化资本运作中的问题，明确课程文化资本的内在发生机制，从而探寻课程文化资本在人的成长上的根源性影响力量，这就是本书的初衷。此外，当前中国基础教育失学率已非常罕见，但变相"失学"（即升学率导致的竞争和文凭多样化导致的竞争）同样需要重视，因为其中的本质问题是知识的资本实力差距或差异。所以，无论是曾经的显性失学还是当今时代存在的变相失学问题，其共同点都在于个体所拥有的课程文化资本的落差和竞争上，因此本书对失学青年的课程文化资本运作的研究极具主体关怀和现实意义。

第二节　文献综述

本书重点关注课程文化资本及其相关成果，以文化资本、课程文化资本、课程文化资本运作为关键词，通过检索学位论文数据库、中国社会科学引文索引、中国知网、国家哲学社会科学学术期刊数据库和大学数字图书馆国际合作计划数据库，以及 Web of Science、Education Source、EBSCOhost、JSTOR 回溯数据库、ProQuest 学位论文全文检索平台、Springer link、SAGE 回溯库等专业数据库，梳理国内外课程文化资本的相关研究进展和研究近况，为本书开拓广阔的学术视野，奠定坚实的学术地基。

一 关于文化资本的研究

（一）国外相关研究

关于文化资本理论的研究。文化资本理论的"出场"是在法国社会学家布迪厄[①]1986年发表的《资本的形式》中。该理论建立在布迪厄对法国不同社会阶层家庭对孩子学业成就和未来发展的影响和作用的研究之上，具体表现在社会各阶级及个体所拥有的总的文化背景、知识、气质和技术，特别是一种可以促进学业成就的"语言与文化的能力"等因素。在应用经济学对这些因素的分析下，布迪厄指出：（1）社会各阶级间文化资本的分配存在不均等，处于支配地位的阶级拥有最多的文化资本；（2）教育制度体现着阶级利益和思想意识，尤其是当代西方社会的教育制度反映了支配阶级的文化形态，从而制约着文化资本的不平均分配；（3）学业成绩与文化资本的差异存在密切关系，上层社会出身的学生由于从通常受过高等教育的父母处继承了更多的文化资本，而能取得优良的学业成绩，少数出身于下层社会的大学生缺乏这种资本，所以在需要广泛文化知识的问题上得分较低；（4）教育制度一方面受制于再生产社会结构；另一方面因其自身的再生产能力以及保护学术文化资本价值的利益，从而具有"相对自治性"。在这一研究及其结论的基础上，布迪厄以教育为起点，考察文化资本对于整个社会结构以及阶级结构的影响，构建了资本、场域和惯习（或习性）的社会结构图景。

后期文化资本的理论发展相对较为缓慢，且多为评述性研究。有学者对布迪厄的文化资本理论进行了批判性评估："文化概念使布迪厄能够

---

① 本论文中出现的"布迪厄""布尔迪厄""布丢""布尔迪约"均指同一个人，即对"Pierre Bourdieu"此人存在不同的中文翻译。

在互动的层次上揭示教室的动态及其与社会权力结构的宏观级的关系。通过重现社会中文化资本分配的现有结构，使布迪厄能够对学校教育在现有的阶级结构的延续，合法化和再现中的作用提供有力分析，也有助于布尔迪厄发现和分析学校作为生产者正式资格的一种机制在经济市场中等级关系的合理化和客观化中的意识形态作用。但文化资本理论仍有一些局限性。首先，文化观念似乎无法使布迪厄的注意力转向学校和教室的社会组织的重要性以及其在形成和塑造学生的仁慈和性格特征方面的心理影响。其次，文化的概念主义者将布迪厄视为结构性体系，只以实践意识形态的形式来承认自己，而忽略了理论意识形态的另一种形式，即思想和信息系统。这导致他忽略了再生产过程中的学校课程内容。第三，对生产方式理论的忽视导致布迪厄低估了具有社会，政治和文化认同的工人阶级的存在。结果，布迪厄倾向于看到一个单一的支配文化机构和个人，并将它们与社会的阶级结构联系起来。因此，布迪厄倾向于忽略学校和教室内的社会和文化冲突、抵抗和矛盾。"[1] 同样关注文化资本理论优劣势的研究指出："布迪厄在文化资本方面的工作中存在两个弱点，这两个弱点都与他在不同生活领域对社会空间多维性质的整合有关：社会流动性、生活方式差异和政治取向。首先，关于社会流动性和生活方式的工作之间存在异常。社会起源的多个维度（文化和经济资本）与一维结果（例如，受教育程度）有关，而研究多维教育结果也更合适。其次，尽管布迪厄认为影响生活方式偏好和政治倾向的资源类型非常相似，但这些结果受两种不同类型的资源的影响：文化和交流资源。"[2] 另外一项对文化资本在学校中的作用的审查研究表明在与排他性课堂相关的习俗和性格方面进行定义时，文化资本并不能从根本上解释社会特权

---

[1] El-Bilawi and Hassan H., *Schooling in Industrial Society: A Critical Study on the Political Economy and Cultural Capital Theories in the Sociology of Education*, Ph. D. Dissertation, Univrsity of Pitsburgh, 1982.

[2] Herman G. van de Werfhorst, "Cultural Capital: Strengths, Weaknesses and Two Advancements", *British Journal of Sociology of Education*, Vol. 31, No. 2, 2010, pp. 157 - 169.

课程文化资本运作：对非贫失学青年的考察

与学术成就之间的关系，标记了太多概念上不同的变量文化资本，造成对学术成就的误解。

关于文化资本特性的研究。当文化资本重返教育领域的研究视野时，自身已经形成了多学科体质，尤以经济学和社会学所赋予的特性最为明显，分别是文化资本的累积增值性和再生产性。而这种特性集中反映在利益维护和利益颠覆两大功能系统中。

一项较早的关于八年级学生的实证分析发现："社会和文化资本与背景和情境影响有关。社会和文化资本的某些方面确实会影响教育成就，而不是背景和情境影响。弱势儿童及其家庭似乎缺乏可以在教育体系中发挥优势的社会和文化资本。"[1] 在种族差异研究上，有研究验证："黑人和白人家庭学生在文化资本、教育资源和教育回报等方面存在差异。"[2] 尤其是黑人家庭学生在文化资本累积和教育回报上均较低。在有关德国高等教育准入的不平等与文化资本的关系的研究中，"文化资本在家庭中的传播，存在着实质性的再生产效应"[3]。就不平等问题，一项通过使用 25 个国家的国际学生评估项目的数据，表明"文化资本提供了有关但不完全的关于学业不平等的说明。此外，布迪厄理论的解释力在各个国家似乎都惊人地相似"[4]。此外，以俄罗斯省级城市家庭文化资本再生产的研究中，"教育和文化系统的功能崩溃以及世代之间互动的冲突，都在削弱再生产的连续性"[5]。在研究精英教育作为社会分层的机制，梅

---

[1] Carolyn Puckett Griswold, *Families, Education, and Equity: The Role Social and Cultural Capital*, Ph. D. Dissertation, University of Georgia, 1994.

[2] Vincent J. Roscigno and James W. Ainsworth-Darnell, "Race, Cultural Capital, and Educational Resources: Persistent Inequalities and Achievement Returns", *Sociology of Education*, Vol. 72, No. 7, 1999, pp. 158 – 178.

[3] Werner Georg, "Cultural Capital and Social Inequality in the Life Course", *European Sociological Review*, Vol. 20, No. 4, 2004, pp. 333 – 344.

[4] Barone, C. , "Cultural Capital, Ambition and the Explanation of Inequalities in Learning Outcomes: A Comparative Analysis", *Sociology*, Vol. 40, No. 6, 2006, pp. 1039 – 1058.

[5] Ochkina, and A. V. , "The Social Mechanisms of the Reproduction of the Cultural Capital of Families in a Provincial Russian City", *Russian Education & Society*, Vol. 53, No. 3, 2011, pp. 46 – 73.

根·锡勒建议政策制定者应"关注低收入和少数族裔学生的经历,而且还应提防中等收入学生在大学中所特有的劣势"①。一项根据 PISA 数据的多国比较研究中,"多种形式的文化资本介导了父母的社会经济地位与儿童的教育表现之间的联系,并且在自由型福利制度下,地位较高的家庭的孩子比地位较低的家庭的孩子从文化资本中获得更大的收益"②。也有研究揭示了文化资本的符号暴力及其对家庭关系的影响,并称之为"向上流动的持续性文化冲击"③。一项基于对英国南亚人之间关于教育和家庭生活的代际动力学研究调查了祖父母,父母和年轻三个群体对家庭属性和教育的认识,并在文化和社会资本的基础上生成了教育资本的概念,分析表明"人们高度重视获取教育资本,以促进所有群体之间的社会流动"④。有研究在印度海得拉巴的 12 个月实地考察的研究中描述了当地"国际"学校仅对上层中产阶级和精英家庭开放,并提供重要的文化资本,使得教育成为通往社会流动之路的局限。

关于文化资本形态的研究。一项关于计算机素养的研究得出"家庭社会经济地位、性别、种族和学生的过往表现与学生表现均不直接相关,但白人家庭学生在家中获得较多的客观化文化资本使得其获得更高的学术水平,也就是制度化文化资本"⑤ 的结论,该研究说明了具体化、客

---

① Megan Thiele, *Class, Cultural Capital and the Elite University: A Look at Academic and Social Adjustment and Relations with Authority*, Ph. D. Dissertation, University of California, Irvine, 2011.

② Jun Xu and Gillian Hampden-Thompson, "Cultural Reproduction, Cultural Mobility, Cultural Resources, or Trivial Effect? A Comparative Approach to Cultural Capital and Educational Performance", *Comparative Education Review*, Vol. 56, No. 1, 2012, pp. 98 – 124.

③ Heather D. Curl, *The "Ongoing Culture Shock" of Upward Mobility: Cultural Capital, Symbolic Violence and Implications for Family Relationships*, Ph. D. Dissertation, University of Pennsylvania, 2013.

④ Basit, T., "Educational Capital as a Catalyst for Upward Social Mobility Amongst British Asians: A Three-Generational Analysis", *British Educational Research Journal*, Vol. 39, No. 4, 2013, pp. 714 – 732.

⑤ Elisabeth Anne Palmer, *Cultural Capital and School Success: Implications for Student Achievement*, Ph. D. Dissertation, University of Minnesota, 2001.

 课程文化资本运作：对非贫失学青年的考察

观化和制度化三种形态的文化资本之间进行转化的过程和方向。关于课外活动项目的具体案例研究中，研究者着重刻画了学生的具体化形态文化资本。①

关于文化资本类型的研究。在国内外研究文献的梳理过程中发现，主要存在场域型、内容型和群体型三大分类维度。就域外而言，以文化资本类型为起点的研究非常丰富。在文化资本的场域型分类上，一般形成学校文化资本和家庭文化资本两种被广泛和稳固认同的存在，包括：第一，就学校文化资本而言，有研究者提出通过多元文化教育重新定义和转化文化资本，并认为"多元文化教育很可能不会改变文化资本，而更有可能破坏其形成条件"②。第二，就家庭文化资本而言，一项研究发现"家庭生活的特征干预和调解家庭与学校的关系。家庭生活的社会和文化因素有助于遵守教师的要求，可以被视为一种文化资本"③。第三，近年的研究也关注家庭和学校文化资本的融合，认识到"各种家庭带入教育环境的独特资产和文化资本，学校可以增强家庭与学校机构之间的联系感，最终会造福儿童并促进成就"④。在文化资本的内容型分类上，主要将语言、艺术、道德、信息技术等被视为文化资本。而文化资本的群体型分类集中在种族身份和角色身份上。以种族身份为例，有学者利用人种学的观察、口述历史以及对20名保加利亚罗姆人父母的深入访谈，从而了解罗姆儿童的"文化资本"以及与正规学校的关系，发现"由父母传递给罗姆儿童的文化资本与保加利亚学校的主流文

---

① Richard S. Clucas, *A Case Study of the After-School Programs at Tomorrow's Aeronautical Museum and the Development of Embodied Cultural Capital*, Ph. D. dissertation, Claremont Graduate University, 2015.

② Olneck, and M., "Can Multicultural Education Change What Counts as Cultural Capital?", *American Educational Research Journal*, Vol. 37, No. 2, 2000, pp. 317–348.

③ Annette Lareau, "Social Class Differences in Family-School Relationships: The Importance of Cultural Capital", *Sociology of Education*, Vol. 60, No. 2, 1987, pp. 73–85.

④ Kate M. Wegmann, M. S. W., and Gary L. Bowen, "Strengthening Connections Between Schools and Diverse Families: A Cultural Capital Perspective", *The Prevention Researcher*, Vol. 17, No. 3, 2010, pp. 7–10.

化有所不同"①。以角色身份为例，较为典型的是父母文化资本和教师文化资本。关于荷兰父母的研究检验了"父母的教育背景和文化资本的两种替代理论的有效性，即布迪厄的文化再生产理论和狄马乔的文化流动理论。数据为有关父母阅读行为的文化流动性假设提供了支持；也就是说，父母的阅读可以有效地预测孩子在学校的成功，特别是对于父母教育程度较低的孩子"②；还有一项是父母在健康方面的文化资本，研究发现："父母从头到尾在整个健康诊断过程中及以后为孩子获取正式标签和服务方面都发挥了积极作用。父母从这一过程中获得了大量的资源和资本。研究结果对卫生保健政策和教育政策具有深远的影响。"③一项对第二职业教师的研究描述了这一群体"将并非源自教学领域的职业文化资本知识带入他们的教学，这项研究超越了布尔迪厄对资本的理论定义"④。以及一项对西非职前教师的生活史考察，通过其叙事"捕捉了他们的早期教育经验，老师的准备实践以及他们在进出文化资本交换的不同领域中进出时的未来可能性，从而导致对某些资本的重组和/或贬值"⑤。

（二）国内相关研究

关于文化资本理论的研究。陈锋对文化资本的研究主要在于"阐明了文化资本之社会哲学范畴，推演了文化资本自身运行与转换等两条运

---

① Veselina Lambrev, "Cultural Mismatch in Roma Parents' Perceptions: The Role of Culture, Language, and Traditional Roma Values in Schools", *Alberta Journal of Educational Research*, Vol. 61, No. 4, 2015, pp. 432 – 448.

② Nan Dirk De Graaf, Paul M. De Graaf, and Gerbert Kraaykamp, "Parental Cultural Capital and Educational Attainment in the Netherlands: A Refinement of the Cultural Capital Perspective", *Sociology of Education*, Vol. 73, No. 2, 2000, pp. 92 – 111.

③ Christina DeRoche, "Labels in Education: The Role of Parents and Parental Cultural Capital in Acquiring Diagnoses and Educational Accommodations", *Canadian Journal of Education*, Vol. 38, No. 4, 2015, pp. 1 – 24.

④ Ann Walker Nielsen, *This Is a Job!: Second Career Teachers' Cultural and Professional Capital and the Changing Landscape of Teaching*, Ph. D. dissertation, Arizona State University, 2014.

⑤ Gloria Park, Carol Rinke and Lynnette Mawhinney, "Exploring the Interplay of Cultural Capital, Habitus, and Field in the Life Histories of Two West African Teacher Candidates", *Teacher Development*, Vol. 20, No. 5, 2016, pp. 648 – 666.

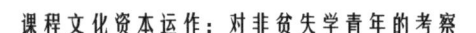

动规律"①。朱伟珏对布迪厄的"文化资本"进行了另一种诠释,指出"文化资本不只是一个能把握文化的被形塑结构作用的静态的、具有社会决定论色彩的实体性概念。它同时也是一个能充分理解行动者形塑结构的作用、并反映各种变化的动态的运动体"②。陈治国从引介角度对布尔迪厄的文化资本理论进行了系统考察,并形成了对该理论的客观评判,包括"泛资本化和文化功能理解的不全面性"③ 等。朱洵关注了影子教育对文化资本理论解释力的冲击,两者甚至形成了此消彼长的关系,"文化资本理论逐渐显示出文化和时代的局限性"④,表现在:文化资本理论在历史和文化层面的适应困难,经济和制度视角下的转化率降低,以及全球化发展空间中的教育场景改变。

关于文化资本特性的研究。中国自 20 世纪 90 年代引进文化资本理论以来,教育学术圈在文化资本特性方面的研究尤为突出。比较有代表性的是余秀兰从城乡教育差异角度讨论具有较深隐蔽性的普通教育中的文化再生产现象,描绘了"两个封闭的循环圈,即城市优势文化圈与农村劣势文化圈"⑤,意味着两个场域的文化资本的不平等发展与稳固化再生产,使得农村学生缺乏平等的竞争环境。朱伟珏认为,文化资本的本质在于"文化资本的再生产主要是以一种继承方式进行的,所以它同样凝结着社会成员之间的不平等关系并体现着社会资源的不平等分配"⑥。郭丛斌和闵维方研究优势社会阶层家庭子女文化资本与劣势社会阶层家庭子女文化资本的差异及其对教育机会获得的影响。周海玲关注我国农

---

① 陈锋:《文化资本导论》,博士学位论文,中共中央党校,2005 年。
② 朱伟珏:《超越社会决定论——布迪厄"文化资本"概念再考》,《南京社会科学》2006 年第 3 期。
③ 陈治国:《布尔迪厄文化资本理论研究》,博士学位论文,首都师范大学,2011 年。
④ 朱洵:《教育全球化中的影子教育与文化资本理论》,《清华大学教育研究》2013 年第 4 期。
⑤ 余秀兰:《中国教育的城乡差异——一种文化再生产现象的分析》,博士学位论文,南京大学,2002 年。
⑥ 朱伟珏:《"资本"的一种非经济学解读——布迪厄"文化资本"概念》,《社会科学》2005 年第 6 期。

民工家庭文化资本的薄弱,并提出"推动社会公平和通过教育为流动儿童提供非家庭的文化资本"[①]以改善现状的策略。董美英运用文化资本理论解释社会各阶层对高等教育入学机会的占有状况,提出"完善高等教育招生制度以消解文化资本等对弱势群体子女在高等教育入学机会竞争中的不利影响"[②]的建议。在关于学生贷款与贫困生的社会流动问题的研究中,学生贷款转化为文化资本等重要资本,弥补了原生家庭的诸多困难阻碍,成为实现社会向上流动的"奠基石"。仇立平和肖日葵的研究指出:"教育、家庭文化氛围和文化投资对地位获得具有持续且稳定的作用,文化资本是社会下层实现向上流动的有效手段。"[③]周小李探讨了女大学生文化资本和符号资本的双重弱势问题。谢益民从教育场域中的文化资本与话语权构建的关系探讨促进教育均衡发展的路径。黄俊指出,布迪厄文化再生产理论的资本实质在于一种权力变体,即"资本具有权力的附加值特性"[④],成为社会不公平和教育不公平的武器。张义祯则通过教育活动和教育流动的实证研究来考察教育机会分布不公平的问题,发现"以父代教育年限为代表的家庭文化资本均对子代教育获得和教育流动产生持续显著影响作用"[⑤],而父代文化资本处于固定的社会结构中,这种结构直接影响了子代行为。

关于文化资本形态的研究。黄瑾和程祁研究了家庭文化资本的身体化、客观化和制度化三种形态对幼儿数学学习的影响,前两者起到直接作用,而后者则作为前两者的背景起到间接作用。此外,何振科在其博

[①] 周海玲:《论流动儿童教育公平化的策略——文化资本的视角》,《教育理论与实践》2008年第9期。

[②] 董美英:《教育机会均等视阈下重点高校大学生来源的历史研究——以上海某重点大学为例》,博士学位论文,华东师范大学,2009年。

[③] 仇立平、肖日葵:《文化资本与社会地位获得:基于上海市的实证研究》,《中国社会科学》2011年第6期。

[④] 黄俊:《布尔迪厄文化再生产理论研究——一种教育社会学的视角》,博士学位论文,西南大学,2016年。

[⑤] 张义祯:《教育获得与教育流动实证研究——基于代际视角》,博士学位论文,上海大学,2016年。

士论文中也涉及对文化资本形态的认识，布丢的文化资本形态分类"仅仅针对文化生产场的情况"[①]，如果考虑到象征性文化资本的概念，则将出现象征性效果如何生产的问题。

关于文化资本类型的研究。主要集中在学校文化资本和家庭文化资本上面。齐学红讨论了学校和家庭两种文化资本的关系，一方面"家庭所占有的文化资本的数量和质量上的差异，势必影响家庭和学校的互动关系"；另一方面"学校作为文化资本和社会资本的占有者，无疑实现着对家长资源的宰制和再分配"[②]。崔东植运用三维家庭资本（社会资本、经济资本和文化资本）解释学生的专业选择意向，发现家庭资本不影响专业选择的趋同性，但"选拔机制在一定程度上限制了家庭背景不好学生选择的自由"[③]。王伟宜等人则重点研究了家庭文化资本，结果表明"家庭文化资本越多尤其是家庭文化习惯越好、家庭文化期待越高的大学生的学习投入也越多；父母受教育程度、家庭文化习惯、家庭文化期待三种家庭文化资本均对大学生的学习投入产生了积极的影响"[④]。

(三) 研究近况

近五年[⑤]来，文化资本相关问题的研究依然热度不减，同时也出现了更鲜明的时代性，一些研究包含了对当时热点的探讨。

从国外近年的研究来看，在文化资本特性问题探讨上，一项关于印度高等教育的研究指出，在印度种姓不平等的背景下，第一代学生在文化资本方面存在差异，同时高等教育制度在构建和重现群体之间的不平等方面无意中发挥了关键作用。这种教育机会不平等问题同样出现在巴基斯坦种姓的社会结构中，对文化资本的社会再生产这一特性持认同观

---

① 何振科：《布丢文化资本理论与文化创业实践研究》，博士学位论文，山东大学，2012 年。
② 齐学红：《学校、家庭中的文化资本与社会资本》，《全球教育展望》2007 年第 1 期。
③ 崔东植：《城乡高中学生家庭背景与大学专业选择意向关系个案研究——从三维资本理论的视角分析》，博士学位论文，东北师范大学，2012 年。
④ 王伟宜、刘秀娟：《家庭文化资本对大学生学习投入影响的实证研究》，《高等教育研究》2016 年第 4 期。
⑤ 近五年指的是本书研究完成之前的五年，即 2017—2021 年。

点的还有在克罗地亚进行的研究，指出学生文化资本在学业成就和教育决策方面社会不平等的预测能力。但是，有一项研究结果表明，学生的文化资本与学校成绩之间的关系中只有一小部分是由师生关系调节的，这在一定程度上质疑了布迪厄文化再生产理论的核心思想。在文化资本类型研究上仍然以种群和家庭文化资本为主流，例如通过"合法居住在美国的第一代外国出生的移民学生的生活经历，对高等教育的过渡，融合和成功与否"[1]进行研究，以及早期教育中关于父母自身的识字行为的研究发现有助于幼儿完成对早期语言和识字能力的发展[2]。另外关于父母的STEM教育背景作为文化资本对学生也有特定传递，父母STEM特有的文化资本以父母的STEM教育的形式积极地促进了青少年对STEM专业的选择和坚持。

中国研究者对文化资本的关注逐渐呈现出中国特色和中国话语表达。就文化资本理论而言，张楠楠和沈江平在马克思和布迪厄的资本图绘讨论中实质上最终指向的是资本的文化延展问题，发展资本的内涵，实现经济、文化和社会等概念的相互作用，诠释马克思与布迪厄资本概念的相辅相成关系。[3] 段吉方也认为："资本不完全是冰冷的现实的货币价值的一部分，而是社会文化生产和再生产交换领域重要的支配因素。"[4] 此外值得关注的是朱丽对布迪厄的文化资本等理论进行了认识论和方法论的探寻，指出其具有"突破文化再生产，通过对实践的无意识性的强调超越了'结构性—能动性''客观主义—主观主义'的二元对立"[5]的指

---

[1] Jorge Jeria, *Educational Journey of First Generation, Foreign-Born Immigrant Students in the U.S.: Transnational Experiences and the Role of Cultural Capital in Pursuing Higher Education*, Ph.D. dissertation, Northern llinois University, 2017.

[2] Brittney Van Tonder, Alison Arrow and Tom Nicholson, "Not Just Storybook Reading: Exploring the Relationship Between Home Literacy Environment and Literate Cultural Capital Among 5-Year-Old Children as They Start School", *Australian Journal of Language and Literacy*, Vol.42, No.2, 2019, pp.87–102.

[3] 张楠楠、沈江平：《资本图绘中的马克思与布迪厄》，《理论视野》2020年第7期。

[4] 段吉方：《资本现代性批判——马克思视域中的文化资本问题及其审美阐释价值》，《外国文学研究》2021年第4期。

[5] 朱丽：《突破再生产：布迪厄理论的另一面》，《清华大学教育研究》2021年第3期。

向。就文化资本的特性而言，樊林洲则以严复作为研究个案，总结严复的文化资本累积，揭示其文化实践的必然性和社会再生产的内在实质。程猛等人对底层文化资本的考察也暗涉了文化资本的再生产属性。① 此外，对贫困子弟以及中产阶级子弟的研究也揭示了文化资本的社会再生产属性，成果主要来自刘祎莹和蔡连玉等人。吴愈晓主要在教育公平的角度分析文化资本的社会再生产逻辑，指出"一系列与人才培养和选拔有关的制度设置或教育政策强化了家庭的经济、文化和社会资本对子女学业成就和教育获得的决定性作用"②。就文化资本类型和形态而言，最为热门的是关于底层文化资本和家庭文化资本的研究。关于前者的研究成果主要见于《中国青年研究》，即通过底层文化资本来发挥对"寒门贵子"③ 现象的解释效力。关于后者的研究一方面在于家庭文化资本对学校教育系统获得的影响，集中在教育机会和学业成就方面，何二林和张和平等人主要在这方面做出研究贡献，赵明仁和陆春萍更是认为"薄弱的家庭文化资本是导致辍学的先导性原因"④。另一方面在于家庭文化资本代际传递运作的微观景象，揭示这种资本的传承魅力，例如刘祎莹讨论了"文化折叠"⑤，王中会等人研究了农民工家庭的文化资本代际传递。此外，有研究者以民族地区文化资本的发展来达到教育的精准扶贫目标。有学者考察了教师的文化资本现状，尤其是"乡村教师的文化资本逐渐贬值，其治理角色也随之消弭"⑥。曹慧萍将布迪厄的文化资本理

---

① 程猛、吕雨欣、杨扬：《"底层文化资本"再审视》，《苏州大学学报》（教育科学版）2018年第4期。

② 吴愈晓：《社会分层视野下的中国教育公平：宏观趋势与微观机制》，《南京师大学报》（社会科学版）2020年第4期。

③ 杜亮、刘宇：《"底层文化资本"是否可行——关于学校教育中的文化资本与社会流动的几个理论问题的探讨》，《中国青年研究》2020年第5期。

④ 赵明仁、陆春萍：《从外控逻辑到内生逻辑：贫困地区义务教育控辍保学长效机制研究》，《教育研究》2020年第10期。

⑤ 刘祎莹：《文化折叠：中国"学二代"家庭代际文化的传递与冲突》，《北京社会科学》2020年第5期。

⑥ 李广海、杨慧：《乡村振兴背景下乡村教师治理角色的重塑》，《中国教育学刊》2020年第5期。

论与智慧校园的建设结合，提出"运行智慧校园文化资本的具体形态，充实智慧校园文化资本的客观形态，形成智慧校园文化资本的体制形态"①等实施策略。

二 关于课程文化资本的研究

通过文献梳理可以发现，以文化资本为话题的讨论与研究非常广泛，但是在课程文化资本的研究上则篇疏难寻，尤其对课程文化资本的专门研究更加匮乏。尽管如此，本书关注到那些在课程文化资本范畴内探索的科研成果，这些是在课程或课程的相关内容作为文化资本的逻辑下进行的学术研究以及在文化资本的意义上进行的课程建设与思考。

（一）国外相关研究

以课程和文化资本的分割状态进行讨论是学术届的研究传统，包括但不限于以下几种。在文化资本形态问题上，一项对科学课程的研究认为："具体化的、客观化的和制度化的文化资本的概念被用作从理论上确定科学知识的内在价值及其对未来就业的外在价值。但在实践情况下，科学教育错失了三个机会树立其对学生和广大公众的价值。"②而在具体的课程结构上，有学者试图从教师视角研究"是否存在一个隐藏的性别课程使学生处于边缘地位"③，揭示男女个人经验为标志的组织的结构和文化资本对课程的作用。同时还有研究关注如何将教育者的知识资本转化为课程中的资本并探索这种资本在教育环境中所扮演的角色。此外在课程内容上，一项研究在于将嘻哈模式引入高中和大学课程教学，用"嘻哈文化核心要素的对话来打破传统的参与工具和

---

① 曹慧萍：《文化资本视域下智慧校园建设的探索与实践》，《中国电化教育》2019 年第 5 期。

② Stephanie Claussen Jonathan Osborne, "Bourdieu's Notion of Cultural Capital and Its Implications for the Science Curriculum", *Science Education*, Vol. 97, No. 1, 2013, pp. 58–79.

③ Jennifer Anne Jacobson, *The Gendered Processes of Hidden Curriculum and Cultural Capital within Two Teacher Preparation Programs*, Ph. D. dissertation, Arizona State University, 2008.

新旧两代人的脱节"①,形成新的课程文化资本。在英国高等教育中课程和课外课程研究中,学者描述了传统和其他形式的课外课程活动所产生的文化资本的认可和不认可问题。

(二)国内相关研究

如前面指出的,从目前的文献来看,正式对课程文化资本进行学术界定的是罗生全的课程文化资本概念化和内涵化研究,论证课程作为文化资本反映谁的文化资本、文化资本传递及其合法化的课程权力等问题,揭露符号权力支配下的课程文化资本运作状态及其本质上"对现有特权阶级的利益的维护和社会现有结构的再生产"②,该研究打开了课程与文化资本内在联系的探讨,课程不再是文化资本的副本,课程本身就是文化资本。但是,课程作为一种文化资本一直是研究共识。例如在文化资本属性的课程问题上,黄忠敬以课程为载体,将其放在政治、经济和文化的背景中考察,从关系论的视角论证了"课程再生产"③,并对裹挟其中的经济再生产、文本资本再生产和权力再生产进行梳理,揭示阶级不平等的存在,倡导多元的课程文化。而在文化资本形态的课程研究上,崔岐恩和张晓霞根据布迪厄文化资本理论将大学文化资本分为具身形态文化资本、物产形态文化资本和证书形态文化资本,三种形态"犹如洋葱状层层包裹",形成文心—文物—文凭三级符号化结构。在文化资本与课程内容的关系上,李传英在讨论幼儿园课程知识时将其视为一种文化资本的文化哲学价值,指出"幼儿园课程知识作为幼儿积累文化资本的最为基础性的重要文化场域,通过专门的教师和专门的知识空间和知识环境,为其后续发展提供了基础和素材,使幼儿接触、建构、创造知识,

---

① Rodríguez, and Louie F., "Dialoguing, Cultural Capital, and Student Engagement: Toward a Hip Hop Pedagogy in the High School and University Classroom", *Equity & Excellence in Education*, Vol. 42, No. 1, 2009, pp. 20–35.

② 罗生全:《符号权力支配下的课程文化资本运作研究》,博士学位论文,西南大学,2008年。

③ 黄忠敬:《知识·权力·控制——基础教育课程文化研究》,博士学位论文,华东师范大学,2002年。

使之文化成人"①。还有学者重点关注农村义务教育均衡发展中的文化资本问题，提出"重塑农村义务教育的农村性，树立面向农村人'生活世界'的义务教育均衡发展理念，发掘农村潜藏的地方课程教育因素，构建符合农村义务教育需求的发展性教育评价体系，走一条符合农村自身的文化资本重建之路"②等观点。冉隆锋和凡文吉分别研究了大学学术资本和大学课程资本。前者认为"大学学术资本是学术人在大学场域中与课程资源、教学资源、文献资源、科研设备等学术资源相结合，通过知识传授、科学研究与创造、应用与社会服务而形成的能够促进学术自我扩大再生产的学术积累和学术能量"③，场域、惯习和制度形成了学术资本生成的实践逻辑。后者界定了大学课程资本的概念、内涵及其实践问题。两者都具有课程文化资本的实际含义。此外，内蒙古师范大学金志远老师的一批研究生对课程文化资本理论进行了专门研究，殷博君论述了课程文化资本的内涵与价值、应用基础、应用目的与内容、应用主体与过程以及应用条件与评价等诸多方面，斯日木和崔萨础拉分别研究了蒙古族高中和小学课程文化资本的缺失内容及其原因并提出了相关提升策略。这些研究将课程与文化资本紧密融合。

（三）研究近况

近年国外学术领域中关于课程文化资本的研究也并不普遍，但仍有迹可循。一项关注缩小教育差距的研究专门针对大学预科课程文化资本，即"在少数族裔和社会经济地位较低的学生人数较多的高中引入的大学预科课程鼓励学生用更严格的课程挑战自己，同时为他们在这些课程中取得成功提供可能需要的支持"④，这一研究探讨的是为特定地区高中学

---

① 李传英：《幼儿园课程知识的文化哲学研究》，博士学位论文，西南大学，2011年。
② 孙杰：《论文化资本对农村义务教育均衡发展的影响——布迪厄文化资本理论的启示》，《山西大学学报》（哲学社会科学版）2011年第5期。
③ 冉隆锋：《大学学术资本生成的实践逻辑研究》，博士学位论文，西南大学，2015年。
④ Knaggs, C., Sondergeld, T., Provinzano, K., Fischer, J. M., and Griffith, J., "Measuring College-Going Cultural Capital of Urban High School Seniors in a Voluntary College Preparatory Program", *The High School Journal*, Vol. 104, No. 1, 2020, pp. 28–53.

生提供大学预科课程作为其文化资本的课程设置模式，在实践层面肯定这种课程文化资本的价值。还有研究是在课程实施方面主张将杜威的经验互动理论和布迪厄的文化资本理论结合使用，"通过向学生传递文化资本，并考虑到社会分层的影响，学校可以作为一个地方，让学生通过积极的体验和互动来寻求自己的人生目标，为实现他们应得的目标和希望提供必要的条件"①。此外值得关注的是，一项研究摆脱课程框架而直接讨论文化、知识与资本在人的发展中的功能，将文化知识建模为个人以一定成本进行投资的资本。文化可以积累，前提是它可以提高人们的生活效率，从而提高生产力，换言之，前提是前几代创造的知识提高了后代投资新知识的能力。如果文化知识提高了人们的生产力，包括在与知识无关的领域，因为它可以腾出时间，人们可以花在学习或创新上，如果文化知识，以及生产力提高所带来的更高水平的资源，导致个体通过表型差异来修改他们的生活史决策，那么这种情况也可以发生。最后，我们证明，如果技术知识通过分工降低了其自身获取的有效成本，这种情况就会发生，这些结论说明文化不应该仅仅被定义为一系列知识和技能，而是具有影响力的资本形式。

中国以课程为空间进行文化资本讨论也很突出。周明桃以课程资本的视域来探讨大学慕课的发展，认为课程资本源于文化资本和学术资本理论，其萌芽于课程文化资本和学分银行，换句话说，课程文化资本即代表了课程资本的形式。王处辉和朱焱龙探讨作为文化资本再生产结果的高等教育不平等问题，指出"在中国，诸多因素的共同影响使文化资本对个体高等教育获得的整体贡献受到压抑。从实质上而言，应摆脱将文化资本仅视为一种资源性工具的实用主义倾向，而更多地将其理解为存在于身体之内的文化气质"②。同时潘泽泉和杨金月也指出中国高等教

---

① Dustin Hornbeck, "Dewey and Bourdieu: Experience, Habit and a New Direction for Education Reform", *The Journal of Educational Thought*, Vol. 52, No. 1, 2019, pp. 57-74.
② 王处辉、朱焱龙：《文化资本的"名""实"分离——中国语境下文化资本对高等教育获得影响的重新检视》，《高等教育研究》2018年第7期。

育实践依然未能有效实现入学机会均等的基本公平的事实，存在"基于符号暴力的文化专断、权力关系的合法化和意识形态化、高等教育系统确认、强化和再生产，不仅重构了社会阶层关系，也进一步实现了社会权力关系的制度化、阶层化和区隔化"[①]。吴丽萍介绍了英国教育标准办公室将文化资本纳入《教育督导框架》以作为学校评估的新标准，"新框架是将教育的实质而不仅仅是考试和考试结果置于督导的核心地位。它是一套精心设计且得到良好实施的课程体系，能为儿童的全面发展和开阔眼界提供基本的知识和文化基础"，"确保他们也能接触到富裕家庭认为理所应当的文化经验和背景知识"。[②] 郭桂周等人认为"核心素养作为一种'精致型符码'，是个体获致'流动的自由'和'本体性安全'的文化资本"[③]，此亦在课程范畴内进行文化资本理解。但不同的是，王玲认为文化资本在课程上具有解释限度，"文化资本的优势很难在一个强调标准化教学内容、统一考试模式并且以考试成绩作为核心的衡量标准化的教育制度社会体系中发挥作用"[④]。

三 关于课程文化资本运作的研究

国内外研究显示，课程文化资本运作的研究同课程文化资本的局面相似，尽管缺乏专门探讨，但是以课程为基础的文化资本运作考察较为普遍。而且在课程条件下的文化资本运作一般表现为过程性运作和结果性运作两种状态的研究，文化资本的过程性运作注重运作机制、运作路径及诱发条件等方面，而结果性运作则关注文化资本的作用、效果和影响的事实。

[①] 潘泽泉、杨金月：《高等教育场域中的文化再生产、阶层分化与教育公平及其中国实践》，《学习与实践》2019年第1期。
[②] 吴丽萍：《英国学校督导新增"文化资本"标准》，《上海教育》2020年第6期。
[③] 郭桂周、易娜伊、赵忠平：《论作为文化资本的核心素养——全球化的视角》，《教育科学研究》2020年第3期。
[④] 王玲：《三边联动：中国的教育理念及其运行研究》，博士学位论文，南京大学，2020年。

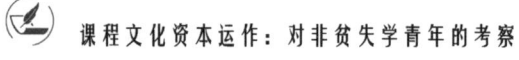

（一）国外相关研究

在能查到的国外相关文献中，在过程性运作的考察上，一项关于高等教育中学术文化资本遭遇传递隔离的研究发现，"许多有色人种学生和白人学生都在同一所大学上学，但是他们没有平等地使用隐性课程的权利，即制度的未成文和不言而喻的规范，价值观和期望"[1]，即导师往往通过咨询形式向学生传递低水平的学术文化资本，忽视了隐藏课程领域相关联的技能集和知识库的层次结构。另外一项相似的研究考察了少数族裔大学生学术文化资本收益不足的情况，指出大学对学生的资助干预还应注意到"学术界的社交化，网络工作，以及通过本科生研究实践新发现的技能和性格的能力"[2]。还有一种研究视角在于同伴指导对文化资本获取和转化的作用，通过"运用跨年龄导师制以增加同伴和导师之间的沟通，参与者在这种关系中得以培养文化资本"[3]。此外，美国教育社会学期刊研究东亚教育系统的文化资本时论证了身体化和客观化文化资本的运作机制以及某些国家社会中父母投资给学生的"影子教育"对文化资本概念的影响。[4] 有部分研究者关注到文化资本不足的学生，提出在课程教学上对不同文化进行融合和整合，建立互动式教学，激励和提高学生的学习兴趣，防止文化资本不足带来的风险（包括辍学）[5]。一项基于本科生生物学教育改革的案例研究指出，通过跨学科和跨学科的机构网络整合，学生与教师，同伴和其他人建立了多维的社会联系，从而

---

[1] Buffy Smith, *Demystifying the Higher Education System：Rethinking Academic Cultural Capital, Social Capital, and the Academic Mentoring Process*, Ph. D. Dissertation, University of Wisconsin-Madison, 2004.

[2] Sarah M. Ovink·Brian D. Veazey, "More than 'Getting Us Through': A Case Study in Cultural Capital Enrichment of Underrepresented Minority Undergraduates", *Research of Higher Education*, No. 52, 2011, pp. 370 – 394.

[3] Crescentia Fatima Thomas, *Peer Mentorship and Cultural Capital Among High School Students*, Ph. D. Dissertation, University of the Pacific, 2014.

[4] Yamamoto, Y., and Brinton, M. C., "Cultural Capital in East Asian Educational Systems：The Case of Japan", *Sociology of Education*, Vol. 83, No. 1, 2010, pp. 67 – 83.

[5] Ingrid Lin, *Cultural Capital：Perceptions of Culturally-Responsive Teaching and Student Engagement for At-Risk Students*, Ph. D. Dissertation, University of Redlands, 2015.

发展了社会、文化和人力资本。以上研究均立足文化资本的良性运作过程，但一项关于教学中文化资本运作的研究则显示一种冲突状态，即在计算机科学教育案例中，老师们将他们的教学描绘成一场持续的战斗，而他们的成功受到了限制。他们的教学被描述为执法与妥协的综合体，很少且孤立地尝试建立学生的文化资本。文化相遇隐喻在仍然将学生视为由他们的老师代表的专业文化资本的新手的同时，强调要进行良好的教学，需要利用学生的文化资本来创造肥沃的文化相遇地带。而在结果性运作的考察上，一项研究将文化资本具体化为文化活动，通过参与音乐活动提升数学符号和逻辑性的案例解释了文化资本对学习成绩的积极影响。关于文化资本在学生性别取向上的影响研究显示"文化资本对女学生的成绩都有积极而显著的影响。对于男学生，效果是较弱的，并且仅在固定效果模型中才存在"[1]。同样是文化资本与教育成就的关系，美国的青少年数据研究结果显示文化资本能够影响学业成就，"大多支持文化再生产理论，但影响程度并非以往时代的高"[2]。但在伊朗公立和私立学校中的研究也得出文化资本与学生英语成绩不存在显著相关的结论。关于参与运动与学业成就关系的研究则得出不一样的结论：处于文化资本劣势的学生更倾向于参与运动项目，但进行体育运动并不能给学生带来成就回报。

（二）国内相关研究

国内关于课程中文化资本运作的研究并不显见。罗生全解释了并描画了课程文化资本生产中的权力斗争、课程文化资本流通中的制度合法化、课程文化资本获取中的文化控制、课程文化资本度量中的价值表征这一权力支配下的运作系统，提出基于反思性实践命题的公平的课程文

---

[1] Susan A. Dumais, "Cultural Capital, Gender, and School Success: The Role of Habitus", *Sociology of Education*, Vol. 75, No. 1, 2002, pp. 44–68.

[2] Mads Meier Jager, "Does Cultural Capital Really Affect Academic Achievement? New Evidence from Combined Sibling and Panel Data", *Sociology of Education*, Vol. 84, No. 4, 2011, pp. 281–298.

课程文化资本运作：对非贫失学青年的考察

化资本运作理路。俞树煜等人在分析中国"农远工程"项目诱发农村教育中文化资本获取时发现，"一方面'农远工程'的实施增加、改变、完善和发展了农村基础教育的文化资本，促进了农村基础教育的发展；另一方面这些文化资本又会打上主流文化的烙印，使农村的基础教育发展出现'城市化倾向'，影响均衡发展"①。王金娜研究高考统考科目的"文科偏向"问题时指出，由于统考科目呈现出明显的"文科偏向"②，在这种课程知识作为文化资本转化为分数时便导致了教育的隐性不公平，影响较为严重的主要是社会阶层群体和学生性别差异上。有学者研究了英国殖民统治结束以来香港社会文化和教育背景的变化，这些变化使香港学生文化资本获取行为等发生改变，从而影响到他们对中学后教育途径的选择。

（三）研究近况

关于课程的文化资本运作，最近几年仍然以结果性运作研究为主，但过程性运作研究逐渐增加，说明研究逐渐走向对文化资本运作动态面貌的关注。在结果性运作维度上，有研究指出书呆子对于社会融入是有帮助的，通过在斯科拉奥斯陆大学的教育，这些学生获得了高水平的文化资本，包括象征性的掌握和在苛刻的社会环境中表现良好的具体能力。这些技能在快速变化的劳动力市场的高层将非常有用，即学校课程为学生带来了文化资本的利润兑换。还有研究着眼于"网络平台上文化资本的贬值与社会空间形态的变化"，这篇文章"分析了众工平台上工作和资格的贬值，认为在数字声誉经济的背景下，文化资本（技能和知识的正式和综合标准）正日益贬值、信息化，并被符号资本取代"③，表明一

---

① 俞树煜、李禹衫、杨莉娟：《文化资本视野下的农村中小学现代远程教育工程》，《现代教育技术》2012年第7期。
② 王金娜：《高考统考科目的"文科偏向"与隐性教育不公平——基于场域—文化资本的视角》，《教育发展研究》2016年第20期。
③ Hh ne, and Sproll, "Devaluation of Cultural Capital on Online Platforms and the Changing Shape of the Social Space", *Work Organisation, Labour and Globalisation*, Vol. 14, No. 1, 2020, pp. 32 – 46.

种文化资本的生存危机。在文化资本过程性运作维度上，大部分的研究都是在试图论证课程的实施具有增加学生文化资本的能力，并且挖掘其中的发生机制。例如：一项基于爱尔兰"扩大参与计划"项目的研究也主要考察该项目在增加学生社会和文化资本的措施。一项研究旨在探索成绩不佳的工人阶级学生如何在课堂上生存下来，在课堂上，课程和教育学中的社会关系规定了抵制行为和变革行动的范围，尝试通过个体化代理将学生从结构化和被动服从之间的僵化联系中解放出来以真正获得学校课程的知识结构。一项研究将文化资本对教育期望的影响分解为"主要影响（通过学业成绩）和次要影响（通过表现控制而存在的不平等）"，学校主导文化的参与、教育资源的禀赋和技能生成习惯的发展，有助于在表现之外保持雄心勃勃的期望，这一观点表明课程具有对文化资本进行二次加工的作用。

中国近几年均偏向于课程的文化资本结果性运作研究。有学者总结了1981—2015年在教育期刊上发布的文化资本与学生成就之间的关系研究，对这类研究进行了审查性研究，结果证实"文化资本在解释学生成绩中的作用，但文化资本对成绩的影响并不是纯粹的一维结构"[1]。相关研究包括：关于学业成绩影响的研究还有马洪杰和张卫国对不同形态文化资本作用的探讨，研究发现制度化文化资本有显著的正面作用，客体化文化资本没有显著作用，而与高雅文化有关的身体化文化资本甚至有显著负面作用。陈乐在研究同一群体内部分化时发现，"'先赋性'与'后生性'文化资本的配给与建构则助力于形塑此种分化，相对于先赋性因素的非选择性而言，后生性文化资本的主动建构是农村大学生弥补先赋要素匮乏的重要通道，可能的悖论在于先赋性要素的匮乏在某种程度上制约了建构后生性文化资本的意识和主动性"[2]。所以，陈乐实际上

---

[1] Cheng Yong Tan, "Examining Cultural Capital and Student Achievement: Results of a Meta-Analytic Review", *Alberta Journal of Educational Research*, Vol. 63, No. 2, 2017, pp. 139–159.

[2] 陈乐：《"先赋"与"后生"：文化资本与农村大学生的内部分化》，《江苏高教》2019年第8期。

课程文化资本运作：对非贫失学青年的考察

探讨的是家庭原生文化资本与后期教育系统提供的文化资本对相同群体内部差异的影响。李威和陈中文指出提高学生文化资本是新高考改革背景下农村学生的"逆袭"之路，除了底层文化资本的激发，更重要的是"农村中学的再崛起"[1]，尤其是课程体系的完善来帮助学生对文化资本的获得，因而是一种课程文化资本的建设。李晓亮"审视了农村高中教学与当前高考改革之间的脱节"，"重点关注了近年来高考改革对特定学习方式的偏好以及学校教育如何没能成为农村学生获取文化资本的源泉"[2]，即部分农村高中在课程实施上限制了课程文化资本的获取，从而导致学生在新高考中难以脱颖而出。郭珺和孔令帅研究了亚洲国家国际学校受到追捧的原因在于其课程上具备国际化的文化资本，这种文化资本的助力能够使学生获得更高的回报。也正是这一因素为本土带来了不平等问题，因而"这些国家对其办学权限和课程设置进行了规范"[3]。

四 研究述评

（一）在研究内容上，以课程文化资本为课题的研究发展缓慢

纵览国内外研究文献，教育中以文化资本为代表的研究一直是主流趋向，而且出现广义的文化资本与狭义的文化资本两种类型。广义的文化资本主要讨论人的所有教育资源，即人在最大程度上能够获得和使用的文化与知识，这方面的研究覆盖面最广，不仅是文化资本的具体内容本身，重点是不断验证文化资本的价值特性，以期对文化资本概念进行理论延展。相比之下，狭义的文化资本则主要聚焦于以家庭为单位的教育资源赋予方面，一部分研究甚至将文化资本作为家庭文化资本的同义语来使用。究其根本，主要在于对布迪厄的文化资本概念的认识上存在

---

[1] 李威、陈中文：《新高考改革背景下农村学生如何"逆袭"——兼议"黄冈教育"再崛起》，《现代基础教育研究》2020年第1期。

[2] 李晓亮：《农村高中日常教学实践与高考改革之脱节——为何"寒门难出贵子"？》，《全球教育展望》2020年第3期。

[3] 郭珺、孔令帅：《亚洲国家国际学校的挑战与启示——基于文化资本论的视角》，《现代基础教育研究》2021年第4期。

分歧，这部分研究并未将文化资本从家庭的关系中剥离出来。因而在狭义的文化资本研究中主要存在对这一理论的验证取向，有的研究结论证实或佐证了布迪厄这一理论的合理性，而有的研究结论则走向了该理论的反面。尽管如此，大部分的研究仍然是在做文化资本这部分工作。在这一主要的研究趋势下，以课程文化资本为课题的研究发展进程相当缓慢。迄今课程文化资本的概念化、专门化和理论化工作仍然举步维艰，大部分的课程文化资本及其运作的研究仍然主要以文化资本为起点，课程为媒介，以两者的简单拼接为手段。从学术的角度来看，这不仅使文化资本概念存在混乱，而且不利于课程、知识和文化等概念之间的疏解；从人的角度来看，尤其是学生在成长与发展过程中不断适应角色变化，以学习为背景，学生需要应对知识、认识、实践、文化资本、课程、实力和能力等各种杂乱的世界范式，认识行为本身是一个简单的求知过程，但处于杂糅的世界范式中则容易使人的认识行为变得复杂难解。基于此，课程文化资本的研究工作能够在学术和现实两个层面上做出化繁为简、由浅入深的贡献，需要投入更多的研究热情和精力。

（二）在研究方法上，质性研究方式发挥中坚作用

从布迪厄研究文化资本理论开始，这一领域的研究就在整体上保持着质性观照的传统，也即是说，除了纯粹的理论考察，大部分的研究都是"田野"作业，扎根现实与事实，从实际的文化资本活动表现中得出研究结论，回应研究假设并解决研究问题。因此，在大部分研究中主要通过案例讨论、现状观察和对象访谈等方式展开研究过程。在文化资本等话题的教育研究中进行质性作业，说明该方法在人的文化资本的探讨上具有高度的适配性，能够帮助研究者有效地得到结果，为本书奠定了坚实的方法根基。因此，本书基于以上文献总结，遂同样采用质性研究方法，一方面沿用比较常见的深度访谈方式，另一方面引入教育自传和教育口述史两种手段，继续发挥质性研究在文化资本相关主题研究上的经验优势和科学水平。

（三）在研究热点上，社会再生产问题成为主导性研讨方向

无论是以文化资本为主的研究还是以课程文化资本为主的研究，已有的绝大部分文献都是在表露或超越文化资本的社会再生产这一属性的努力中。所以，相关研究尽管指向不同，但最终都会回到这一核心问题上来，成为这一研究领域的绝对热点。也即是说，关于文化资本或课程文化资本的研究都是在追逐人在文化资本或课程文化资本作用下社会化表现的结构阐释，而且其主要的破解点在于这种社会化过程中不平等的再生产效应。基于此，包括布迪厄在内的研究均热衷于揭示和消解文化资本再生产中的不平等问题以达到高度的社会融入能力发展。可以说，社会再生产问题是这一研究领域的终极困境。正是这一困境的存在，使得无论是文化资本还是课程文化资本都面临人的阶层流动和利益回报两大社会诉求，这也是人的常规资本运作的直接动力。所以，在文化资本及课程文化资本的研究中，最热切的探索重点在于化解其社会再生产过程中的矛盾以达到人的社会性成功和社会性快乐。正是在这一学术信念之下，该研究取向一直占据主导地位，很多研究即是在这一研究框架和思路下进行。

（四）在研究难点上，人与文化资本内在关联的研究面临考验

尽管文化资本的社会再生产研究一直是热点，近年来也有研究将视角转向对文化资本与社会化进程固定捆绑的解构。这一研究取向的难点在于论证和构建文化资本或课程文化资本等内在实力与人本身的成长的关系，通过文化资本的运作过程来实现主体的自我发展。关于人在文化资本相关理论上的归位的研究到目前为止屈指可数且量小力微，从可查询的文献中可以发现，主要出现了认识论审视、本体性安全探讨等。主要目的是尝试摆脱知识等文化资本的工具性实用主义倾向，而且这些研究也在具体的教育实践中寻找文化资本在人身上发挥价值的现实方案。这类研究面临的困境包括：一方面是形上理论的识别，尤其是主体与文化资本的内在关联，只有打通和抚顺两者之间的内在深度镶嵌，才能真正实现文化资本在人的成长方面的价值。另一方面是文化资本和课程文

化资本的价值认识，这对于主体参与文化资本或课程文化资本运作活动来说是一个意义生成的前提条件，价值是所有人的行动的意义的底色，回归人的价值才能使得文化资本的活动回归人的自我意义的践行过程。对这两方面的重点关注才能将人在文化资本及课程文化资本运作中引入应然的发展路向。

五　后续研究空间展望

基于已有文献的研究，本书认为在文化资本理论相关领域的可拓展空间主要在于课程文化资本的专门化认识和课程文化资本在人的自我成长中的价值，这两个方面在课程在人的培养上具有举足轻重的地位。前者能够实现文化资本在课程领域的深度内化，为文化资本组织明确的知识与认识边界，是对布迪厄文化资本概念的意义延伸，也是在新的知识背景下重新定义课程内容，发现课程内容与文化资本之间的内在勾连；后者在架构"课程培养什么样的人"方面做出秉轴持钩的警示，即掌握事物运转的中心和关键，就课程而言时刻围绕人自身的成长需要这一中心，调控人的社会参与能力的扩大程度。在此基础上，本书旨在探讨主体进行课程文化资本运作的现状、课程文化资本运作在主体的自我成长过程中的问题以及如何实现主体在课程文化资本运作活动中的自我成长等。以课程文化资本为核心的研究能够进一步打开文化资本理论的教育视野，最大化地发挥文化资本作为人的内在实力的正向价值。因此，本书主要以对失学青年的考察为起点，扎根于他们的课程文化资本运作故事，以期对课程文化资本运作的现实和理论两方面做出应有的突破，推动这一领域的研究走向更深入的探索。

第三节　核心概念界定

一　课程文化资本

关于课程文化资本概念的界定相当鲜见。罗生全博士的《符号权力支配下的课程文化资本运作研究》为本书理解课程文化资本的学术内涵提供了专业性思路。该论文对课程文化资本的含义进行了细致论证，从文化、符号权力、资本和课程四个向度之间的彼此纠葛来说明"课程文化资本何为"。"课程是一种特殊的文化资本"，但是，"课程文化资本也不是将课程的相关概念与文化资本的相关概念简单相加和糅合，而是对这两者的本质充分把握的基础上的一种抽象，从而得出课程文化资本的本质内涵"[①]。课程文化资本的定义需要回应课程与文化资本交界处的知识、文化、主体、形态与表现等关键部分的深度契连。由此，"课程文化资本是为行动者所占有的文化知识或技能，它通过课程的各种物质形态（诸如教材、教辅资料等），在学校实践活动中以象征的手段传承主流阶级的文化意识，并在学习过程中将这些文化知识和技能内化于个体的身体，成为行动者的文化能力，表现为文化性情和审美情趣，在得到文凭或资格的认定后可以获取一定的经济收益、社会地位和象征权力等，这些得到资格认定的内化的文化能力便是课程文化资本"[②]。美国威斯康星大学学者迈克尔·奥尔内克虽然没有专门探讨课程文化资本，但在其文化资本与教育关系的讨论中指出，"教育机构充当市场。师生之间的交流，尽管在日常互动的幌子下多么模糊，但代表着双方所花费的文化资本受到正面和负面认可的交流，这可能会产生也可能不会产生象征性的利润。在学校制定的无数正式和非正式的评估行为中，特定的知识、语言行为、风格、性格以及思维和表达方式都被赋予了价值。根据这些表现的完整和令人信服的程度，学生被认为是文化资本合格或缺乏文化资本"[③]，这里的教育机构表示开展课程活动的学校，那些被评估的内容指的是课程。"通过跟踪或能力分组制度化的课程区分，即在知识作品和知

[①] 罗生全：《符号权力支配下的课程文化资本运作研究》，博士学位论文，西南大学，2008年。

[②] 罗生全：《符号权力支配下的课程文化资本运作研究》，博士学位论文，西南大学，2008年。

[③] Michael Olneck, "Can Multicultural Education Change What Counts as Cultural Capital?", *American Educational Research Tournal*, Vol. 37, No. 2, 2000, pp. 317–348.

绪 论

识体系之间划定界限，调节其分布模式和数量，以及'特许'学生身份等级排列来赋予知识价值。"可见，文化资本与教育的关系问题实际上是在阐释课程文化资本的内涵，即教育机构是通过课程向不同的学校教育内容赋值而产生文化资本的认定。此外学者泽哈瓦·托伦则是直接关注"从以色列幼儿园系统艺术课程提供的教学材料、专业文献和教育部官方课程中可以学到什么样的文化资本"[1] 这一问题，恰是艺术课程这一案例表达了课程文化资本的内在范畴。正如该研究所展现的，一方面官方课程要求、教学材料和相关专业文献作为课程文化资本的物质依托；另一方面师生通过这些材料在课堂上的活动、交流模式和成就输出等也是课程文化资本的重要组成。总之，在国内外研究的共同证实下，课程文化资本的概念具有理论合理性。

一般而言，概念的学术界定必须基于该概念对学术具有显而易见的解释贡献。受到罗生全等人的启发和影响，同时结合现实调研结果，本书认为，课程文化资本是一种价值抽象，它必须以具体的实体来呈现自身，它的实体主要由个体在全日制学校课程条件（包括课程内容、课程方案、课程活动和课程环境等）下所获得的智力、能力、思想、文化、情感、精神、性情、气质、品格、观念等知识资源组成，这些知识资源被分为客观化课程文化资本、身体化课程文化资本和制度化课程文化资本三种形式，并且内化于个体的身上，成为一种内在实力。同时，这种内在实力作为个体成长与生活的导航力量，引领个体发展成为一个"繁荣"的人。

当然，作为一种研究使用的概念，课程文化资本的理论合理性固然重要，其现实适用性问题同样不可忽视。在课程文化资本概念的现实使用上，需要化解课程、文化和资本等多种话语交叠引起的模糊混乱问题。正如罗生全所指出的，课程文化资本的内涵不是课程与文化资本的"硬

---

[1] Zehava Toren, "Art Curriculum, Learning Materials, and Cultural Capital in the Israeli Kindergarten", *Studies in Art Education*, Vol. 45, No. 3, 2004, pp. 206–220.

拼"，而是一种内在关联的顺理成章，本书认为这是课程文化资本概念化的理论逻辑。在现实适用性上，只有在特定的话语环境中，各种话语才会具有适用空间。当学生只是学校的一届届学员时，学生的话语结构中几乎只会出现课程、学科、认识、知识、文化、有用等课程话语体系。而资本话语体系（例如：收益、利润、最大化、好处、酬劳等）则不可能进入学生日常的话语环境，因为教育机构及其体制会远离这些资本话语表征的僭越和浸染。但是当学生结束学业融入社会生产环境中，这两大话语体系则完全被翻转过来，资本话语下的力量、价值等被无限放大，学生世界的课程话语则逐渐淡出。课程文化资本实际上非常巧妙地沟通了两大话语体系，课程文化资本创新性地让人理解了学校教育内容的资本景象。课程文化资本概念不仅实现了学生话语与生活话语的过渡与融创，更是将人的目光重新吸引到课程自身，说明课程在学生赢得知识竞争力的进程中是极为突出的角色。综上来看，本书以失学青年作为考察对象，失学青年经验学校生活向社会生活的转型，正是融合课程话语和资本话语的阶段，因而课程文化资本在本书中具有理论和现实使用的双重恰切性。

二 课程文化资本运作

对课程文化资本运作概念的理解需要从两个方面进行确认：第一，谁是课程文化资本运作的主体；第二，主体对课程文化资本的运作过程是如何表现的。

课程文化资本运作是一种集体仪式，由特定的目的、固定的结构和规定的尺度进行干预，而非完全自然地开展，实际参与课程文化资本运作的主体是多层次的。对课程文化资本展开运作的主体至少存在三个层次：其一，强权主体。这一主体操控了人对课程文化资本的选择范围和价值决定范围。其二，课程文化资本的公共诠释主体。这一主体负责将已经出现的课程文化资本内容及其意志通过二次集体转化的操作活动使课程文化资本以一种适应学生获取水平的状态来表达。其三，课程文化资本的执行主体。学生是最直接也是最终的课程文化资本运作主体。无论学生的角色如何转换，课程文化资本都一直是学生"工作"的一部分。而且，从学生进入课程之后便与这种文化资本融合为一个整体，课程文化资本成为他自身的内在物质，所以学生成为运作课程文化资本的执行主体，这意味着课程文化资本先前所携带的特定的目的、固定的结构、规定的尺度和赋予的价值等完全衔接在学生对课程文化资本的运作活动中。因此，在现实意义上，学生是课程文化资本运作的核心主体。本书以学生的主体地位来考察课程文化资本的运作过程，只有学生自己熟悉自己对课程知识的一系列经验。而且从学生这一主体来研究课程文化资本运作活动也最方便捕捉知识这种课程文化资本的运作效益，由此直接面对课程文化资本运作可能存在的问题。

以学生作为课程文化资本运作的主体，课程文化资本运作主要在三个层面上表现出来。其一，主体对课程文化资本的获取活动。学生和教师通过课程建立知识的沟通关系，一般来说获取知识这种课程文化资本将在知识传递过程中产生学习对抗或协调。学生在学习过程中表现对课程文化资本的获取行为。其二，主体对课程文化资本的转化活动。转化是以需求和价值为基础的课程文化资本运作行动，只有通过合理的资本转化才能为主体赢得自身想要的成就，主体在学生时代就已经对课程文化资本的转化及其影响有所体验，但只是在隐性的和潜在的背景中。主体离开课程与教师并独立进行资本管理时则比较充分、公开地参与到这种文化资本的效益转化运作链条上。其三，主体对课程文化资本的发展活动。发展是课程文化资本运作中不可或缺的一部分。资本的进一步发展才能保证课程文化资本运作的持续发生，才有可能帮助主体实现自身的发展。现实且具体的运作表现是学生作为主体真实的课程文化资本表征。

综合以上观点，本书提出，课程文化资本运作是指主体对课程文化资本实体内容及其价值的现实操作行动，并在操作行动中，主体得以实现自己的目的和实现自我。一般来说，主体对课程文化资本实体及其价值的操作主要包括获取课程文化资本、转化课程文化资本和发展课程文化资本等活动。获取课程文化资本就是主体通过课程学习来认识和掌握各种具体的知识及价值属性，并且通过自身的学习能力将这些有价值的知识内化为自身的内在实力；转化课程文化资本就是合理地组织和使用这些从学校课程得到的知识内容，使其在发挥价值的同时更能够增加价值，为主体带来有益回报；发展课程文化资本就是通过对课程文化资本实体内容的维护、更新和价值提升，从而保证课程文化资本运作能够进一步稳定持续地发生，最终实现真正的主体发展。课程文化资本的获取、转化和发展活动层层递进又彼此融合，以一种紧密的关系共同推动主体产生有效的运作结果。

三 非贫失学青年

青年是一种人对生命形态的认识结果，具有多层次的内涵。其一，从功能上来看，青年是一个人口统计参数，规定了合理的生命年龄区间。由于历史认知和国家文化的差异、身体健康指数的变化以及人的劳动力水平的变革等因素，关于青年年龄区间的参考指数具有波动性和调整性，例如：中国"1992年出版的《中国青少年发展状况报告》，将'青年'定为15—35岁；而1994年版的《中国青年发展报告》则将青年人口界定为15—29岁之间"[①]；联合国教科文组织对青年范围进行了延展，即14—35岁以下都属于青年。例如联合国教科文组织2021年的"丝绸之路青年之眼"[②] 摄影比赛向全世界14—25岁的青年开放，而"丝绸之路青年研究基金"[③] 提案则主要针对35岁以下的青年学者。中共中央国务

---

① 陈文奕：《城市失学失业青少年的社区服务研究——以浦东某街镇为例》，硕士学位论文，复旦大学，2010年。
② 联合国教科文组织：《参加2021年"丝绸之路青年之眼"摄影比赛》，2016年12月2日，https://zh.unesco.org/silkroad/content/canjia2021niansichouzhiluqingnianzhiyansheyingbisai，2021年6月3日。
③ 联合国教科文组织：《丝绸之路青年研究基金》，2016年12月2日，https://zh.unesco.org/silkroad/youthgrant，2021年6月3日。

院在《中长期青年发展规划（2016—2025 年）》中明确规定，"本规划所指的青年，年龄范围是 14—35 周岁（规划中涉及婚姻、就业、未成年人保护等领域时，年龄界限依据有关法律法规的规定）"①。立足于适切性和权威性的双重需求，本书参照国务院规定，并参考联合国教科文组织的界定，青年指的是年龄范围在 14—35 周岁的群体，也即是截至 2021 年时，在 1986—2007 年出生的人。其二，从覆盖对象上来看，青年是一种人口角色的结构体系。人口角色根植于社会生活，青年处在政治、经济、文化和社会角色谋求的生长过渡期，包括未成年青少年和成年青年、学生青年和职业青年、婚育青年和未婚育青年、女性青年和男性青年、城市社区青年和小镇青年，当然也包括不同种族民族的青年等。而且同一青年群体也会面临交叉的角色分类。例如本书以小镇青年为关注点，同时需要涉及这一对象的性别、年龄、职业等各个角色层面。其三，从特征上来看，青年阶段出现了生理、心理和社会三个层面的更新。首先在生理基础上，青年的身体成长进入了蓬勃期，使得青年获得了基本完善的身体能力，因此青年在生理条件上是极为富有的群体；其次在心理基础上，青年的"形式思维"具有代表性，作为抽象的逻辑思维，能够在辩证的程度上分析事物的深层联系和关系，思维的独立性、批判性和创造性显著增强；最后在社会基础上，青年与社会的连接与互动日益突出，产生自我实现、求知、社交、社会承认等复杂的人生需求。综上，本书所关注的青年主要是生活在行政区划单元上的小镇，具有特定的身心表现和特定的社会发展表现，且年龄在 14—35 周岁的人。

失学的基本含义为"不在学"或"无学可上"。其广泛使用的含义是义务教育阶段的全日制学校学习出现不同程度的中断，例如万明春在《失学问题诊断与对策》中将失学定义为"所有义务教育阶段（6—14 岁或 7—15 岁）的学龄少年儿童中未在校接受义务教育的现象；失学包括

---

① 中共中央、国务院：《中共中央国务院印发〈中长期青年发展规划（2016—2025 年）〉》，2017 年 4 月 13 日，http：//www.gov.cn/xinwen/2017-04/13/content_ 5185555.htm#1，2021 年 6 月 3 日。

未入学和辍学"①。金一鸣认为失学即"本该在校接受义务教育的适龄儿童因各种原因未在校接受教育。它包括两种情况：一是从未入学；二是虽曾入学却未受完法定年限的义务教育就离开了学校（中途辍学或弃学以及小学毕业后未能升入初中的停学）"②。但是，近年来失学概念的外延出现了一定程度的扩展，失学的适用范围不再局限于义务教育阶段，而是延伸到所有全日制学校教育的区间内。李赟吉提出，失学指的是"不在全日制学校就学，但包括自学、参加成人教育等情况。出现'无学可上'，是由于在当前教育特别是高等教育在中国还没有完全普及，国家和社会还无法完全保证所有希望进一步升学的青少年都能得到继续教育的机会，学生本人也常常因为家庭经济因素无法继续读书，或者因为学习成绩因素导致竞争力不够而被教育制度淘汰，或者由于其他的各种复杂原因，而无法在全日制学校获得进一步教育机会"③，即"只要失去国家教育体制之下的学习机会，皆可称之为失学"④。本书认为，失学意为在我国学校基础教育通向高等教育过程中出现不同程度的丧失学习机会的现象，一方面表现为直接中断向上一级学校升学的通道，此即为彻底性或永久性失学；另一方面表现为暂时性中途休学或从学校转换到其他领域，包括兵役、职业教育等，此即为学习机会的"失而复得"。本书重点关注的即是我国基础教育将学生送往高等教育的路径上的失学问题。依循我国学校教育层次体系的运行逻辑，本书考察的失学包括学前教育失学、初等教育失学、中等教育失学和高等教育失学。同时，失学的范畴无法映射到自我学习、继续教育、网络课程、辅修课程等学习领域。此外，本书将职业教育路径上的学业过程作为学生课程文化资本运作过程的补偿或替换方式，例如有的学生在初中毕业以后选择入读中专

---

① 万明春：《失学问题诊断与对策》，四川教育出版社1996年版，第8—9页。
② 金一鸣主编：《教育社会学》，河北教育出版社1996年版，第294页。
③ 李赟吉：《社区失学无业青年的就业援助研究》，硕士学位论文，华东师范大学，2008年。
④ 李忍：《农村青少年失学现象研究——以五马镇三个自然村为例》，硕士学位论文，中南民族大学，2014年。

和技工学校等来实现课程文化资本的进一步发展运作。

在失学形成原因上，学生失去学校学习机会的影响因素很多。田宗友发现"生产力水平低下，经济困难——根本的经济因素；落后的思想观念和传统习俗——重要的文化因素；主体意识不强，自卑心理严重——主要心理因素；以及脱离农村实际的低质量应试教育——教育内在因素"[1] 等是学生失学的原因。秦玉友等人则是从个人、家庭、学校和社会四个层面分析失学的影响因素，"个人层面的影响因素涉及个体自身的属性，《全球监测报告》提到的个人层面的因素包括性别、年龄、残疾和疾病。家庭层面的影响因素涉及个体所处的微观环境，关于家庭层面的影响因素，《全球监测报告》主要提到了家庭财富、营养状况和母亲受教育程度。关于学校层面的影响因素，《全球监测报告》主要涉及学校教育质量、学校的基础设施与环境、教师、学习材料、授课语言、考试、暴力和性骚扰。社会层面的影响因素是个体所处的宏观环境，《全球监测报告》提及种族或民族、城市与农村、识字环境和社会环境等要素"[2]。其中"非贫失学"是指排除经济窘迫问题的失学现象，也即经济条件以外的因素致使学生放弃既有的学校学习传统。本书中，这些青年的失学问题主要在学业失败和厌学两方面，具体涉及学校教育制度、个人心理、家庭影响和社会环境等因素，因此本书将其界定为"非贫失学青年"。此外，本书聚焦于考察主体课程文化资本运作活动对自身的影响，包括在其失学事实上面的影响，由此排除经济因素的干扰有其必要性，使本书能够直接考察和参考这些青年的课程文化资本运作效果。

综上所述，本书中的非贫失学青年（本书中简称为"失学青年"）主要在于以历史回溯的视角，回顾14—35周岁的小镇青年曾在学校基础教育通向高等教育阶段中出现不同程度的丧失学习机会的事实，导致他们丧失学习机会的并非经济因素，而是可能受到文化、制度、家庭、环

---

[1] 田宗友：《论农村学龄女童失学原因》，《江西社会科学》2003年第10期。
[2] 秦玉友、李琳、赵忠平：《失学的概念、影响因素和控制策略——基于UNESCO的10年EFA全球监测报告的分析》，《外国教育研究》2012年第12期。

境和个人心理等层面因素所影响,这些从某种程度上与个体的课程文化资本运作息息相关,即个体的课程知识学习与使用过程受到这几个层面的影响。

四 依赖

依赖性对人而言是一个事实,"我们一般性地承认对他人的依赖性,把它当成实现我们的积极目标所需要的东西,但是几乎看不到有谁毫无保留地承认这种依赖性,承认它以何种方式来自我们的脆弱性和苦难"[①]。也即是说,生命固有的脆弱性和局限性使得人产生一种生物性或生理性依赖,依赖被理解为不可避免的自然成就,因此依赖总是在普遍性、必然性和事实性等特征上产生归属。但是,基于自然基础的依赖性早已在社会与自然的交锋中逐渐衍生为一种社会依赖并且隐藏在社会结构中,即主体对社会的依赖性,通过社会一致性的培养和规训而形成。罗萨看到了社会结构中的这种深层关联:

> 社会生活被社会规范和伦理规范非常严格地管制与控制,这些社会规范和伦理规范相当细致地操纵了个体的行为,以让互赖链能够非常紧密地联结在一起,并且让互动过程可以不间断地持续运作……互赖链在增长的同时,也出现了个体化、自由主义化和多元化……现代社会和个体会觉得自己无疑"极度自由"。但我们怎么能前所未有地完全自由,却又前所未有地极度合作、协调、同步化呢?……因为,有一种社会意识隐藏在主流的自由主义的自我自由感背后,它以压倒性的力量将一切推往反方向。个体一方面觉得几乎完全自由,但同时却也感觉到被不断增加的、可以洋洋洒洒列出一长串清单的社会要求所支配着。现代社会当中的行动者会觉得屈

[①] [美]阿拉斯戴尔·麦金太尔:《依赖性的理性动物:人类为什么需要德性》,刘玮译,译林出版社2013年版,第7页。

从于不同的、无法控制的负担和社会要求，这与人们所能观察到的、为求紧密合作的社会规范的需求是相一致的。①

所以，依赖是指依靠别人或事物而不能自立或自给，是社会关系的形式之一。目前主要的依赖理论有物的依赖性、价值的社会依赖性和亲社会行为情境依赖性等。其一，物的依赖性。马克思在探讨市场经济社会中人与人的相互关系时指出了这种物的依赖性问题。本来人的依赖最初表现为人与人之间的直接依存，主要有"血缘、感情、个性和政治依附、暴力征服"②等形式。但是，这种朴素的人与人的依赖关系，在资本主义社会生活中演变为物与物的交换，"在这种形态下，才形成普遍的社会物质变换，全面的关系，多方面的需求以及全面的能力的体系"③。在这种物的社会依赖中，人的社会生活出现了全面依赖，这种过渡的对物的依赖有可能对社会和人的发展产生影响。其二，价值的社会依赖性。拉兹提出价值的社会依赖性观点，认为价值是依赖社会的，即价值"可以看作是为行为的理由提供实质性的根据，而行为的理由则直接关涉到规范的合理性证成"④。拉兹并不是将价值附在主体或对象上面，而是附在社会实践上面。由于价值对社会实践的依赖性，导致人不得不依赖于社会。价值的社会依赖性分为特殊的社会依赖主题和普遍的社会依赖主题，特殊的社会依赖主题指"一些价值当且仅当曾经或现在有支撑它们的社会实践存在时它们才存在"，普遍的社会依赖主题指"几乎所有的价值都依赖于社会实践，要么通过从属于那个特殊的论题，要么通过它们对于那些从属于特殊论题的价值的依赖"⑤。其三，亲社会行为情境依

---

① [德]哈特穆特·罗萨：《新异化的诞生：社会加速批判理论大纲》，郑作彧译，上海人民出版社2018年版，第2页。
② 雷龙乾：《扬弃"物的依赖性"是现代社会主义的核心价值》，《马克思主义与现实》2007年第2期。
③ 高玉泉：《论物的依赖性社会中人与人之间的相互关系》，《求索》2003年第6期。
④ 宫睿：《拉兹的价值的社会依赖性理论及其意义》，《哲学研究》2010年第9期。
⑤ Joseph Raz, *The Practice of Value*, Oxford: Clarendon Press, 2003, p. 3.

赖性理论。亲社会行为情境依赖性理论是经济学领域通过实验室条件下行为博弈实验发现"利他、公平、信任、合作等亲社会行为的广泛存在",并且后期又进一步将不同程度的现实情境引入到实验中,"考察亲社会行为在何种情境下会发生改变,会发生怎样的改变,以及为什么会发生改变"①。本书基本认同并沿用以上这些理论观点,旨在从具体的课程文化资本运作行为中探索依赖性的存在以及为什么会发生这种依赖关系,即依赖作为一种社会关系的形式,它是如何被塑造出来的,这种依赖性给人本身带来了什么样的影响,尤其失学青年是如何呈现自身的这种依赖关系的。

第四节 研究设计

一 研究目的

本书旨在通过历史回溯,考察出生时间处在1986—2007年②的失学青年在其基础教育阶段所累积的课程文化资本及其运作情况。根据他们各自记忆和理解的再现,刻画这些失学青年的课程文化资本运作形态并阐释这种运作的发生机制,最终尝试揭示失学青年课程文化资本运作的问题及其根源,为学校基础教育课程培养人进行有效的课程文化资本运作提供针对性建议与参考。

二 研究问题

本书主要完成对以下核心问题和具体问题的澄清和论证:

核心问题:失学青年本就没有在学校基础教育课程中获得多少竞争实力,他们如何让自身的课程知识发挥出资本力量?这种资本化运作的效果如何?他们遭遇课程文化资本低效运作问题的根源是什么?如何破

---

① 罗俊、陈叶烽:《人类的亲社会行为及其情境依赖性》,《学术月刊》2015年第6期。
② 本书将出生时间界定在1986—2007年的主要目的在于对应青年的年龄阶段(即本书2021年完稿时年龄为14—35周岁的青年)。

解他们在课程文化资本运作活动中的低效困境？

具体问题如下。

1. 课程文化资本的实体是什么？

课程文化资本是一种价值抽象，它的价值意义由具体的实体内容来呈现。本书通过知识论视域来认识课程文化资本的实体，论证课程文化资本与课程知识之间的内在一致性。论证过程主要围绕知识的价值、内容和认识活动三个维度展开，充分说明知识作为课程文化资本实体的正当性和恰当性。将抽象的课程文化资本还原为具体的知识形态，不仅能够更加具体细致地考察主体的课程文化资本运作活动，还能够深度理解各种知识的资本价值及其实现过程，为本书深入分析课程文化资本运作问题提供合理的入口。

2. 失学青年在课程文化资本运作上的低效表现是什么？

课程文化资本运作贯穿个体发展的始终，大部分失学青年在知识的学习和利用上都称不上成功或者高效，他们的课程文化资本运作低效性是如何展现在他们的知识获取学习上、知识的效益转化上以及知识的进一步发展上的？这种低效性表现是否存在形态上的差异？这种低效运作的发生机制是什么？

3. 出现低效课程文化资本运作的根源性问题是什么？

以失学青年的案例来看课程文化资本运作过程中遭遇的困境和问题在于追踪主体进行课程文化资本运作中出现的根源问题。只有对这一问题不断追问，才能真实地回到课程知识学习问题上，从根源上解决知识学习上的偏颇，从而为处理课程文化资本运作的低效或失败提供合理的解决方案。课程文化资本是人的一种内在实力，这种内在实力只有在合理有效的运作中才能帮助对主体形成助益。所以，对主体成长来说，有效的课程文化资本运作必须正视主体自身在知识活动中受到的真正阻滞，而对这一阻滞的防范和解决才能维护课程文化资本运作的有效开展。

4. 如何消解失学青年在课程文化资本上的低效运作？

只有找到失学青年课程文化资本低效运作的根源性问题，才有讨论如何消解低效性的可能性。即，课程文化资本运作的出路在于针对课程文化资本运作的阻滞因素进行破解，提出合理的应对方案。并且，在应对这种阻滞因素的过程中，需要清醒地认识和理解有效的课程文化资本运作应该是什么样的？只有确立有效的课程文化资本运作的标准，才能更加精准地破解这种低效的运作表现，及时把课程文化资本掌握好、利用对、发展稳。所以，消解课程文化资本运作上的低效表现应该同时存在两个思路：课程文化资本摆脱低效运作的出路是什么，以及有效的课程文化资本运作的归路是什么，只有这样，才能真正解决失学青年的发展困境。

5. 学校基础教育课程如何培养学生进行有效的课程文化资本运作？

学校课程在指导主体进行课程文化资本运作过程中发挥了中流砥柱的作用。对学生来说，学校中学习的课程知识影响自身的当前发展、未来发展和终身发展。主体在课程文化资本运作中成长为什么样的人，这主要取决于学校开展什么样的知识课程。表面上课程文化资本运作是一个社会性活动，实质上这一运作行为及信念系统在课程学习过程中便已经开始了。所以，这意味着课程在发展过程中必须切实重视培养学生进行有效的课程文化资本运作这一问题。

三 研究方法

（一）教育自传

在后现代思想的浪潮中，社会学领域出现了诸多"转向"，传记取向就是其中一种。托马斯与兹纳涅茨基认为"个人生活记录（越完整越好），是社会学完美的研究材料"[①]。美国社会学家默顿率先提出社会学自传的概念，认为"自传作者能够以他人所不能的方式反省和

---

① 参见鲍磊《社会学的传记取向：当代社会学进展的一种维度》，《社会》2014年第5期。

回顾自我"①。一定程度上书写主体的差异决定了传记的性质。杰克·赖安和查尔斯·夏克瑞在《天堂的陌生人》的写作过程中,采取了发起邀请信的方式,从已经成为学术圈成员、有工人阶级背景的学者中,最终挑选了24个中产阶级白人的自传进行研究。② 自传记录是一种成长叙事,人类生活具有故事特性,叙事是"人的一种生存状态或者方式"③,每个人都在有选择地编织着自己的生命图像。"叙事既是生命意志的表达,也可被视为一种方法,帮助我们更深刻地理解身处的这个世界。"④ 自传传主通过记述来回顾自我生活,是真实真诚的内心折射和故事再现。

本书通过邀请信的方式邀请14—35周岁的失学青年以教育自传的方式再现自我记忆中在课程中的学习情况、收获情况、对待不同课程及知识的认识、对待不同课程知识的喜好程度及其效果、课程知识给自身带来的影响等。通过自传的记录,所有的书面表达会呈现传主无意识的判断和倾向等细节。

(二)教育口述史

口述历史于20世纪中叶由美国哥伦比亚大学教授亚伦·内文斯提出,此后于欧美史学界得到长足发展。唐纳德·里奇指出:"口述历史是以录音访谈的方式搜集口传记忆以及具有历史意义的个人观点。口述历史访谈指的是一位准备完善的访谈者,向受访者提出问题,并且以录音或录影记录下彼此的问与答。访谈的录音(影)带经过制作抄本、摘要、列出索引这些程序后,储存在图书馆或档案馆。这些访谈记录可用于研究、摘节出版、广播或录影纪录片、博物馆展览、戏剧

---

① 参见鲍磊《社会学的传记取向:当代社会学进展的一种维度》,《社会》2014年第5期。
② Jake Ryan and Charles Sackrey, *Strangers in Paradise: Academics from the Working Class*, South End Press, 1984, p.317.
③ 程猛、康永久:《从农家走进精英大学的年轻人:"懂事"及其命运》,《中国青年研究》2018年第5期。
④ 程猛、史薇、沈子仪:《文化穿梭与感情定向——对进入精英大学的农家子弟情感体验的研究》,《中国青年研究》2019年第7期。

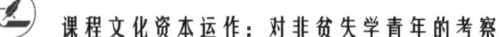

表演以及其他公开展示。"① 在教育学领域，教育史研究中开启了口述史方法的使用。教育口述史是"一种将自述、记录、整理和分析验证相结合的教育史研究方法"，"表现为自然的、自为的和自觉的教育口述史三种形态，在呈现教育生活、下移历史重心和重构社会记忆等方面具有重要的价值"②。从方法论视角来看，"口述历史代表的不只是研究方法的更新，更是历史观的变化，即从历史研究的'无人'状态进入'有人'状态"③。通过一种"不在那里"的情境重建，以当事人的回溯重回历史现场，通过当事人对碎片化记忆的修复重现曾经的故事，通过当事人对关键时刻、事件及细节的叙事重述过往经验，"尽量"让"不在那里"的情境重建以揭示事实本身。而在历经了时间淘筛之后，那些被观望、被唤醒、被遗漏的东西本身——既杂糅着当事人的理解与反思，又体现着与当下关联的价值选择——便更增加了一层可深究的意涵。

教育口述史是一种深度叙事。研究对象将自己过往的经历以叙事的方式自主表达出来。在本书中，由于一部分失学青年缺乏书面表达能力或认为自身缺乏书面表达能力，因而需要研究者以特定的主题为开端引导他们述说自身的课程学习过程。因此，本书中教育口述史方法的使用主要在于辅助教育自传应用方面的不完善，在部分青年不愿意进行书面表达的情况下，以口头自述的方式来收集他们的课程学习经历。

（三）深度访谈

本书采用半结构化深度访谈。半结构化访谈指的是"研究者准备好研究主题与研究问题，但是有关提问的顺序以及问题的方向，常常依照

---

① ［美］唐纳德·里奇：《大家来做口述历史：实务指南》，王芝芝、姚力译，当代中国出版社2006年版，第2页。
② 周洪宇、刘来兵：《教育口述史研究：内涵、形态与价值》，《现代教育管理》2018年第11期。
③ 于述胜：《教育口述史漫议》，《中国教师》2009年第9期。

受访者的响应与说出的故事而调整，开放式问题是其提问的重要方式"①。在访谈过程中，深度比广度更为重要，研究者要了解事情的深度脉络，需要"善于追问、加问，注意各种情境、意义与历史的特定细节。"② 本书针对1986—2007年出生的失学青年进行访谈，通过"不在场"的在场考察他们对基础教育课程的理解和记忆，同时了解他们当下的课程文化资本运作表现和效果以及未来在课程文化资本运作上的个人规划。课程文化资本运作经历既是一段清晰可查的历史，也是纵观今朝的所为所得，畅想未来的发展方向，并且建立反思性勾联的契机。

（四）三角互证法

质性研究通常面临研究资料的"效度威胁"，但是"对质的研究效度的处理只可能发生在研究过程开始之后，而不是（像量的研究那样）在开始之前。这是因为我们必须已经对一个初步的结果作出了某种假设之后，才有可能着手寻找那些有可能影响这一假设之效度的'威胁'，然后想办法将这些'威胁'排除"③。三角互证法是质性研究中检验效度的方法。这种方法可用来检验不同的资料来源或不同的资料收集方法。三角互证法的特点是在研究同一经验性单位时，采用两种或两种以上的研究策略。三角互证法是通过比较不同来源的信息，以确定它们是否相互证实，其目的是评价资料的真实性。三角互证法类似刑侦人员的侦查方法，通过对可疑现象的捕捉，将相关线索放到一起进行比对，最终得出对可疑问题的判断。本书在收集这些青年的教育自传和口述史资料时，通过对与他们相关的家长、教师和同学进行补充性访谈以检验他们所提供的资料的有效性，主要包括家长、教师和同学对这些青年的课程学习表现的认识和他们日常给人的印象。

---

① 瞿海源、毕恒达、刘长萱、杨国枢主编：《社会及行为科学研究法（二）。质性研究法》，社会科学文献出版社2013年版，第30页。

② 瞿海源、毕恒达、刘长萱、杨国枢主编：《社会及行为科学研究法（二）。质性研究法》，社会科学文献出版社2013年版，第31页。

③ 陈向明：《质的研究方法与社会科学研究》，教育科学出版社2000年版，第400页。

四 研究进路

本书主要因循这样的路径展开：第一阶段为施证过程，围绕研究问题同步展开文献、理论和调查三种路径的研究，三种研究路径相互补充、相互推进，彼此影响。即既充分识别、吸收和借鉴国内外已有相关研究成果，为本书挖掘潜在的研究空间，为本书问题的深度探索奠定学术基础。又在理论视野下分别研究课程文化资本的实体和课程文化资本运作的主体两大问题，一方面以知识论对实体进行还原，论证教育领域中课程文化资本及其实体之间的隐喻关系；另一方面以人学讨论来构建主体结构，透视课程文化资本运作主体的内涵，完成对课程文化资本运作活动中的实体和主体的认识梳理，为本书奠定理论前提。此外以非贫失学青年的视角进行课程文化资本运作活动的事实调查，主要完成教育自传、教育口述史和三轮访谈的资料展开与收集，三种研究方法逐层进行，不断完善和聚焦问题本身，直到不再出现新的概念范畴从而达到理论饱和，并对数据资料进行效度验证、编码和类别化整理，为本书提供真实有效的数据分析。第二阶段为解释过程，以具体研究和分析过程为基础，得出研究发现，并进一步分析出研究结果。本书主要从主体进行课程文化资本运作的实践运作表现、形态和发生机制三个层面进行阐释，阐释框架主要从课程文化资本实体、课程文化资本运作主体结构和具体的研究资料中得出，即纵向上的实践过程，包括课程文化资本获取、转化和发展三大运作活动以及横向上的组织过程，包括课程文化资本运作的价值驱动、内容构成和应对方式等。第三阶段为揭示过程，在以上研究过程的分析总结中得到关于有效的课程文化资本运作的出路和归路的结论，并以该结论为前提提出我国基础教育课程发展的相关建议。综上，整体的研究进路如图 0-1 所示。

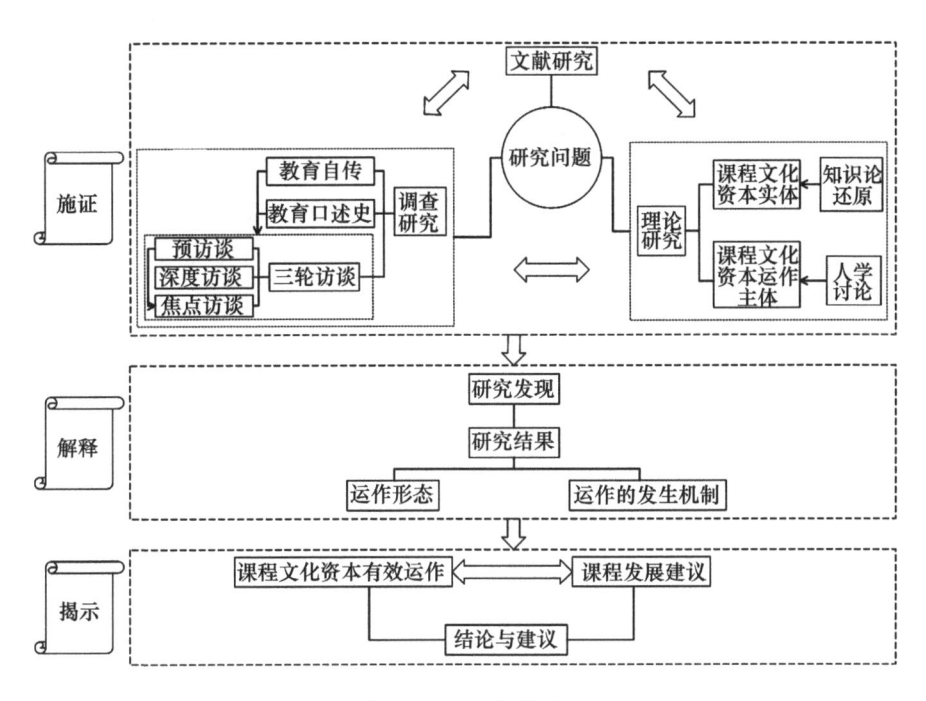

图 0-1　研究进路

五　研究重难点及可能的创新点

首先，本书的重点在于：第一，在知识论的基础上对课程文化资本的实体内容进行分梳和界定，论证课程文化资本的知识实质，并以知识活动覆盖主体的课程文化资本运作行动；第二，在调查研究和理论研究的双重施证下确立主体进行课程文化资本运作的行动框架，这一框架是课程文化资本运作主体对课程文化资本实体进行具体化活动的一般结构，代表了运作主体对资本实体的纵向实施过程和横向组织过程；第三，基于主体对课程文化资本运作的实践表现得出这种课程文化资本运作的低效性，并进一步分析和讨论课程文化资本运作的形态和发生机制，即从现状中不断追问其背后的推动力量，厘清课程文化资本运作行动中的根源性问题；第四，重新思考一种有效的课程文化资本运作的出路和归路，建立主体与知识这种资本实力之间的内在亲近。这四个重点问题构成了本书的研究旨归，对这些问题的揭示，亦是一种研究与分析能力的呈现。其次，研究难点除了对研究重点的把握，还包括向研究对象获取研究资料的过程。实施访谈工作和资料整理是一项需要高情商且极为细腻的活动，不仅需要与研究对象之间建立信任关系，还需要较高的沟通对话业务水准，保证所获取的信息与研究目的和问题的关联性。研究资料的获取虽然是基础性工作，但能够决定研究质量和研究结论的力量，所以这项工作是较为困难的。最后，本书的创新或贡献之处可能在于：在研究内容方面，本书深度阐释了导致失学青年课程文化资本低效运作的根源性问题，为破解这些青年的课程文化资本运作困境提供了方向。基于此，本书还对有效的课程文化资本运作进行了深刻认识，不仅有利于帮助主体理解自身课程文化资本运作行动的内涵和价值，而且对学校基础教育课程来说，在培养学生进行有效的课程文化资本运作上具有可靠的参考意义。在研究方法方面，本书将教育自传、教育口述史和深度访谈进行融合性运用，打通失学青年在学生时期与成人时期的课程文化资本运作经历连接，并着力挖掘个体在自身课程文化资本运作行动中独特的思想、行为、互动、情感、态度、姿态等身心表达。这些方法的使用为本书提供了全面清晰的课程文化资本运作行动画像，也为课程文化资本领域的研究提供了新的尝试。

第五节　研究的方法论

方法论是对本书中所涉及的方法及其实施背后的理论进行交代和说明。通过相关方法论在本书中的适恰性来保障研究过程和研究结论的真实性、科学性和客观性。通观本书的演进，主要建立在两种理论基础之上，分别是程序主义扎根理论和个体主义。

一　程序主义扎根理论

扎根理论由格拉泽和施特劳斯提出的一种"从资料中建立理论的特

殊方法论"①。扎根理论的含义在于研究者在不存在现有理论框架或模型的情况下进入现场收集资料并分析，以解释数据资料的意义，产生新的理论架构。需要明确的是，扎根理论并非强调一味地"扎根"田野，而是"扎根"需要分析的数据资料。此外，扎根理论的基本理论立场是符号互动论和实用主义。符号互动论有助于扎根理论在微观层面上观察和解释符号世界如何塑造个体的行为以及社会互动。这一理论立场使得这种类型的研究将"过程（行动/互动/情绪反应）纳入分析"②，认为"社会、现实和自我都是由人们的行动和互动建构的，因此需要通过行动者的视角理解他们的世界"③。实用主义强调知识的事实和价值是相互关联的，也即主体的知识行动建立在一定的价值认识上，这一理论打开了扎根理论关于知识与行动关系的研究视野，丰富并支撑了这一方法论的"认知"过程。由此，扎根理论在自身的理论立场上与本书的主题讨论也达成了高度契合，即课程文化资本的主体运作不仅需要回应行动、互动和情绪反应等过程问题，还要深入理解作为文化资本的课程知识与行动的关联问题。因此可以说扎根理论与本书高度统一。

实际上扎根理论不是常规的学术型理论，而是一种研究方法论，主要思路就是针对数据进行思考并概念化和理论化的一种方式。由此，扎根理论在于提供"系统的方法论策略"④。在这种策略的实施细节上，施特劳斯与格拉泽在后期出现了分歧，即是否需要首先提出研究问题。施特劳斯主张可以预设问题，并且在数据分析之前能够进行相关文献摄取，完全脱离研究目的与理论背景的"空白"研究是不存在的，适当的研究方向可以帮助研究者建立接近现实世界且更具解释力的理论，由此形成

---

① ［美］朱丽叶·M. 科宾、安塞尔姆·L. 施特劳斯：《质性研究的基础：形成扎根理论的程序与方法》，朱光明译，重庆大学出版社 2015 年版，第 1 页。
② ［美］朱丽叶·M. 科宾、安塞尔姆·L. 施特劳斯：《质性研究的基础：形成扎根理论的程序与方法》，朱光明译，重庆大学出版社 2015 年版，第 261 页。
③ ［美］朱丽叶·M. 科宾、安塞尔姆·L. 施特劳斯：《质性研究的基础：形成扎根理论的程序与方法》，朱光明译，重庆大学出版社 2015 年版，第 3 页。
④ ［英］凯西·卡麦兹：《建构扎根理论：质性研究实践指南》，边国英译，重庆大学出版社 2009 年版，第 5 页。

了程序主义扎根理论。格拉泽则拒绝在研究进行前拟定问题，同时文献阅读需要在数据分析之后。也即是说，基于实证主义视角，这种研究不做出任何事先臆想的假设，而且不沾染、不遏制或妨碍研究者从数据中形成范畴及其特征和理论性编码的努力以最大限度摆脱已有理论的限制，这便是经典主义扎根理论。经典主义扎根理论的问题在于"过于强烈的实证主义倾向无助于扎根理论对社会现象的实践应用拓展"[①]。本书倾向于并实际参考了施特劳斯的程序主义扎根理论。在本书看来，尽管经典主义扎根理论能够保证极大的客观性，但是已经脱离实际，纯粹的目的空白与理论空白是一种研究理想，但无法人为地阻断和控制研究者已有的学术经验，这些经验会潜在地、不自觉地透射到研究者的研究过程中。脱离实际实质上是一种假性客观，这在保证研究的真实性和科学性上有待商榷。程序主义扎根理论从事实出发，接受适当的，但不是完全照搬的理论积累和问题倾向来协助研究者本人构建新的理论模型，即做好先在内容与新鲜资料的组织与融合。程序主义的追随者卡麦兹指出，企图在研究中对现实进行还原并非理论的功能，"任何理论形式提供的都是对被研究世界的一种解释性图像，而不是世界实际的面貌"[②]。综上可见，程序主义扎根理论更能够彰显研究过程和研究结论的真实性和科学性。

二 个体主义

方法论个体主义是社会科学研究中的主要方法论主张，代表人物包括波普尔、韦伯、米德、舒茨、沃特金斯和埃尔斯特等。方法论个体主义的核心观点在于社会现象应该通过参与者个人的行动、态度、关系等来阐明，即"对重要社会现象的彻底说明，至少应以所涉及的无名个人

[①] 吴继霞、何雯静：《扎根理论的方法论意涵、建构与融合》，《苏州大学学报》（教育科学版）2019年第1期。

[②] ［英］凯西·卡麦兹：《建构扎根理论：质性研究实践指南》，边国英译，重庆大学出版社2009年版，第13页。

的典型倾向（包括信念、态度和意志）为依据"①。正如韦伯所言"一切有关精神现象或社会现象的科学都是有关人的行为的科学（因此，每一种精神的思维活动和每一种心理的态度都包含在其中）"②。基于个体主义的研究逻辑，沃特金斯提出了方法论个体主义的解释原则："应该从管控个体参与者行为的原则和对于其情景的描述中，演绎地推导社会过程和社会事件。"③ 换言之，作为解释材料的是个体展现的具体活动和个人的身心变化，而被解释的则是事件本身，需要得到的是通过这个事件个体所产生的未被意料到的结果。就本书而言，作为解释材料的是失学青年从学生时期到目前为止这整个连续的过程中，自我是如何获取、转化和发展自身从课程中得到的知识的，他在具体活动中的个人状态和表现，被解释的是每个从学校课程中掌握人类知识的人都需要实际参与的课程文化资本运作行动，这是人的实际生存与发展方式和过程。本书在解释项与被解释项的整合中需要得到的是这种运作在失学青年身上是怎样发生的以及出现运作失败结果的根源，例如：在知识获取与使用过程中的失学情况是怎么发生的和为什么会发生。失学问题是失学青年整个课程文化资本运作链条上的内部问题，解释了课程文化资本运作这一整体行动也就借此解释了失学问题。埃尔斯特认为方法论个体主义还呈现出一些基本特征："首先，关于个人行动方面，并不预设自私自利和理性特征。其次，方法论个体主义只在很泛泛的背景有效，如果整体实体出现在有目的的背景中，这一整体实体则不能还原为低层实体。再次，许多个性特征如'强权'等，具有内在相互性，要对个体进行精确描述就一定会涉及其他人。最后，要避免把这种还原变为不成熟的还原论及机械

---

① 卢风：《西方社会科学方法论中的个人主义与整体主义之争》，《哲学动态》1993年第8期。

② ［德］马克斯·韦伯：《社会科学方法论》，韩水法、莫茜译，商务印书馆2021年版，第196页。

③ 夏代云、何泌章：《浅议方法论个体主义与方法论整体主义之争——以沃特金斯VS.布洛德贝克为例》，《自然辩证法研究》2009年第7期。

生物还原论。"① 这些特征以一种温和且实际的态度来对待研究中个人行动的现实状况，既不刻意放大个体的主观作用，也不刻意回避个体与个体之间的关系。通过参考方法论个体主义的这些特征，能够奠定本书的内在一致性和统一性。本书立足方法论上的个体主义，但并不做过度延伸，而是就研究本身的适用性和合理性而言。

　　此外，本书方法论个体主义也是受到默会知识论和人学的个人立场的影响。其一，本书接受了默会知识论对知识的认识过程的论证，即人对知识的认识具有一个个人默会的属性，共同的语言难以在这类知识上达到人与人之间知识传输的共识，只能诉诸个人的身体来"亲知"。其二，本书参考了人学的个人立场。人学理论认为，研究人类与群体范畴的学科已经比比皆是，关于个人问题的研究尚且薄弱。完整的个人应该是人学的研究对象。"个人是人类特性的承担、表现、实现和确证者，因而是人类的基础，离开个人，人类便无法存在；群体，体现的是个人之间的一种特殊的社会联系。离开个人，群体同样无法存在。只有个人，才是最直观、最可感知、最现实、最具体、最常见和最基本的人。"② 这两大理论对于本书考察特定失学青年的课程文化资本运作行动的过程具有重要意义，使得本书在收集失学青年在知识上的具体资本化运作故事，捕捉他们对知识本身的理解以及分析这种知识的运作机制和运作成效的根源诱因等方面保持研究的有效性。

---

① 参见曾庆福《评埃尔斯特的方法论个体主义》，《河南社会科学》2008 年第 4 期。
② 韩庆祥：《哲学的现代形态——人学》，黑龙江教育出版社 1996 年版，第 186 页。

第一章

知识论还原：课程文化资本的实体

第一节 课程、课程文化和知识作为课程文化资本实体的甄别

一 课程文化资本实体不是课程与文化资本的直接拼接

课程与文化资本是两种独立的抽象范畴，课程既不能直接覆盖文化资本，文化资本也不能直接覆盖课程，课程文化资本不是课程与文化资本的直接拼接。从实体意义上来说，课程文化资本不能单独用课程或文化资本的范畴来理解。所以，将课程直接视为课程文化资本的实体或者将文化资本直接视为课程文化资本的实体以及将课程与文化资本的直接拼接视为课程文化资本，都只是形式上的做法，没有深入课程文化资本的实质。

课程是一个极为复杂的抽象范畴，自其诞生的百年间以来，成为用得最普遍却定义最差的术语。根据对课程概念的溯源，西方的课程最初源于"跑道（currere）"，被解读为学习的进程，中国古代则主要指的是教学科目以及这些科目的教学问题。在课程定义上，奥恩斯坦总结了五种基本课程："为获得目标的一个计划，处理学习者的经验，一个处理人的系统，具有自己的基础、知识领域、研究、理论、原理、专家的研究领域，科目材料或内容。"[1] 可见，课程在范畴上并不具有

---

[1] ［美］艾伦·奥恩斯坦、弗朗西斯·P. 亨金斯：《课程：基础、原理和问题》，王爱松译，华东师范大学出版社2020年版，第9—10页。

统一性，而且把课程理解为一种计划、学习经验、学科科目、操作系统或理论领域等都具有合理性，没有人能够完满地整合课程范畴。课程是一个极具包容性的范畴。以课程作为课程文化资本的实体容易将课程文化资本这个范畴复杂化。也就是说，课程牵涉与学习有关的方方面面，人、组织、物、制度、内容、过程等要素及其内在构成远远超过了课程文化资本所能承载的范围。除了学生从课程那里能够得到的内容，那些无法为学生所得的课程的部分则很难以资本的形式融入课程文化资本范畴，尤其制度、组织、过程等甚至隐藏在课程学习背后而无法被学生切身体验。

  文化资本由法国社会学家布迪厄提出，对文化资本概念的理解建立在文化和资本的双重语境下。"文化是社会等级区分的标志，文化的区分体系与社会空间的等级在结构上同源，文化从来都不能断绝与社会支配权力之间的姻亲关系"[①]，而资本是"积累的劳动"，"一种铭写在客体或主体的结构中的力量，它也是一种强调社会世界的内在规律的原则"[②]，所以现实世界是文化世界，也是人类劳动累积成的人化世界，文化与资本通过人的支配权力建立了联系。在这个意义上，布迪厄指出，文化资本是以教育资格的形式被制度化的。"包括了各种各样的资源，比如语词能力、一般的文化意识、审美偏好、关于教学体系的信息以及教育文凭等。他的目的是想表明在这个术语的最广泛的意义上文化可以变成一种权力资源。"[③] 可见，文化资本的初衷是用来代表各种各样的教育资源。回观布迪厄文化资本形成的研究过程，即在不同社会阶层孩子的学业成就差异的事实调研中，个体主要通过家庭文化背景、知识、性情和技能等方式的传承，并通过先天和

[①] 陶东风、金元浦、高丙中主编：《文化研究（第4辑）》，中央编译出版社2000年版，第41页。
[②] ［法］布尔迪厄：《文化资本与社会炼金术——布尔迪厄访谈录》，包亚明译，上海人民出版社1997年版，第189页。
[③] ［美］戴维·斯沃茨：《文化与权力：布尔迪厄的社会学》，陶东风译，上海译文出版社2006年版，第88页。

后天的培养，形成内化于身的学识和修养，它存在于个性主体之中，体现为能力、信心、学识、修养等各种形式，这就是个体化文化资本现象。从文化资本的范畴来看，课程文化资本也不可能覆盖到文化资本，甚至课程文化资本是文化资本的一种。文化资本最初是一种受到教育资格认定的资源，随着教育资格认定的泛化，文化资本已经不仅仅指向学校教育内部，家庭也可能投入这种资源。但课程文化资本仅仅是学校教育内部资源中的一种，即课程文化资本只是文化资本的一个分支。

综上，课程范畴内不可能所有要素都存在文化资本的属性，尽管课程代表了一种教育资格，但是它并非具备全部的、彻底的可获得性。文化资本，包括课程文化资本，必须具有内化于人的身体的那种基于劳动的可获得性。显然，课程只有一部分用来表达这种可获得性。因而，课程文化资本无法单独通过课程或文化资本来理解，课程文化资本实体也不是课程与文化资本的直接拼接。

二 课程文化资本实体不是课程文化与资本的直接拼接

约瑟夫将课程文化界定为"课堂上和学校里公开或隐蔽的信念、行为、习惯和价值观的体系，这种体系也是社区和其他公共领域内的人们所关注的事情"[①]，具体包括工作和生存训练取向、承接圣典取向、发展自我和精神取向、建构理解取向、思考民主主义取向和正视主导秩序取向，这六种课程文化均指向了已然被带入课程内容的特定群体的课程意图，将课程浸润在不同的文化取向中，这些文化取向不仅代表了相关文化群体的信念系统及其行为导向，而且左右着作为正式课程的知识及其认识方式。可见，课程文化是课程所能够传递的内容的一部分，它倾向于表达特定的信念、行为、习惯

---

① [美]帕梅拉·博洛廷·约瑟夫等：《课程文化》，余强译，浙江教育出版社2008年版，第1—2页。

和价值观,所谓信念、行为、习惯和价值观,这些都是学生通过默会认识来得到,所以课程文化在很大程度上融合在默会知识范畴内,默会层面的课程文化与课程中那些客观知识及其认识方式存在一定差异。但是,客观知识及其认识方式也是课程的重要组成部分。由此看来,尽管课程文化也有教育资格认定的属性,但仅代表了一部分课程知识的可获得性,并非课程文化资本的全部实体内容,课程文化的范畴甚至只是默会知识的一部分表达。在课程的资本意义上,课程文化只代表课程的一部分资本价值。综上,课程文化资本实体的范围超过了课程文化与资本直接拼接的结果,即课程文化的资本价值只是课程文化资本实体的一部分,所以课程文化资本实体也不是课程文化与资本的直接拼接。

三 课程文化资本实体来自课程与文化资本的内在一致性

课程文化资本实体只能来自课程与文化资本之间的内在一致性,这种内在一致性才能满足课程文化资本及实体的基本特征,即教育资格认定和可获得性。而这种内在一致性来自两者的教育学和知识论基础。其一,教育学为课程文化资本提供了基本的教育资格认定可能。无论是学校教育、家庭教育,甚或社会教育都在运用自身的条件完成个体与文化资本的对接,例如学校学业授受和家庭代际传递等,所以教育活动是文化资本保存、发展和使用的固定通道,没有教育的介入,文化资本无法成为人的身体本能,而仅是一种体外资源。此外,人的原始状态是纯粹无知和纯粹野性,教育通过文化资本之网封印了部分无知和部分野性,为人摆脱原始状态提供合理的内容。其二,知识论的中心议题在于人何以认识和怎样认识,这为课程文化资本的可获得性提供了可能。人类喜欢把认识的结果称为"知识"。事实上认识是对一切的认识,被理解为"知识""文化""理念"或"行为"等,这些认识其实都没有范围也没有起终,没有理论与实践的分割,甚至可能没有目的,因而知识的边界逐渐虚化,文化在一定程度上也被视为知识，知识也不仅仅表现为理念或行为。在认识驱动下，文化资本现象具备了生物基础，在个体那里跃进为内在力量，例如布迪厄发现了个体内在的能力、信心、学识、修养等内容，这些与其说是文化资本形式，也是作为认识结果的知识形式。认识的触手延伸到哪里，认识便被意义成知识，当意义无处不在时意味着价值系统的形成。价值系统是文化资本的立身之本，所以知识论实际上为文化资本提供了真正的价值世界。总之，只有找出课程与文化资本的内在一致性所在，才能沿着这一路径找到课程文化资本的实体，恰切地捕捉这一实体的样貌。教育学和知识论正是课程与文化资本之间的深度渊源，在教育学和知识论基础上摘选出的具有教育资格认定的可获得的课程内容才是课程文化资本实体。

四 知识作为课程文化资本的实体

基于以上论证，本书认为，具有教育资格认定且可获得的，同时在课程与文化资本的基础（教育学和知识论）范围内，知识能够作为课程文化资本的实体。知识是指得以表达和传递的那部分人类认识和实践的文明成果。课程是传播知识的活动，在学校课程中得以表达和传递的那部分人类认识和实践的文明成果被称为"课程知识"。实质上进入课程的"知识"并不必然叫作"课程知识"。概念是对本质属性的思维定型，所以一个概念同另一个概念之间原则上需要表现某种质的意义的区别，但同质转变还是异质转变值得商榷。就课程来说，知识与课程知识的区别在于：其一，课程知识属于价值上受到选择的知识；其二，课程知识由课程负责。不过这两点并不足以使知识到课程知识产生本质上的改变，知识与课程知识属于同质同源。而且当学生说"我掌握了这个知识"，虽然"这个知识"从课程中得来，但他不会说"我掌握了这个课程知识"。因而，在本书中，知识与课程知识都具有语境合理性，不过"课程知识"仍然是课程与知识关系间无法跨越的屏障。从课程的角度来看，课程文化资本实体只能是知识内容，两个方面可以确定其正当性：在规划课程方面，尽管"课程决策的目的和根据在逻辑上是先于课程内容的"，但前者对于后者而言是辅助性工作，"决定课程的知识—内容在课程规划中变成了第一个步骤，也是仅有的一个步骤"①；在学习者方面，纵使课程如何建设，学习的轨道不会偏离，学习与课程最直接的联系是知识内容，能够转化为学习者内在文化资本的也仅是知识内容。可见，个体的课程文化资本来源于课程，且实体是知识，与文化资本具有内在一致性。不同知识观对课程知识的范围具有重大影响，本书在默会知识观视域内，将课程中能够获得的默会知识、科学知识以及公约知识等知识形态视为课程文化资本实体。

第二节　知识作为课程文化资本实体的理据

一　课程文化资本与知识价值重叠

资本通过资本价值获得界定。知识作为课程文化资本的实体由其固有价值来阐发，课程知识在资本视角上必然需要深入价值逻辑。本书尝试在价值内涵、价值关系和价值流通三个层面进行剖析，进一步澄明知识与课程文化资本在价值上的统一关系。

（一）价值内涵：劳动付出凝结成资本

物品或商品的价值来自"无差别的人类劳动的单纯凝结"②，由于这些物品或商品在人的劳动付出中形成，进而被赋予了社会的共有价值，价值实现是物品或商品获得资本地位的唯一路径。因此常规的经济商品累积了人类劳动和劳动时间，这些劳动量综合调控商品的价值比例，通过劳动凝结而成的价值就是资本。在资本的价值内涵上，学生的学习劳动使课程知识转化为学生自身的内在资本，只有学生自己劳动付出形成

---

① ［英］A. V. 凯利：《课程理论与实践》，吕敏霞译，中国轻工业出版社 2007 年版，第 25 页。
② 中共中央马克思恩格斯列宁斯大林著作编译局编译：《资本论》（第一卷），人民出版社 2018 年版，第 51 页。

第一章 知识论还原：课程文化资本的实体

的知识于己身而言才称得上"价值"，由此，课程的知识与课程文化资本在学生那里实现了价值重叠。

也就是说，学生在课程知识上的学习本质上是一种产出性劳动，这种劳动不是简单操作，而是必须融合思考的认识行为。学生是知识劳动者，通过与知识的交互关系参与社会中的动力运转。一般来说，学生在课程中采用高效且适合自己的学习方式，他在单位时间内不仅掌握的知识量更为丰厚，而且在知识的理解程度和认识深度上更加优异，因此他能够表达、传递和转化的知识在价值上便略高一筹，这就是在知识劳动的高回报资本属性。但是，这种高回报资本的劳动是一场非常艰难的旅程，以课程为结构的知识劳动是一项关于人的全国性甚至全球性的教育"行业"，因而这种资本再生产面临非常激烈的社会竞争，同时也是学生作为人在成长过程中不得不面对的资源争夺。此外，在持续的知识劳动过程中，学生还处在一个了解自身知识劳动能力的过程中，而且自身的知识劳动能力是决定知识价值的关键条件。学生的知识水平差异在很大程度上取决于自身的劳动付出，一部分学生较早地放弃前进的、进步的知识劳动作业，最终只能获取一般的知识水平，这种情况甚至可能扼杀学生展现自身知识劳动能力的机会。综上，知识作为课程文化资本实体，一方面是学生全面展开心智和脑力劳动过程的结果，这也是知识所追求的最终知识，是知识劳动的天花板，说明学生的知识劳动是一项无边界且充满无限可能的终身学习过程。另一方面也是学生全方位协调身体和情感系统的劳动结果。学生最大化发展身体和情感的"工作模式"在与智能劳动进行精细配合的过程中，学生的身体实践和情感实践也是形成知识的资本价值的重要条件。因此，学生通过个人劳动赋予价值的课程文化资本绝非完全客观或外在的物质，而是与学生自身融为一体并且表现出强大实力的内在于学生身心系统的知识状态。

（二）价值关系：知识价值的自然形式通约劳动形式

基于马克思的经济学原理，物品价值的自然形式与个体劳动价值存在通约可能性，即价值的等价形式。知识作为课程文化资本实体，从知识本身到知识的资本转换也只有在等价价值关系中才能实现。在价值的自然形式与劳动形式的关系上，学生的学习付出程度基本与所得知识本身的价值水平保持同向趋势。知识在进入个体学习劳动之前已经预存了两种价值。其一，知识在原始状态上的价值，这是纯粹的自然形式，存在即是合理，存在本身即价值。人类知识是发现与创造的并蒂结果，知识创造是以知识发现为基础的行为。知识发现就是对知识的原始状态进行解读，这种知识对象蕴藏着自然原始的价值能量，并不以人的意志而转移。人在发现这种原始能量时只能进行评估、检验或运用，不能剥夺知识对象自身的自然价值性。其二，当人对知识自然状态的认识达到某种程度时，则会产生公共层面上的价值规定并被重新赋予知识对象身上。即人把自身能够认识和经历的价值体系认定为这种知识的价值，但认定的价值是否与知识本身的自然价值重合并不能被证实，只能以这种规定作为人类知识劳动的基点，方便社会活动形成一种秩序与共识，而且，普遍性的价值规定最大化地代表了知识的自然价值形式，价值的自然形式与规定形式是一种限定性的等价逻辑。官方文化机构对某类知识赋予越高的价值规定，说明这类知识的自然价值可能越高，同时也说明学生在获取这类知识的过程中需要付出相对较多的劳动量，即以相应的劳动损耗（包括大量的学习材料、大量的实验研究或长时间的脑力思维等）来领会这类知识的价值并作用在恰当的领域，为学生带来益处，由此这类知识能够被称为课程文化资本。综上，在价值关系视角上，以文化资本定位的课程知识必然是价值的极大化程度，既需要学生的劳动付出，也需要无限接近甚至超越普遍的价值界定区间，或更加接近知识对象的自然价值形式。所以，学习者的努力与创造是进行课程文化资本运作的理想状态，也最接近知识的资本化价值的通约表达。

（三）价值流通：需求交换实现资本再生产

价值流通是课程文化资本的运作方式，在于通过彼此需求的交换来实现资本的增加。资本增加意为从最初的不变资本转化成可变资本，也即是价值意义上的资本再生产。学生在吸收课程知识的过程中已经对知识进行了初次加工，这种加工与每个学生自身知识理解水平相适配。课程为每个学生提供固定的和相同的知识原料，但学生对知识原料的认识存在差异，每个学生对知识的建构和综合使用能力不同，即在同一知识劳动上，不同学生呈现不同的操作结果，且这种结果有可能直接复制到他们今后的职业生产劳动中，因此，学生的知识学习劳动表现是知识作为课程文化资本的价值流通的参考，而不是通过知识本身的价值规定来换取价值流通中的效益。即在学生未来所面对的需求交换中，只有自身的知识实践能够证明自己的资本力量，也只有在自身的知识实践中能够赚取更多更想要的资本形式。通常情况下，学生在长期的知识学习中不断累积课程文化资本，除了使自己成长为一个身心发展且独立的人，还通过知识这种课程文化资本实现对其他形式资本的拥有，竭力在公共资源上占据一个相对安全和自由的位置，为自己在社会生活中再生产一定的话语权和行动权。综上，对个体来说，知识作为课程文化资本实体，它的价值流通是通过需求交换的形式来完成知识的资本价值转化。需求交换首先以个体自我的发展为基础，自我发展是占有一切资本的前提，没有自我发展，其他任何资本形式都难以实现或维持。所以，学生的知识能够在价值层面实现流通在于自身掌握的知识水平达到或超越了社会知识劳动的需求和期待，能够满足社会对更多更大价值的追求。

二 课程文化资本与知识内容共享

知识内容的类型是人类文明进入爆发与累积阶段形成的工具性假设。在知识越来越包容的品质上，传统理智主义已经不能完全束缚知识类型的范围。当前知识内容主要分为默会知识与科学知识两种类型，此外本书认为还存在一种公约知识，三者都是人的课程文化资本。

（一）身体化课程文化资本与默会知识

默会知识泛指"未被表述的知识，如我们在做某事的行动中所拥有的知识，是另一种形式的知识"[1]。默会知识论呈现了默会知识的表达方式和种类。默会知识的表达是非言语性方式。赖尔将知识分为"知道怎样做"（knowing how）和"知道那个事实"（knowing that）两种形态，且两种形态的知识无法共用相同的概念或标准，默会意义上的"知道怎样做"这类知识的表达超越了语言规则标准的限制。波兰尼也认为默会知识的一切属性都源于其逻辑上的不可言传性，既表现为非充分言述性，也可能表现为完全不可言述性。默会知识的表达难以受到语言和规则的覆盖，通常以直接性表征来呈现自身，包括个体的身体感受、实践活动和直接经验等形式，这些形式是默会的觉知直接寓居于人的身体内部并由身体自己组织，所以默会知识的表达、传递和发挥作用往往通过近身活动实现。默会知识的种类面临新的归并。梅洛-庞蒂指出，"身体把某种运动本质转变为声音，把一个词语的发音方式展开在有声现象中"，因此"声音是一种自然表达的能力"，言语和词语的呈现并非单纯概念陈述，而是"作为风格、作为情感意义、作为存在的模仿"[2]。通常人类并不关注的诸细节实质上便是默会知识，例如：身体能力、风格感受、情感意义和存在感知等。"知道怎样做"也是一种默会意义上的知识，意为"用活动/行动来表达的、体现了智力的能力之知"[3]，是身体化了的知识。波兰尼重点讨论了技能、传统、行家身份和默会思维等类型的默会知识。可见，默会知识的类型范畴极为复杂，凡经过人的身体并留下印迹的内容都有可能成为默会的知识。尽管默会知识极难建构完整的类目，当前默会知识主要呈现为三种样态：能力类、感受类、情意类。首先，能力类默会知识表现为身

---

[1] Michael Polanyi, *The Study of Man*, London: Routledge & Kegan Paul, 1957, p. 12.
[2] ［法］莫里斯·梅洛-庞蒂：《知觉现象学》，姜志辉译，商务印书馆2001年版，第237—238页。
[3] 郁振华：《人类知识的默会维度》，北京大学出版社2012年版，第97页。

体能力，即由身体源发形成的，例如语言能力、判断力和鉴赏力等；其次是技能，即在后天聚焦训练中形成，例如舞蹈音乐和骑车滑雪技能等；最后是才能，既可能先天具备也可能后天养成，是已经具备但未表现出来的知识、经验、智力体力等水平，常见的包括组织、领导或创新才能等。感受类默会知识通常是身体本能驱动的认识行为，比如对存在性、速度距离和关系等的感知，这类知识一般表现得非常敏锐，"它寻求满足自己为自己所定的标准"，"我们应该承认这些感官活动是我们共有并且依靠的正当努力"[1]。情意类默会知识突出表现在信念、情绪情感、意义、精神等层面，用来呈现个体主观世界的知识能量，即"传递情感的欢会神契会不知不觉地融入特定经验的传递中"[2]。总之，默会知识关注人对知识的感受性，打开了知识判断的新思路，即人本身直接作为知识判断的法度。这一转向意味着知识领域开始从适应整体人的层面过渡到适应个体人的层面，产生了知识的身体人视角，并且意识到身体并非只是心灵的壳子，身体也并非只是一种现象，身体也有它自己的"想法"，肯定了人与知识的内在一致性。

默会知识论对现当代课程产生了巨大影响，课程发展不断更新。课程目标从预设到生成的转向实质上指向的是知识的个人认识维度；课程内容选择与组织不再贸然将知识进行分割，而是采用知识群组沟通和具身整合等形式，引领课程朝整全理解和情境理解的方向上发展，协调知识的客观性与主观性的双重意质；在课程评价上既持续知识的科学化统一程度，又强调对个性化发展的认同机制。综上，知识范围的拓展并非只是知识内部的变革，它同时带动着传统课程模式的解构，为文化渗透提供了鲜明的契机，知识在最大限度上与文化形成了合流之势。本质而言，默会知识及其样态在课程之下展演了难以忽

---

[1] ［英］迈克尔·波兰尼：《个人知识：朝向后批判哲学》，徐陶译，上海人民出版社2017年版，第110、112—113页。

[2] ［英］迈克尔·波兰尼：《个人知识：朝向后批判哲学》，徐陶译，上海人民出版社2017年版，第244页。

视的个人性和身体魅力，是"寓居"每个人身体中的实力资本，这种资本更能使人的生活世界别样、多维和具体。

具体状态的文化资本表达了与默会知识论高度契合的观点。具体状态意旨"以精神和身体的持有'性情'的形式"，即"文化资本在其基本的状态中是与身体相联系的，并预先假定了某种实体性、具体性"[1]。具体化文化资本表现为在文化、教育和修养等领域身体的直接参与，所以这种文化资本的积累不能超越个别行动者及其表现能力，它随其拥有者（生物者的能力、记忆等）一起衰落或消亡。这种文化资本的表达和获取需要亲力亲为，通常情况下在无意识中达成默会并伴有身体最初条件的痕迹，因而具体状态的文化资本与个人及其生物特性之间存在相当复杂且紧密的联系，使得这种资本的运作必须依赖于资本主体。所以，与身体无法实现切割与隔离的文化资本实质上就是默会的知识。

综上所述，本书认为，身体化课程文化资本是默会知识与布迪厄所说的具体状态的文化资本相统一的结果。两者都是从身体系统出发的知识样态。因而，身体化课程文化资本指的是以个体身体系统意会的并牢牢锁在个体熟悉中的个人能量。身体化课程文化资本是默会知识与具体状态的文化资本在课程空间的表达，即学生在课程生活范围内通过身体活动去体认并展现的知识内容，这些知识内容重点出现在能力状态、感受状态和情意状态三大人的身体活动区域，是判断学生身体化课程文化资本的教育性收益的关键视角。

（二）客观化课程文化资本与科学知识

古希腊哲人探寻真理奠定了科学知识的基调。苏格拉底及前苏格拉底时期，知识还在真理或智慧的范畴上讨论。柏拉图产生了知识归并的初步样态，形成了知识与真理、智慧的区分。真理与智慧越来越倾向于

---

[1] ［法］布尔迪厄：《文化资本与社会炼金术——布尔迪厄访谈录》，包亚明译，上海人民出版社1997年版，第192—194页。

第一章　知识论还原：课程文化资本的实体

一种具有确定性和恒在性的命题类知识，而知识越来越倾向于包含所有的认识形态。亚里士多德用"科学"这个概念使知识标准化，将具有科学有效性的知识分为思辨（或理论）类、实践类和创制类，即一事物能否被纳入知识领域需要证明其科学性。后期由于科学知识有效性的证据法度的分歧，产生了经验主义和理性主义两大科学知识范式。经验主义依靠经验与事实证据。培根将经验主义和实践引入认识论，认为人类理性应该"从感官和特殊的东西引出一些原理，经由逐步而无间断的上升，直至最后才达到最普遍的原理"①，这与艰苦的思维论辩来建立原理的方式不同，唯理教条将人往错误的科学上引领，而合理运用理解力探索经验事例则能够产生新事功，旨在打破心力劳动的至尚性，相信人与生活世界和自然世界真实紧密的关系。休谟以肯定式不可知论为基础，指出人类只是部分通过观念而成为知识和确定性的对象，相信一事物与另一事物间形成的因果关系是人类本能，这种关系只是由经验生活中的恒常结合所产生，但这只具有归纳意义，并不具有必然性，因而也并不能代表事物的本质，因此真理知识只能在相对程度上作为真理，在绝对意义上是无法知道的。无论如何，经验主义强调实践经验与事实，为实证科学知识奠定了基础。理性主义依靠思索与推理的逻辑证据。笛卡尔通过思辨创立了"我思，故我在"②的第一原理。该原理建立在普遍怀疑的基础上，身体总是会产生欺骗性，这种欺骗性导致对其他东西真实性的怀疑，这种怀疑正是进行着的思想，并且很清楚确定地证明人的存在，由此确立了思想的第一位，且事物的真理只能由人的心灵思想来理解和判断。可见笛卡尔带来了思想的深度和厚度，加信了理论思辨知识的正当性和真理性。受到笛卡尔的影响，斯宾诺莎认为真正确定性的知识仅仅是"纯从认识到一件事物的本质，或者纯从认识到它的最近因而得来

---

① [英] 培根：《新工具》，许宝骙译，商务印书馆1984年版，第12页。
② [法] 勒内·笛卡尔：《方法论·情志论》，郑文彬译，译林出版社2012年版，第23页。

的知识"①这种直观知识。自然实在作为心灵的对象则属于心灵的外在存在，只有当对象"在思想的属性里产生一个观念，这一观念在它里面"②，这时这种包含对象本质的观念便内在于人的心灵。即基于自明真理及其规则对人的心灵的指导对对象进行直接体验和认识，这是唯一确认知识确定性的方式。

经验主义与理性主义的共同取向在于：科学知识被理解为脱离一切人的主观因素，追求在公共空间形成共识与共享，表现出极强的符号化和公共性特征。康德重新回到古典时代，为知识立法，让所有知识都在它该存在的地方。康德指出，"在时间上，我们没有任何知识先行于经验，一切知识都从经验开始"，但是，"尽管我们的一切知识都以经验开始，它们却并不因此就都产生自经验"③。因此，知识被区分为"一种独立于经验甚至独立于一切感官印象的知识，一种具有后天的来源，即在经验中具有其来源的知识"，前者成为纯粹知识，后者则被称为经验性知识。且在纯粹知识中蕴含着对理性的研究，"我们的本性导致直观永远只能是感性的，对感性直观的对象进行思维的能力是知性，即知识的自发性"④。此外康德还区分出一种实践理性知识，"一般实践理性的批判有责任去阻止经验性上有条件的理性以排他的方式想要独自提供意志的规定根据的僭妄"⑤，意志的法则成为实践行动的规定根据，这种规定的根据有可能来自先天法则，也有可能出于我们的欲求能力。综上，科学知识在于在某些条件下的正当性与合理性，纯粹理性思想有其科学地位，

---

① ［荷兰］斯宾诺莎：《斯宾诺莎文集第1卷：简论上帝、人及其心灵健康·知性改进论》，顾寿观、贺麟译，商务印书馆2014年版，第226—227页。
② ［荷兰］斯宾诺莎：《斯宾诺莎文集第1卷：简论上帝、人及其心灵健康·知性改进论》，顾寿观、贺麟译，商务印书馆2014年版，第196页。
③ 李秋零主编：《康德著作全集第3卷：纯粹理性批判》，中国人民大学出版社2004年版，第26页。
④ 李秋零主编：《康德著作全集第3卷：纯粹理性批判》，中国人民大学出版社2004年版，第69页。
⑤ 李秋零主编：《康德著作全集第5卷：实践理性批判 判断力批判》，中国人民大学出版社2004年版，第16页。

实证经验知识也有其存在性，实践理性作为一种人为规定也是依据科学品格进行确认。

时至19世纪，现代气息融入了古老的科学知识讨论。杜威以"经验的自然主义"理论为基础，认为否认经验在科学发展中的助益并不理智，且经验与自然、个体与自然、经验与个体、身体和心灵等多重二元结构并非真正的实在。"科学的意思可以是指知识之经过考验和证实的例子而言。但是知识也有着更自由和更带有人情味的意思"，主张"扩大应用这个概念，使它包括人类经验的解放和丰富的一切方面在内，才能满足纯粹科学的真正兴趣"①。与杜威的科学直接经验论不同，罗素更相信逻辑处理的力量，即通过分析的方法来认识人类的知识。罗素提出关于人类知识的两个问题：第一，我们知道什么？第二，我们是怎样知道这些知识的？"回答第一个问题的是科学，而科学所要做到的是尽可能不带任何个人的因素和完全去掉人的成分"②，对于第二个问题，心理学占有独特的地位，单独的个人的经验是心理学上进行推理的心理事件，也是我们知识的全部素材。在罗素的分析中，知识的前提显然是科学性，从经验主义出发如何到达科学性，这种学术理想在于探索一条由人到知识的转化的万能公式。罗素在经验主义的进路上找到的不是知识的科学确定性，而是"人类的全部知识都是不确定的、不准确的和片面性的"③。

"不同的知识内容和知识形式直接体现了不同的课程内容"④。古希腊早期，年长者对青少年的知识授受几乎等同于教人智慧，且"既源自自我提升的愿望，也根植于他渴望扮演年轻人精神之父的心愿"⑤。

---

① [美]约翰·杜威：《经验与自然》，傅统先译，商务印书馆2017年版，第168页。
② [英]罗素：《人类的知识——其范围与限度》，张金言译，商务印书馆2018年版，第74页。
③ [英]罗素：《人类的知识——其范围与限度》，张金言译，商务印书馆2018年版，第613页。
④ 钟启泉主编：《课程论》，教育科学出版社2007年版，第138页。
⑤ [法]亨利-伊雷内·马鲁：《古典教育史：希腊卷》，龚觅、孟玉秋译，华东师范大学出版社2017年版，第78页。

即使在儿童身上，除了"技艺"类知识，还有大"伦理"：前者并非生产技艺，而是生活艺体技艺，后者则包含具有真理意义的箴言、道德和形而上学。柏拉图时期初步形成了"七艺"课程内容，由四学三科的相关知识构成：四学指的是算术、几何、天文和音乐；三科则由文法、修辞和辩证法组成。课程对知识的选择已经建立在科学知识类型假设的基础上，"在他看来，科学必须去除一切经验的残余物，成为纯粹理性的"①。后期"七艺"课程在学科细化进程中被解构，背后的推动力量仍然来自科学意识。但由于科学早已被极端化为纯粹理性，通过课程呈现的知识多是条文或符号表征的理论科学知识。进入现代以来，以实证科学为重要内容的课程知识一跃而起。因此，课程对知识的选择既包括理论科学知识和康德的实践理性类知识，也包括实证科学看中的操作程序与能力知识。科学知识是人类赖以发展的宝藏，早已具备作为人的资本的实力。

文化资本的客观状态就是"文化商品的形式（图片、书籍、词典、工具、机器等），这些商品是理论留下的痕迹或理论的具体显现，或是对这些理论、问题的批判，等等"②。基于此，客观化课程文化资本旨在突出知识的客观存在性，意在摆脱个人主观经验感受而达成公共认识信念。就课程而言，客观性知识一般以科学知识及其产品为主导。这些科学知识来自人类科学文明发展以来宏阔的知识类型，理论知识、实证经验知识以及实践理性知识都在克服自身的局限而极力朝着科学标准努力。理论知识通常指原理、规律、定理等抽象度高、概括性强、逻辑严密的知识体系；实证经验知识则通过现象观察和实验事实等经验直接归纳出的科学结论；实践理性知识主要在于人类行动的强制规约，主要见于伦理道德范畴。就客观科学知识传统认识论范畴来看，客观化课程文化资本

---

① ［法］亨利－伊雷内·马鲁：《古典教育史：希腊卷》，龚觅、孟玉秋译，华东师范大学出版社 2017 年版，第 161 页。
② ［法］布尔迪厄：《文化资本与社会炼金术——布尔迪厄访谈录》，包亚明译，上海人民出版社 1997 年版，第 192—193 页。

可以分为理论知识、实证经验知识以及实践理性知识,这三类知识及其产品是人类发展史上无数个高光时刻的聚集与记载。此外,正是由于知识的客观科学性,客观状态的文化资本才具有呈现为物质性一面的基础,但更深层的在于象征性地呈现出来。在物质性方面,客观状态的文化资本可以转化为文化或知识产品等物质体系进行显现和利益争夺;而在象征性方面,只有将客观状态的文化资本放在与具体状态的文化资本的关系之中才能被定义,"文化资本以其客观状态呈现出了一个自主连贯的世界所有的表象,超越了个人的意愿,不应该忘记的是,这一世界是作为象征性方面和物质方面活跃的、有效的资本而存在的,它处于行动者所能显现的范围内"[1]。

(三) 制度化课程文化资本与公约知识

公约的意义在于群体达成共识且共同遵守约定。公约并非社会行为的强制性条律,而是社会行为的组织化规范。存在一种知识建立在公约基础上。首先,广义层面上的知识由人类所有文明成就构成,是通过人共有的认识能力而形成的必然内容,人在认识上的普遍统一造就了知识上的公约效应,此即为一种普遍性约定。而且,也只有大家共同承认的内容才具有知识功能,所以知识本身蕴含了公约逻辑。其次,在中观层面上,特定群体对知识的控制与霸权实质上也存在一种公约性,即权力的分配和控制导致对特定知识的公约性执行,所以大部分知识的选择和使用并非个人单独决定,而是依靠统一的界定和给定,使得知识的获取与使用就是一个公共事物。这种公共事物的基本存在形式是学校及其课程,"学校的课程正好成为某种机制,而知识正是通过这种机制在'社会上得到分配'"[2],所谓的"机制"便渗透这种公约意识。最后,在最狭义的知识层面上,公约在一定程度上对知识进行了资格化处理,个体

---

[1] [法]布尔迪厄:《文化资本与社会炼金术——布尔迪厄访谈录》,包亚明译,上海人民出版社1997年版,第199—200页。

[2] [英]麦克·F. D. 扬主编:《知识与控制——教育社会学新探》,谢维和、朱旭东译,华东师范大学出版社2002年版,第35页。

依照特定群体的设定标准来证明自己在这种知识上面的资格,获得这类知识活动领域的"通行证",例如:等级考试、资格认定、成就评估和其他资格评价体系。知识资格并非在对等关系中产生,而是由个体被动地接受来自特定群体对知识的规范和约定,只有完成资格认证的知识才能融入公共发展事业,此即为一种公约遵守。综上,公约知识即是在知识的社会逻辑上形成的规范或资格,个体在知识运作中具有自我实现的自由,而越过规范和资格则会产生对抗。所以,公约知识实际上是笼罩在个体自我发展行动上的一张无形的网。但是没有公约知识的构成,自我无法进行富有社会意义的行动和参与社会公共事业的发展,更不可能在这些事物中回归自我并建立自我。此外,知识领域的变革也是在公约基础上对标准的改写,把人往更深的社会结构中推进,只有及时抓住新的约定的人才能更加适应,甚至能够在社会推动力量中快速地应对并投入自己的力量。

基于公约知识的论证,本书认为制度化课程文化资本与公约知识的狭义层面具有一致性。制度化课程文化资本源自于布迪厄的体制化状态文化资本。体制状态下文化资本表现为学术资格形式,即在学术上得到认可的文化资本并且已经独立于承担资本的个人。"学术资格和文化能力的证书赋予其拥有者一种文化的、约定俗成的、经久不变的、有合法保障的价值,可以说正是社会炼金术产生了这一文化资本。"① 在通向社会化的道路上,"学术资格能够在文化资本和经济资本之间设定转换率,保证商品交换的社会运作中特定学术资本的金钱价值","因为学术资格所保证的物质利润和象征利润,也是建立在'物以稀为贵'的基础上的"②。所有的资格认证与换取都是在保证稀缺性的逻辑上进行的,一种资格认定出现膨胀则说明这种资本已经被弱化了其资本力而遭到贬值或

---

① [法]布尔迪厄:《文化资本与社会炼金术——布尔迪厄访谈录》,包亚明译,上海人民出版社1997年版,第200页。
② [法]布尔迪厄:《文化资本与社会炼金术——布尔迪厄访谈录》,包亚明译,上海人民出版社1997年版,第200页。

第一章　知识论还原：课程文化资本的实体

均等对待，相反，当资本拥有者以绝对的差距替代另一个人，则他的资本价值非常强大。

在课程视角上，每个学生都有权利占有从体制上予以承认的文化资本，即在教育系统中拿到社会对资格的文凭认可。所以，制度化课程文化资本表现为学术资格，是为学生个体的身体化课程文化资本和客观化文化资本产生现实的证明或载体，在社会公共体系内管理和公开自身的文化资本实力，作为公共生活最直接的入口。学生不仅要在短时间内高效累积和掌握各种知识文化资本，更要竭尽全力得到每个知识领域的公共认定，这些公共认定往往不是参照系认定，而是遵循"优胜劣汰"法则。制度化课程文化资本包括学业文凭、课程考试成绩和排名特别是中高考综合表现、各种技能资格水平、各种获奖名次、履职经历、师生评价记录、科研成果认证、特殊贡献等，凡是以一种一体化的格式呈现的有关学生各方面的表现都被制度化为一种文化资本形式，通常在对这些学术资格进行表达的过程中便已经出现了对学生社会价值的判定。所以，制度化课程文化资本逻辑上应该在身体化课程文化资本与客观化课程文化资本获取之后才会产生，但在资本转换中却先行于两者，使得资本运用陷入难解的僵局。滞后的制度化学术资格很难完全替代学生拥有的当时或已产生变化的具体文化资本，但社会仍然只能保持这份社会公约以减少失序带来的消耗。所以，制度化课程文化资本是学生与社会生活产生直接连接最便捷的路径。

综上，通过知识论的还原，丰厚的知识作为课程文化资本实体，即课程规定的知识资源、课程拓展的知识资源以及课程生成的知识资源都是学生的专用文化资本。结合布迪厄的文化资本理论，本书将课程文化资本分为三种存在形式（见表1-1）：身体化课程文化资本、客观化课程文化资本和制度化课程文化资本，同时依托知识论（尤其是默会知识论）对知识内容与类型的认识具体呈现课程文化资本实体。

表1-1　　　　　　　　　　课程文化资本构成

一级课程文化资本	二级课程文化资本	三级课程文化资本
身体化课程文化资本	能力类	身体能力：由身体源发形成的，例如语言能力、判断力和鉴赏力等
		技能：在后天聚焦训练中形成，例如舞蹈音乐技能、骑车滑雪技能等
		才能：自身具备或培养的素质，包括组织才能、领导才能或创新才能等
	感受类	身体本能驱动的感受行为，比如对存在性、速度距离、关系的感知等
	情意类	表现在信念、情绪情感、意义、精神等层面
客观化课程文化资本	理论知识	指原理、规律、定理等抽象度高、概括性强、逻辑严密的知识体系
	实证经验知识	通过现象观察和实验事实等经验直接归纳出的科学结论
	实践理性知识	人类行动的强制规约，主要见于伦理道德范畴
制度化课程文化资本	课程考试成绩	学历、中高考成绩、三好学生荣誉、钢琴等级、作文比赛名次、教师奖励、发明专利等
	学业文凭	
	技能资格水平	
	获奖及名次	
	履职经历	
	师生奖励与评价	
	科研成果认证	
	特殊贡献	

三　课程文化资本与知识活动共通

（一）课程文化资本获取与知识习得

知识习得就是学生如何掌握知识。在寻求真理和智慧的古希腊时代，知识被普遍认为是得到说理辩护的真信念，因此将注意力集中在"认识辩护"上，"一个得到辩护的信念是一个认识上可允许持有的信念"①，说明公认知识由辩护形成。辩护是在语言表达和表征条件和普

---

① ［美］约翰·波洛克、乔·克拉兹：《当代知识论》，陈真译，复旦大学出版社2008年版，第14—15页。

遍性真理、命题、规则、规律等前提下进行，可见，语言符号是知识能够被掌握的第一个条件，语言梳理了知识也呈现了知识；知识掌握的第二个条件是理性思维，亚里士多德认为以沉思为基础才能获得可知事物中理论知识或科学知识最高级的存在。综上，知识的习得在于经由人类理性思考的言述能力。以此为基，课程在很长一段时间内采用直接灌输方式，知识通过师生的语言交流和心灵思考被习得。然而，经验主义质疑理性费力的思考结果，只有实践和经验的才具有现实感和真实感，这才是人掌握知识的关键条件。经验主义给课程带来的是一方面怀疑已有理论知识的真理性，另一方面查验学生对知识存在假性习得的可能性，即学生对知识只有记忆而没有领悟。经验主义实际上打开了实证科学的大门，观察、实验等操作活动成为习得知识的新增条件。课程也开始不甚强调死记硬背和机械运用，而是动手参与知识的发现过程并且到知识生长的情境中去，一切有事实依据的成果均值得被尊重。不过随着人的默会能力被发现且被认为优先于所有知识习得的条件。默会能力是人的身体的直接体验，知识从直觉和记忆等实在知觉中直接产生。知识不再有固定的形式和传递方式，知识习得的重心开始倾斜于学生自身的身体主动性上。课程文化资本获取指的是主体对课程文化资本进行累积的行为。课程文化资本累积不同于一般物质性资本的累积，物质性资本主要在资本数量上进行增加，通过数量上的聚集来表达资本实力。课程文化资本以人为依托，只能通过人的内在实力的提升来表现课程文化资本的获取情况。由此可见，课程文化资本的获取与知识习得具有内在一致性，两者都需要人的直接参与，并且通过人本身的认识行为来实现。

（二）课程文化资本转化与知识管理

课程文化资本转化活动与知识管理具有一致性。知识时代要求知识管理，只有进行科学的知识管理才能顺利地应对知识时代的运转。"知识的存量和流量都在以较快的速度增长。对于组织和个人而言，要想适应这种环境，并使知识的力量得以充分体现，就必须对知识进行科学合理的管理"①。知识管理就是对自身承载的知识内容进行整理和组织，以恰当的状态完成知识的效益转化。而且，知识管理的最终目的并非管理知识，而是在对知识的利用中获得某些对人有益的增值。这种增值可以是对自身内在来说，也可以指向外部世界，例如知识学习上的管理就是对自身的认知与能力发展的效益，而知识工作中的管理就是为了获得外部世界的回报。另外，知识管理需要根据自身适应的组织模式，只有自己有能力调度自己的知识关系。课程文化资本转化活动主要是主体对自身所持的课程文化资本进行评估、调取、组合和交易的一系列有目的管理化资本运作程序。资本只有在转化活动中才能真正产生资本意义，也即是课程文化资本的优化配置能够提升其价值表现，这是资本增值的基本逻辑。综上来看，课程文化资本转化活动与知识管理都是在知识掌握的前提下通过条理性的组织实现知识的内在实力，达到更大的价值。

课程文化资本转化以资本增值为目的，意味着知识作为课程文化资本实体使人实现了个体欲望，表现为：第一，基本的生命成长。生命成长不只是生理发育与健全，还包括心智的发展成熟。人的心智演化是极其复杂的过程，"'我'所体验和归属为心智范畴的一切，如：感知、情绪、意图、思想、决定、意识、自我等等，也归属于生命范畴、有机体范畴、生理范畴、生物范畴乃至物质范畴"②。心智的生命系统绝非自发组织起来，它必须在与物质的关联中建构自我的意义空间，而这些物质就是各式各样的知识，通过这些知识在个体的身心系统中形成普遍性的认识和特殊性的认识。合适或者心智感兴趣的知识能够完善生命成长。第二，全面的自由与自尊。"人类参与社会生活的最终根源，是对意义和

---

① 陈搏：《知识交易及管理研究》，湖南大学出版社2009年版，第172页。
② 李恒威：《从心智到文化：达马西奥的生命哲学》，《西北师大学报》（社会科学版）2020年第5期。

尊严的渴望，而非表面上所看到的游戏带来的利益"①，即个体借助游戏利润来达到层层社会规则，最后实现自我制定规则的自由状态，这种状态不仅表现在财务方面，还有思想和时间上的自由感。学生在社会驱动下被投入资本风云中，实现知识的巨大生产力。知识是任何资本的核心，发挥生产力功能的不仅仅是科学技术，任何知识都具有帮助人实现生活渴望的可能性。第三，理想的表达。个体每时每刻都在证明和实现自身的存在性，将知识的增值功能极限到实现新的创造。这种创造是人类突破知识界限的壮举，也是知识对人自身的赋值。每个学生都在心灵深处留有理想，这是对人生意义的追求，也是最勇敢的知识发挥。综上，无论是知识管理还是课程文化资本转化，都在发挥知识的价值、完成知识的价值以及增加知识的价值的过程中进行。

（三）课程文化资本发展与知识生长

知识生长是指知识和人在知识的作用下不断深化和完善的过程。一方面知识本身不断突破已有水平，知识生长就是给自己"充电"，更新自身的知识结构。知识本身并非一成不变，知识更迭是人类知识发展的趋势，新知识层出不穷，就像生命一样不断生长。基础教育课程为学生提供知识，也为学生学会探索、发现和创造新知识提供帮助，更为学生在知识重新组合上提供可能性，因而，新知识固然代表知识领域的生长性发展，知识重新组合有时候也能够产生生长点。知识代表了无限可能，尽管基础教育课程知识是基础性的内容，也会逐渐拓展为富有价值的竞争实力。与此同时，知识生长也带动人自身的成长。知识不可能脱离人而自行生长，它的生长与人的身心成长结合在一起。学生在对知识的深入认识中，他自己的认知能力、理解能力以及各种身体状态都会得到有益发展。课程在设计上凸显了多元智能发展的理念。除了基础知识技能和科学文化知识的智识开发，还强调身体其他能力的开发。学生们除了

---

① ［法］皮埃尔·布尔迪厄：《科学的社会用途——写给科学场的临床社会学》，刘成富、张艳译，南京大学出版社2005年版，第8页。

学习原有的科学知识课程,还要补充文化艺术课程,以全方位的"身体管理"带动学生综合成长。可见,课程知识竭尽所能帮助学生实现全方位的开发,不仅从智力和能力的角度促进学生的身体成长,也着意于人的情致方面的修养,这是一种更为隐蔽更为自我的知识浸染,尤其彰显了默会知识的不确定性、不稳定性和个人性等特征。今天的课程在格局上既尊重知识也尊重人,每个人都能使所学知识在合适的地方促进自身成长。

课程文化资本发展符合了知识生长的进程,同样是在一种深化和完善的逻辑上进行。课程文化资本发展与知识生长活动是彼此融合共通的关系。一方面,课程文化资本自身的发展意味着更大的效益空间。效益就是课程文化资本发展本身,只有能够增加效益的课程文化资本才是发展着的课程文化资本。所以,课程文化资本是在资本增值中得到自身的发展。另一方面,课程文化资本的发展也意味着人自身的发展。在人的自我发展上主要是丰厚自身的内在实力,在人的社会发展上主要是通过课程文化资本实现社会生活目标,使人成为一个不断优化的社会生活者。

第三节 知识作为课程文化资本实体的特性

一 合理性

合理性是约定俗成的真信念。讨论一个事物的合理性未必能够检验它的真理性,但是仍然可以在最大限度上证明它在特定领域的正当、应当和确当性。而且,生活也需要设定合理性,不仅在于它有追求真相和真理的属性,它也是把握世界过程最安全的保证。知识作为课程文化资本实体的合理性在于:首先,知识是受到普遍认同的人类认识成果。人对知识的认识逐渐成熟、客观和理智,并且人类不断更新和矫正自身的偏向、片面和偏激,从而提出越来越丰富的知识形态,使知识不限于固定的一隅或者固定的群体,每个人都是知识的主体,每个人都有知识的感受力。知识本身趋向了合理化,随之也带来了公众对知识内涵更深度的认同。其次，知识在人类历史上具有公认的财富意义。知识对个人和社会而言都是必不可少的发展能源，没有知识或者没有发现知识，世界文明难以想象。知识越成熟越具有创造性，人的世界越能走向未来。再次，课程的知识是经过历史高度检验的内容，也是人类文明成果中的精粹。同时课程也在最大努力上实现对知识的正确表达，把真的知识有效地交给学生。总之，从知识自身的合理性存在到课程知识的合理性表达，都是公众自发的理智努力，值得被尊重和认真对待，由此将知识作为学生的成长资本具有合理性。最后，学生拥有的资本量非常贫乏，一是缺乏一般资本（例如经济资本和社会资本）的劳动可能性；二是并不具备一般资本的掌控能力。对学生来说，他们只有从课程中学习知识等内容这一种劳动。学生学习课程知识是一种身体劳动，即在特定时间内投入自己的身心精力，从而获得不同程度的知识成果。课程在学生知识劳动过程中提供了一切条件，本质上也是课程为学生提供了知识这种文化资本，更产生了资本创造的力量。学生的知识学习从资本角度来看就是为自己获取内在资本，这种内在资本就是课程文化资本。所以，知识具有作为课程文化资本实体的合理性。

二 合法性

合理性是事物合法的基础条件，凡合理的事物必然具有合法性，但合法性并不完全依托合理性规定，事物合法性的关键在于其价值得到"某种政治秩序的认可"[1]，即官方性质的确认是合法性的代表。布迪厄解释了文化资本的合法性，但是文化资本的合法性是一种宽泛的合法范畴或者是一个价值理性范畴，文化资本所依托的教育资格是一个广泛意义的教育系统。不过体制化状态的文化资本有所不同，它是一种绝对的官方资格认定，"它在官方承认的、得到保障的能力与简单的文化资本之

---

[1] 罗生全：《符号权力支配下的课程文化资本运作研究》，博士学位论文，西南大学，2008年。

间确立了一种根本性差异，而那种简单的文化资本则不断地被人要求去证明自身的合法性"[①]。这种体制化状态在知识作为课程文化资本实体的合法性问题上同样适用。与文化资本不同的是，知识作为课程文化资本实体同时得到了价值和统治秩序的双重合法性确认。一方面，知识作为课程文化资本实体在价值上获得了公众理智的承认，课程文化资本实际表达的文化知识被相信是人类社会永恒的美德性存在，在人类社会的贡献值不言而喻。另一方面，知识作为课程文化资本实体受到统治集团的组织和验收。官方保障了特定知识进入课程领域的有效性、正当性和价值性等合法性表现。有效性在于实现知识作为课程文化资本在个人与社会之间沟通关联、协作发展、互利共生的生态局面，使得知识成为一种有实质影响力的资本内容；正当性在于作为课程文化资本实体的知识首先出现于官方的课程指导方案中，是官方认可的文化价值成果，确保了知识作为课程文化资本在社会生活中的地位。统治集团通常不会出现明显的资本偏向，但总是隐晦地将诉求传递出去。在这种情况下，知识作为课程文化资本实体具有显著的优势。价值性在于知识作为课程文化资本实体承担了学校教育的立德树人任务，这是课程知识能够长期稳定地占据学生文化资本的地位的条件。知识以一种遵循科学规律和人的成长水平的组织形式成为学校教育的合法性任务，为知识作为课程文化资本实体的合法性奠定了基础。

三　可共享性

从课程知识到课程文化资本是一种个体劳动过程，这一过程说明：第一，作为课程文化资本实体的知识在学生中间具有被分享的特点，即学生能够直接分享到知识自身；第二，作为课程文化资本实体的知识可以在学生和其他媒介之间进行共享互动。

---

① ［法］布尔迪厄：《文化资本与社会炼金术——布尔迪厄访谈录》，包亚明译，上海人民出版社1997年版，第201页。

第一章　知识论还原：课程文化资本的实体

第一，作为课程文化资本实体的知识在学生之间具有被分享的特点。人类所有的知识都在作为本体的人和作为知识本体的载体的相遇中产生。作为知识本体的载体一般被表述为外在客观世界，从默会认识论的角度，一种活动、行动甚至是现象中也可能存在知识本体。外在客观世界具备被充分言说的分享性质，人的活动或行动则表现为非充分言说甚至不可言传，表面上人与非言说的知识之间共享困难，个体难以认识或分享这类知识形态。此即为人类必然性无知的本质限制。在无知论上，一是在于一部分经验知识已超出人类关于真理的辩护框架，人类理性难以完全解释；二是一切知识在本源上都具有默会性，"我们永远不能说出所有我们知道的东西，也永远不能完全知道我们所说的话中暗示着什么"[1]；三是依循时空逻辑而无法在时间线之外预览知识全貌。所以无知论揭示的是人类的生物性天花板，我们具有分享知识本身的特定边界。但是，在语言不及的知识领域仍然存在隐藏的能知机制。默会研究者哈罗德·格里门表示"行动者从事某种活动时，他不可能表达出他在活动中所依赖的一切。因为表达背景的尝试会引起功能障碍"[2]。行动者对这种背景的知识在活动进行时含有无知意蕴，无知有可能表现为难以被语言建构和表达，也有可能在行动结束后被行动者言说出来，但两种均并非表示不得知，前者超越语言以一种默会能力来体现，后者则是合理的滞后的理性辩护。说明人对事物的无知含有隐藏的能知机制，且主要通过人的直接参与行为，这种能知机制是人的身体与知识本体的直接内在共享。这种隐藏机制的发现打开了人类共享知识本体的另一道门，学生借助自己的身心系统可以直接接触更多的知识形态并重新认识和衡量各种作为课程文化资本的知识的价值功能。

第二，作为课程文化资本实体的知识可以在学生和其他媒介之间实现共享。学生面临无法直接与知识本体相遇的情况，人类社会已经有能

---

[1]　[英]迈克尔·波兰尼：《个人知识：朝向后批判哲学》，徐陶译，上海人民出版社2017年版，第109页。

[2]　杨国荣主编：《思想与文化》（第五辑），华东师范大学出版社2005年版，第68页。

力将绝大部分已知知识进行便捷化整理或分工化呈现。所以学生可以通过一些媒介实现共享传递，这些媒介包括物化的课程资料、教师以及默会知识的示范活动等。物化的课程资料主要有课程方案、教材、图书、实验器材设备与说明、影音图像记录、各种实物等，这些物化资料承载了成熟和规范的科学知识，学生分享这些物化课程资料的过程实际上就是掌握课程文化资本的过程。教师自身作为知识的媒介与学生之间存在着分享知识的无限可能。教师不是课程知识的原始媒介，即教师对官方课程知识的解读有可能不完全是知识本身，还包括这部分知识的选择团体的意旨。因此学生从教师这个群体共享的知识有可能是官方课程知识，有可能是教师对官方课程知识的解读，甚至有可能是教师个人的知识，但三者皆有可能成为学生共享的课程文化资本。可见课程文化资本的共享特性展现在一个非常复杂的过程中。对于默会知识，尽管默会内容具有强烈的个人色彩以及无序、变化和连续的活态特性，难以通过物化材料或人的言语表征进行分享，只能通过人、物等实在示范的细微展演才能使个体分享到并辗转于知识意质中并获得澄明。如此一来，学生在不同的知识媒介之间均能够实现知识作为课程文化资本的可共享特性。

四　可发展性

事物发展过程的扬弃实质在于积极面对事物好的因素和坏的因素，并积极向好的方向转化。资本用来引起好的发展方向，而不是引起倒退或任何坏情况。知识作为课程文化资本实体，其资本的可发展性在于知识领域的扬弃运作。尽管知识尽量以永恒真理的愿景被允许进入课程，由于人类的智力水平和认识工具的更新，知识也在一点点突破原来的极限，新的总会覆盖旧的知识版本，例如人类对宇宙的探索便是不断从错误和微小的宇宙认识中向前迈进，这就是知识自身的发展性，知识在发展中逐渐成长为一股强大实力，被人类用来提升、武装和展现自己，这与课程文化资本是一致的，说明课程文化资本在本质上也是可发展的。不过，知识的发展潜力受到人的左右。曾经部落时代以占卜和先知知识

第一章　知识论还原：课程文化资本的实体

为尊，只有极少数文化人能够拥有此类知识，甚至只在私人教育系统进行传递与继承。今天这种占卜知识仍然是少数派，只不过演变成边缘化知识，因其不科学或伪科学特征而被排除在课程知识之外，由此这种占卜知识在发展上出现了断裂，被科学化的理念和知识包围而无法进行普遍的资本转化。不适用的知识被正在适用的知识取代正是文化资本竞争中的一种发展表现，即课程文化资本在资本内部的自我发展。此外，学生的智力思维、能力、感受和情意等系统均在课程文化资本的获取和运用过程中得到了质的发展。课程知识作为人的资本的本质就在于造就了这个人，否则并不能称为"资本"。同时由于学生身心系统的茁壮发展，这一健全发展的个体更有机会在未来争取到满意的社会生活。学生在今后社会生活中的成就往往与从课程中得到的知识成正相关，因此知识作为课程文化资本的发展性是在环环相扣中实现。

五　可转换性

知识作为课程文化资本实体具有可转换性，即知识在资本语境下可以产生能够置换的劳动结晶。转换性在于形成使资本自身稳定存在的结构和帮助资本主体赢得多元的利润空间。首先，知识作为课程文化资本实体可能进行内部相互转化。身体化课程文化资本和客体化课程文化资本通常可以转化为制度化课程文化资本，前两者通过学生自身的知识劳动成为内部的发展力量，但这种力量如果仅仅存在于学生内部而没有表征出来即等同于没有结构化，也即是没有形成资本自身的外化形态。制度化课程文化资本在于把学生内部的知识以统一的公认的制式固定下来，这不是标签，而是一种符号化管理，产生制度化课程文化资本的学生个体都被社会符号信息系统有组织地记忆，那些较少进行制度化课程文化资本转化或者产生较弱的制度化课程文化资本的学生个体则有可能被社会符号信息系统置于记忆的边缘。那些越靠近社会符号信息系统的学生，他们的知识与能力越容易被"看见"，也更能够在资本化竞争中实现增值。所以，知识作为课程文化资本实体的可转换性本质上是一种自我努力，避免淹没在滚滚的资本竞争洪流中。同时，知识作为课程文化资本实体与其他类型资本也可以进行相互转换。丰富的知识能够帮助学生在当下和未来获得相应的智力资本、经济资本、社会资本以及象征资本等不同形式的资本。因此，知识还是在资本的范畴内进行操作，所以知识作为课程文化资本的实体同样具有可转换性。

第二章

人学讨论：课程文化资本运作的主体

人学是一门以人为研究对象的科学哲学。韩庆祥等人认为"作为人学研究对象的人不是一般的人，而首先是具体的、现实生存的个人"①，并且个人指的是现实生存着的且完整的个人。"人类、群体是个人的集合，离开个人便都不存在；只有个人才是直接现实的存在"，所以人学研究的人"既具有类特性和群特性，又具有个性，是三者的综合统一。对个人的研究，必然内含对人类和群体及完整的人的研究。"②此外，人学对人的研究包括"人之存在、人性、人的本质、人的活动和发展的一般规律，以及人生价值、目的、道路等基本原则的学问"③。由此可见，人学研究主要在于提供作为主体的人的完整图景。课程文化资本运作是人的范围的行为，只有在人的范围里讨论课程文化资本的主体问题才具有意义。本书通过人学视界来理解课程文化资本运作主体，明确课程文化资本运作的主体是每个个体，包括具体的、现实生存着的曾放弃学业的失学青年。

第一节 非贫失学青年作为课程文化资本运作主体的原理检视

一 主体本质

人的本质就是"把人和外部对象区别开来，使个人成为具有内在本

---

① 韩庆祥、邹诗鹏：《人学：人的问题的当代阐释》，云南人民出版社2001年版，第121页。
② 王双桥：《人学概论》，湖南大学出版社2004年版，第1—2页。
③ 扈中平、蔡春、吴全华、文雪：《教育人学论纲》，高等教育出版社2015年版，第3页。

质力量的需要（内在本质）"①，即要证明人的本质，意味着在课程文化资本运作中证明人的主体性。韩庆祥指出，主体人的本质性包含四个基本规定：人的需要；人的生产劳动；人的社会关系；人的个性。人的需要表达的是人的自我实现，人的生产劳动关系人的自我价值和社会价值，人的社会关系涉及人的社会地位，人的个性意为人的独立性。

从人的本质上来说，非贫失学青年作为课程文化资本运作的主体，应当整合人的本质规定内容，让课程文化资本运作行动依托并实现人的本质要求，具体表现为人的自我实现、人的价值实现、人的社会地位实现和人的独立性实现，这四个方面同等重要，必须在这种知识行动中同时得到应对，而不是对其中某些方面看中却忽略其他方面。此外，"人的本质的自我实现，是人的一种最高需要"②，自我实现是成长为他自己，意为关于人本身的实现最接近于人的本质设定。所以说，通过课程文化资本运作，非贫失学青年作为主体的人，在需要、生产劳动、社会关系和个性的本质追求上，最终需要完成成长为他自己、为自己而成长的生存过程，这才是非贫失学青年作为课程文化资本运作主体的主体本质性。

二 主体特征

非贫失学青年进行课程文化资本运作就是建立并保持与知识劳动的长期关系，通过在资本平台上实现知识对自身的有利表达，以知识实力稳固自身的现实存在。在课程文化资本具体运作状态中，失学青年作为一个行为主体展现出相应的个体特征，包括具身性、持续性和陌异性。

（一）具身性

具身理论直指心智与身体的关系问题，关乎认识与实践的统一。具身理论发现，身体是认识的根源，心灵深处的索求同身体机能密不可分，

---

① 韩庆祥：《哲学的现代形态——人学》，黑龙江教育出版社1996年版，第188页。
② 韩庆祥：《哲学的现代形态——人学》，黑龙江教育出版社1996年版，第190页。

第二章 人学讨论：课程文化资本运作的主体

身体机能的敏感帮助我们与世界生活沟通，打破理性生活与实践生活的区隔。意大利神经科学家贾科莫·里佐拉蒂的团队发现恒河猴运动前皮层 F5 区神经细胞不仅在执行一个动作时产生放电现象，而且在被动地观察同一或类似动作时也产生同样的效应，似乎这些神经元可以在观察者的大脑中直接映射其他个体的动作，这些名为"镜像神经元"的双重激活现象反映了认知活动可能是身体与心理的协调工程，为个体认识与实践的具身性提供了精准的生物学基础。波兰尼则将个体的具身性特征扩展至默会认识层面，"我们通过身体而认识世界"①，即"通过寓居而认知"②，只有寓居于自己的身体才能形成对事物的认知。除了自身的身体，各种物质工具、环境背景和过去的文化经验等都是个体关注认识对象时身体的辅助延长，表现为特殊的身体寓居，既说明心智的具身性，又揭露了心智、身体与环境物质的嵌入式连接。可见，具身原则可解释为心智与生命的内在一致和自我平衡。

具身性理论揭示了两个命题，"一是心智是具身的，身体的结构和功能规定了心智的内容和属性；二是心智是根植于环境的，心智、身体、环境融合为有机的整体"③。失学青年作为主体对课程文化资本的运作活动始终围绕知识认识、学习和创生等展开，必然直接融贯在这一理论属性中。首先，从课程文化资本形式来看，无论身体化课程文化资本、客观化课程文化资本还是制度化课程文化资本，三种资本形式都在人类发展的知识范畴内，内部转化即在于知识实体的资本化。由于所有知识从根源上都存在一个身体的参与视角，所以个体所有的课程文化资本都是由具身性质而得到掌握。其次，从课程文化资本的具体运作来看，失学青年更是以真实的躬身参与知识探索为全部的运作状态。在课程文化资本吸收和使用活动中，失学青年作为学生并非表面在传统课堂所呈现的"静置的身体，运转的头脑"的样态，而是

---

① [法] 莫里斯·梅洛-庞蒂：《知觉现象学》，姜志辉译，商务印书馆 2001 年版，第 105 页。
② 郁振华：《人类知识的默会维度》，北京大学出版社 2012 年版，第 131 页。
③ 叶浩生：《"具身"涵义的理论辨析》，《心理学报》2014 年第 7 期。

大脑和躯体时刻协调一致地进入知识劳动的活动场景中，在真实自然的场域环境下用各自的身体、感知觉、情感和思维等物理存在去"体认"与其相遇的各种范畴知识。综上，在知识层面上，失学青年需要调动全部身心系统才有可能实现对知识的熟悉，才能使知识成为自身随时可以展露的内在能量，知识已经转化为或建构为自己的一部分，而非还处在外在物质世界的客观对象；在资本层面上，任何资本运作都具有一定的私密性，都是私人目的的现实化，所以人的资本运作是一次次切身实践，人的加入才使资本产生了特有的价值。失学青年对课程文化资本的运作从内质到形式都始终保持自身的全面投入，此即主体在课程文化资本运作中的具身性特征。

(二) 持续性

失学青年在课程文化资本运作中还表现出持续性的主体特征。一方面，失学青年对知识的学习和掌握是一个持续的过程。随着知识对学生身心系统的整体开发，学生也逐步由简入繁地汲取更多的知识内容，所以学生需要连续不断地对知识进行循序渐进式的认知，这是一个不断以前期学习为基础的深入过程。而且知识是一种难以穷尽其本质的文化资本，这使得学生的探索过程也势必不存在终止，因此，课程文化资本的学生运作是一个持续性活动。此外，作为一种生物体，失学青年对事物具有有限的生物容量，其认知系统和身体能力系统会在特定时间对特定内容进行更新、重组、删除或格式化处理，即使早期已经完全掌握的知识内容也有可能因为长时期未得到使用而出现生疏感，这点不管是在身体的感知觉和能力表现上，还是在思维空间上都具有一定程度的呈现。因而，课程文化资本实践是一个持续性过程，失学青年需要反复地、重复地对待已有的知识内容，只有在反复熟悉中才能熟练地、及时地、准确地把课程文化资本发挥到最大的科学的利润值。否则，一种断裂的课程文化资本只能阻碍资本的运作进程并影响失学青年的成就达成水平。另一方面，失学青年对课程文化资本的运作是贯穿一生的操作。课程文化资本从开始产生就已经注定会融入他们的整个人生过程，生命的每一步都暗含着曾经踩过的每一个脚印。也即，失学青年在基础教育阶段，即使是低年级段获得的内容，都在整个生活中持续产生影响且作数。所以，基础教育的课程文化资本虽然主要呈现为传递与累积的运作状态，与生活世界中的经营运作截然不同，但是，基础教育的课程文化资本调控了学生及其今后的生活走向，既包括对高等教育领域选择与领域成就的参照，也包括对学生进入社会生活的各种事件的指导。所以基础教育的课程文化资本在学生生活的方方面面都投下了光影，持续性的资本运作已经根植在他们的身体内部。

（三）陌异性

陌异性是人的一种内在经验。克里斯蒂娃在语言分析上重点考察了"作为'文'的方式存在的'肢体语言'。'肢体语言'溢出了言说的语音语言所熟悉的语言学框架，同时它仍然自成一种意指实践"[1]。也即是说，对"肢体动作"的关注使得主体不仅是一种意义主体，更是一种"过程主体"。"过程主体"打开了具有默会意义的认识实践关系，这种认识实践关系表现为互文性，是"从一个（或多个）符号系统转移到另一个符号系统。我们更倾向于用移置（transposition）（代替）"[2]，所以在语言实践上能够导出主体的陌异性维度，但又不仅仅是语言现象。陌异性既是主体与主体之间的差异，也是内在于自我的"异"。主体的成长在本质上是一种实践形态，既依赖于外在的陌异性，也依赖于内在的陌异性。主体需要也能够体认对自己的陌生感。主体并不能整全地认识"自我"的构造，就像个体对永恒知识只能存在一个必然无知的维度一样，"自我"也是永恒知识的一个范围。但是，主体恰恰是在排解陌异感的身体能动过程中与自我相处。主体对异质的反抗总是极为隐蔽，通常转化为自我怀疑和否定等不舒适感受，而自我理解才是一种接纳。主体的陌异性在很大程度上可能成为主体认识与实践行为的内在障碍，但

---

[1] 焦宏丽：《主体与互文：克里斯蒂娃思想研究》，博士学位论文，山东大学，2020年。
[2] Julia Kristeva, *La Révolution Du Langage Poétique*, Paris: Editions du seuil, 1974, pp. 59–60.

有时候也是一种动力促使主体实现自我。

失学青年作为课程文化资本运作主体，典型地表达了陌异性特征下的"反抗中的欲望"。从外在的陌异性来看，学生时期与教师、同学、合作伙伴，甚至是竞争对手等不同主体之间存在间隔。学生对于与不同主体相处有自己独特的感受，有时候出现自觉的熟悉欲望，有时候也可能产生本能反抗的陌生感，甚至有可能出现自以为了解的假性亲近。这些情况会影响失学青年与这些主体进行课程文化资本运作活动时的自我状态，包括排斥和欢喜两种倾向，前者进一步阻碍相关知识的获得，因为在学生的情感和意识体验上，自我做出的距离判断使得他们难以接受自认的陌生感，陌生感驱使人产生一系列连锁反抗。例如学生判断一个教师很严肃，对这个教师具有心理上的无意识逃离，从而导致学生自主屏蔽这个教师在知识传递中特定的声音、特定的身体表达以及知识本身。所以，由于失学青年内在的关于"异"的偏执，在对抗中逐渐忽视对知识及其资本的欲望。总之，主体与主体之间相互信任才能在共同活动中心意相通并接纳对方释放的内容，失学青年在学生时期，才有更大的可能性在他认为具有吸引魅力的教师或同伴那里建立认同而划归在自我的范围内，对对方呈现的知识与文化也更容易接受，知识在不同主体间的移置才可能出现良好的效果。从内在的陌异性来看，失学青年对正在认识的知识内容总是首先出现陌生感，或者在深入探究进程中产生更大的陌生感。苏格拉底就是在这一逻辑下表达"承认己之无知"的认识，即使是科学家，在认识过程中也要遵循"陌生—了解—熟悉—更大的陌生感—再了解—再熟悉—新的陌生"这一无限推进的路径。失学青年对事物的认识无法穷尽，所以这种内在的对知识及其能量的"陌异感"会一直存在。但是，失学青年在这种不断对抗陌生障碍的时序内也在自我成长，即通过对知识的不断认同，个体智能、才能得到发展。所以人不是自足生物也不是超验生物，而是在与外界的刺激与经验中成为真正意义上的人。

三 主体存在形态

失学青年作为主体的人具有固定的存在形态。马克思将人的存在归结为四种基本形态：自然存在、类存在、社会存在和个性存在。"'人的存在形态'涉及人的实现程度"①，即通过失学青年在现实生活和课程文化资本运作中的表现样式来达到人的存在实现。

（一）自然存在

在主体存在论上，失学青年的自然存在是指"自然赋予他自身以自然力和生命力，这些力量是作为禀赋和能力，作为情欲，存在于人自身之中（自身中的自然）"②。基于此，失学青年通过自然存在物的形态来感知自我的身体，他们既需要适应自我的身体表达，也需要统筹身体与现实生活的沟通，两方面的恰切才能真正实现自然存在。所以，在身体表达以及身体与现实生活沟通的双层需求上，失学青年是能动性与受动性的结合体。在自然存在的能动性上，失学青年具有生命特有的主动力量，这种力量激发他们去发现、提升和改变，他们需要用这种力量去推动课程文化资本运作行为的展开，也只有这种力量的主动性能够"解读"身体本身的感知奥秘，为其做出合乎内在需求和满足的引导。在自然存在的受动性上，失学青年具有生命特有的制约感，这种制约感表明任何人的行为都无法实现冲动和纵意，即自然没有赋予任何自然存在物以"要风得风要雨得雨"的权利，所有人都有属于他自己的节制。失学青年在课程文化资本运作过程中必然受到属于自己的节制的限制，这种限制可能出现在对自身的满足方面，也可能出现在对外部现实生活的处理上面，甚或两者都有。理解自身的自然存在既需要挖掘那种能动力量，也需要梳理复杂的受动关系，两者的和谐才能达到自然存在的平衡，才能在自我的感知与感知对象之间做好连接，为自然存在的高度实现提供

---

① 参见韩庆祥《哲学的现代形态——人学》，黑龙江教育出版社1996年版，第193页。
② 韩庆祥：《马克思人学思想研究》，河南人民出版社1996年版，第142—143页。

条件。

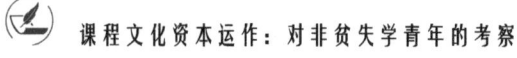

(二) 类存在

"单个人自然能力的有限性，决定他必须与别人联系合作而同自然界发生关系"[1]，这就是"类"的共同性。但是需要注意的是，"类"的统一性并不掩盖自我的个人性，个人通过自然存在的独立性来保持基本的存在形态。然而，人的类意识觉醒表明只有在人与人的互动关系中，人才能意识到他自己，即意识到"自己和他人同属一个类，都具有'人'这个类的共同性，意识到自己是人这个类即'人类'的一个分子，意识到自己是和动物不同、也和自然界不同的人的存在物"[2]。正是在这个"类"的存在上，失学青年在现实生活中的行为才具有意义，包括课程文化资本运作活动。失学青年是在"类"的共同环境中表现个体的自我，这样的自我包裹着类本身，他所意识到的是同一中的自己本身，在他所有的生活实践中都具有类的底色，包括自己掌握自己的生活、自己支配自己的活动甚至自己认识自己。所以，个人是具有类存在性的，这种人与人关系的共通性规划了个人在活动上的自觉与秩序，使得失学青年在课程文化资本运作活动上必然遵循类存在条件的基本章法，保障不同人的协同存在与共同存在的实现。

(三) 社会存在

人的类存在是一种理论抽象，它是物种概念上的一种推论，而人的社会存在是人在现实实践活动的展演。"人类不是自然地联系起来的抽象的共同性，而是社会地即有差别地联系起来的具体的共同体"[3]，换言之，将人与社会联系起来，就是将人从抽象的形式推进到具体的现实的逻辑，用现实社会中的具体劳动来兑现人的所有存在形态。最具有可变性、塑造性和容纳性的就是这种社会存在形态。可变性在于社会时刻处于流动着的状态，人与人之间的差别必然引发社会层面的偶然和不确定

---

[1] 韩庆祥：《马克思人学思想研究》，河南人民出版社1996年版，第144页。
[2] 韩庆祥：《马克思人学思想研究》，河南人民出版社1996年版，第144页。
[3] 韩庆祥：《马克思人学思想研究》，河南人民出版社1996年版，第145页。

等不受控情况，这种不受控主导社会流动与变化成为常态；塑造性在于社会在流动中更新，人也在社会流动中进行自我更新，无论是社会还是人本身都与以往甚至前一时刻不同。正是因为人的社会存在不是抽象的，也不是自然给定的，而是通过现实的、能动的、具体的实践演绎才使得这种塑造成为一种可能。只有塑造的发生才能使人的存在形态愈加丰富，且愈加接近理想中的表达；容纳性即将人的所有存在形态都包含其中，帮助所有的存在形态得到恰当地发展，这种包容是其他任何一种存在形态都无法满足的，只有社会存在能在最大限度上达到这种兼容，即社会存在没有自然的给定基质，也不是同一的状态，社会存在在本质上是人的社会关系，是人事的人为世界，更是个体与群体的共在世界。所以，课程文化资本运作既是失学青年的个人行动，也是失学青年与其他人之间的互动活动，但对于作为主体的失学青年个人而言，无论这种课程文化资本运作是促进个体成长发展的实践还是依循现实社会的劳动，最终都只能指向主体自身，人的社会存在是为了实现人的所有存在形态，意味着人的实现是主旨。

（四）个性存在

韩庆祥认为，既然个人间的差异是人的社会存在的起因，这表明个人具有个性存在，否则差异便无法产生。所谓个性，在哲学范畴上被理解为"作为人类外部世界的主体倾向性的个别表现方式；作为特定社会群体成员的个人所具有某种特殊社会特征；作为个人在外部世界中的个别（或独特）存在形式"[1]。在人学理解上，个性代表"主体性之见诸个体身上"[2]，也即，主体通过个性与其他关系体区别开来，每个人都在活动中享受和认识个人的生命表现，这就是个性同自我的融合。"人的社会存在和个性存在在实际上是统一的，人的个性存在不是人生来就赋予个人的，而是在人的活动和社会化过程中，随着他掌握社会文化内容、活

---

[1] 韩庆祥、邹诗鹏：《人学：人的问题的当代阐释》，云南人民出版社2001年版，第302页。
[2] 陈志尚主编：《人学原理》，北京出版社2004年版，第160页。

动和交往形式,随着承担特定的社会职能而形成的。"① 有个性的个人即是一个"自我",自我是无可替代的,不仅独特而且独立。有个性的个人就是一个表现自己的生命存在物,而个人的自己就是所有存在形态的集合。因此,人学中的人是现实逻辑中有个性的个人,"舍去个人,人的问题就会陷入空洞抽象"②,而舍去个人的个性,个人的问题则无从展开。在人学视野下,失学青年在其生命成长与生活过程中进行课程文化资本运作必然需要帮助自我实现个性存在,也即表现自己和实现自我发展。只有在这一路径上,失学青年及其课程文化资本运作活动才具有更多的存在内涵,课程文化资本才能在主体的整个人生过程中发挥出最丰富的价值。

第二节 非贫失学青年作为课程文化资本运作主体的内在导向

一般认为,人的活动通过理性与非理性的引导而展开。理性与非理性作为主体活动的内在导向无可厚非,主体对课程文化资本的运作需要围绕理性与非理性的自我身心系统进行。但是,理性与非理性的身心作业只是一般性的内在驱动。在海德格尔的研究中,"关心"是最本源的内在力量,高于理性与非理性对人的规定,甚至先在于人的存在本身。因此,本研究认为,失学青年作为课程文化资本运作主体,除了受到自我理性与非理性的内在导向,还受到这种源始关心的影响。

一 主体的关心

关心是海德格尔存在哲学中的重要概念,其原文用词为"cura",陈嘉映等人翻译为"操心"。海德格尔将关心视为存在者层次上的更源始

---

① 韩庆祥:《马克思人学思想研究》,河南人民出版社 1996 年版,第 148 页。
② 韩庆祥:《现实逻辑中的人:马克思的人学理论研究》,北京师范大学出版社 2017 年版,第 186—187 页。

第二章 人学讨论：课程文化资本运作的主体

更整体的结构，以女神"cura"的寓言为基础，"只要人活着，操心就占有它"。操心即寓言中的女神"cura"，"在世本质上就是操心，寓于上手事物的存在可以被把握为操劳，而与他人的在世内照面的共同此在共在可以被把握为操持"①。此在之存在即为操心（关心），也即"在已经在世的存在中先行于自身"，自我的最本源的地方就是操心，自我是被操心或关心所占有。但是操心并不是作为一般性的世俗生计而展开，"若企图把本质上不可割裂的整体性中的操心现象还原为一些特殊的行动，或还原为意求（意志）与愿望、渴求与嗜好这类欲望，或者企图由这些东西凑成操心现象，这些企图也都是不能成功的。意求与愿望从存在论的角度看来都必然植根于此在，即植根于操心，而不单纯是一些从存在论的角度看来无差别的体验，出现在一种按其存在意义看来完全无规定的'流'中。嗜好与渴求的情况亦与此相若"②。这段论述表明在常人的意求中存在作为基础的操心的整体性，操心是一个包含基本建构的双重结构，"布尔达赫让人们注意到 cura 这个术语的双重意义：它不仅意味着'心有所畏的忙碌'，而且与意味着'兢兢业业''投入'"，那么"'为生计而操心'与'投入'在生存论上的可能条件须得在一种源始的、亦即存在论的意义上被领会为操心"③。由此可以理解，操心或关心是每个个体必然具备的生命结构，它的存在价值无法被一般的"为生计而操心"所代替，但是真正深刻的关心或操心容易被这种一般的操心所掩藏，从而使自我无法接触自身最源始的结构。"在海德格尔的论述中，这种生物的决定性经验特性既不是理性，也不是意志力，而是关心——这一术语既意指由于缺乏固定的行为结构而产生的焦虑，也意指超出主体工具

---

① ［德］海德格尔：《存在与时间》，陈嘉映、王庆节译，商务印书馆 2020 年版，第 269 页。
② ［德］海德格尔：《存在与时间》，陈嘉映、王庆节译，商务印书馆 2020 年版，第 270 页。
③ ［德］海德格尔：《存在与时间》，陈嘉映、王庆节译，商务印书馆 2020 年版，第 277—278 页。

性追求的真正关注的能力"①，也即，关心既不是理论也不是实践行为，理论与实践行为是"一种存在者的存在可能性"②，它们根植于关心之中。

可见，关心作为主体的内在结构，值得并需要主体在自我成长与发展进程中倾力去展现或表达，否则并不是真正地实现主体自身。主体对自我关心的漠视或忽略是对内在的、本源的自我的放弃。基于此，失学青年以主体的身份进行课程文化资本运作，用以知识为核心的课程文化资本来代表自身的发展水平，意味着在这一运作过程中他们有必要回应关心的"召唤"。而且，关心具有个人的默会性，即只有自己才懂得自己的深层关心所在。关心不以外部的改变而改变，也不以外部的消失而消失，它占有人而且先行于人自身。每个失学青年都被自身独特的关心所占有，只有自我在行动中才能够感受得到。课程文化资本运作不仅是外部生活世界规定或布置的任务，它也是个人观照自我关心的行动，失学青年需要在知识的有效运作中实现个体的深层关心，这是每个人的存在立场。总而言之，关心是这些失学青年在课程文化资本运作中深层的内在导向，为自我的知识运作奠定最符合个人追求的航向，成为最能代表个人属性的内容。不过，尽管关心固定地内置于人本身，激发和驾驭关心则是需要在课程文化资本的认识实践过程中来完成，这也是课程文化资本运作研究中着眼于关心的缘由，即本研究感兴趣的是主体在课程文化资本运作活动中如何激发和驾驭内在关心，以及如何通过课程教育帮助主体在课程文化资本运作中激发和驾驭自身的深层关心。

二 主体的理性

理性是人的典型标志。自笛卡尔时代以来，理性主体一度高扬，理性被认为是内在于人的本性，是心灵思想。中国哲学和西方哲学有一个

---

① [美]弗莱德·R.多迈尔：《主体性的黄昏》，万俊人译，广西师范大学出版社2013年版，第32页。

② 刘敬鲁：《海德格尔人学思想研究》，中国人民大学出版社2001年版，第98页。

第二章 人学讨论：课程文化资本运作的主体

共同发现，即人都是"不满足于对杂乱无章、变动不居的感性现象的感知，而是力图要揭示其背后的统一的本质和明晰的法则，从而帮助人们达到对这一感性世界的理解，继而向人们提供正确的行为准则"[1]，换言之，这就是理性对人的认识的引领。例如《告子篇》有言："心之所同然者何也？谓理也义也。"这里的"理"即作准则之解，是伦理道德方面的法理。而西方的理性概念既代表这种普遍的宇宙法则，也是一种人自身的高级认识能力，这种共识从赫拉克利特和柏拉图等古希腊哲人那里便已确认下来。由此可见，理性是人的生命发展中自然而然发生的内在品质，"每个人都有完全的理性"[2]。每个人都能够通过心灵的理性去直面人生世界，即理性帮助人去做理解、理会、怀疑、确认、否定、拒绝、接受、想象、欣赏、组织和建构等一系列行为，从而在这种力量的帮助下探寻人与物的真理所在。

基于此，理性思维将人打造成在思考中成长的群体，意味着作为主体的失学青年在课程文化资本运作行为中受到理性的影响，同时影响自身理性能力的完善，这是一种流动变化的理性配置过程。失学青年从进入学校课程开始便与知识打交道并将其进行复杂运作，而且这一过程没有间断和停置，时时刻刻发生着。只有理性能够帮助他们对这种文化资本的运作本身进行形式上的切割和安排，使得他们知道在不同的过程中实施不同的行为，预见和评估各种运作行为的后果和影响，规划对知识进行掌握和使用的具体内容等，只有在合理选择中才能带来有效的课程文化资本运作成果以满足人的需求，即以理承理，在理的范围内才不致相互侵犯，损人自损。否则只凭本能和欲念只会将课程文化资本运作带入一片混乱，甚至引发个人发展的问题，例如中途失学及其后续境遇即是低效的课程文化资本运作结果。总而言之，尽管今天人们看待理性更加趋向于一种温和且宽容的态度，理性引领的客观与普遍不再轻易否定

---

[1] 陈志尚主编：《人学原理》，北京出版社2004年版，第263页。
[2] 孙鼎国、李中华主编：《人学大辞典》，河北人民出版社1995年版，第182页。

主观偶然、不确定性和特殊，此外理性也不一定完全优越于身体的非理性因素。但是，理性一定存在于人的内身中，"每个人内心都有'普遍理性的种子'，或者'人性的全部幸运'。没有人比自己更懂得自己应当怎样生活"[1]。因此，失学青年在整体的课程文化资本运作进程中需要恰当的理性能力作为其内在导向，理性能力能够在必要的时候让主体正视自身所处的局面。

三 主体的非理性

19世纪后期，西方哲学出现理性主义向非理性主义的转向，这一转向动摇了人的理性信仰，尤其是"爱因斯坦的相对论、海森堡的'测不准原理'和哥德尔的'不完全定律'"[2]等突破性的发现使得理性作用下的客观且绝对的规则受到质疑，主体内在的非理性因素被关注。所谓非理性即除了理智、思维、思想等，人的内部拥有的情感、情绪、感知觉、欲望、本能、意志和信念等具有主观意义的个人因素。同理性的分析与思考的形式不同，非理性是通过直接的知觉来产生作用，即主体内部活动状况的感觉。作为主体的内在因素，非理性因素同理性因素一样发挥重要的内驱力作用，两者是彼此关联、相互依存的关系。但是理性与非理性之间的功能关系不能一概而论，有时候非理性因素可以发挥第一位的作用，有时候却需要作为理性作用的辅助，可见非理性因素自身具有极强的辩证品性，即本能、情感和意志等对人的导向需要依据具体的人和事。例如有的人依据自身的历史经历而能够体味某种情感，或者有的人在一个共同的事件上表现出独特的意志力，这些都不是理性能够归结为理性的应然结果。此外，需要甄辨的是，除了理性这一因素，非理性通常与感性、经验和反理性这些情况混淆，尽管这三种情况在一定程度上带有非逻辑、非规则和不自觉等那种不讲道理的特征。非理性是一种

---

[1] 赵敦华主编：《西方人学观念史》，北京出版社2005年版，第142页。
[2] 陈志尚主编：《人学原理》，北京出版社2004年版，第265页。

身体反应，在这个意义上，感性所承担的感觉、知觉和表象等可以划归为非理性之中，而经验是一种系统统整，是身体反应这个层面的进一步总结，因此，经验尽管与理性对立，但两者是认识趋向的对立，所以经验并不完全否定理性，经验与理性具有相通之处。此外，反理性已经是一种思维结论，具有明确的目标预设，这种给定的态度不是身体反应，因而也无法用非理性来解释。综上，非理性是人人具备的内在能量，作用于具体的个人和事件上面。

在与知识打交道过程中，主体总是会出现非理性的身体反应，所以对非理性因素的处理是作为课程文化资本运作主体的失学青年需要面对的事实，无法论争亦不可控制。这些非理性反应同理性分析过程一样引导失学青年进行知识的资本化工作，甚至在失学青年身上比理性过程更加显著，这一点从他们选择主动退出课程学习的行为即可一见。在失学青年还是作为学生的时候，理性思维较为薄弱，他们做出退出学业的决定往往受到冲动、情绪、情感和本能的驱使，参考的主要是负向、消极的非理性反应。可以看出，非理性因素作为一种内在导向并不一定完全是正向导向，它有可能是一种阻碍，甚至是一种威胁。学会与这些非理性因素共处，化解可能出现的消极影响，这本身就是课程文化资本运作进程中的成就。失学青年在其整体的课程文化资本运作中出现众多低效表现的内在问题不仅在于理性力量的薄弱，还可能包括非理性因素造成的区隔以及彻底的妥协、放任和顺从。主体既然无法左右这些非理性反应的发生，则只能在自我的具体课程文化资本运作行动中掌握这些身体给定的反应，使之成为对个人的资本运作发展有益的成分。

第三节　非贫失学青年作为课程文化资本运作主体的外在行动

人的行动源于自我，行动是主体自我的外在表达。行动指的是为达到某种目的与周围环境结合起来而表现的结果，亦指活动。行动与活动

课程文化资本运作：对非贫失学青年的考察

在指代上有所差别，行动是属于身体的，代表的是人，而活动包含物体和人的运动，强调的是过程本身。此外，行动与行为的区别在于是否保持意向性，行动是"建立在意向性原则之上的"①，而行为仅指一个人客观表现出来的活动。行动与实践虽然都具有个人主观性，但行动更侧重于事物本身，实践是指人们能动地改造和探索现实世界一切客观物质的社会性活动，更加侧重于人的能动性和社会历史性，而且实践本身就是活动。作为主体的失学青年，他的课程文化资本运作是一种行动，这种行动既是有目的的，也是具体的。当这些青年的运作行动与现实事物结合则表现为不同维度的活动，这些青年本身在这个过程中也表现出独特的姿态和反思状态。因此，活动、姿态和反思成为构建失学青年课程文化资本运作行动的主要要素。

一 课程文化资本运作中的活动

在模糊具体指代的情况下，课程文化资本运作本身是一种活动，是主体与课程文化资本的关系的现实表达。结合课程文化资本运作的一般规律和历史经验以及研究中的案例呈现，本书将失学青年对课程文化资本的具体运作分为获取、转化和发展三种活动形式。

课程文化资本获取运作活动是指失学青年在学生时期将课程的知识掌握为自己的内容，即在学校基础教育课程范畴内占有知识这种文化资本。所以，这些青年选择放弃学业便表示这种课程内的知识获取运作活动开始中断或终止。对于主体来说，课程文化资本的获取运作活动是"为了充实自己，表现自己的本质所不可缺少的"②，是人特有的学习活动。基于为我的目的，失学青年在还是学生身份时所进行的课程文化资本获取是一种对象性和交往性的活动。在对象性活动层面，

---

① ［英］莱士列·斯蒂文森编著：《人学的世界》，李燕、赵健杰译，中国人民大学出版社1992年版，第255页。
② 《夏甄陶文集（第五卷）：认识论与人学两论》，中国人民大学出版社2011年版，第445页。

第二章　人学讨论：课程文化资本运作的主体

学生通过知识学习来获得自身更好的发展，这种学习对个人的成长至关重要。把知识这种有利的文化资本融入自己的内在，通过知识来塑造自己的各方面水平，包括自身的智能认知、能力、情感和意志等，才"有能力在自己的一生中抓住和利用各种机会，去更新、深化和进一步充实最初获得的知识，使自己适应不断变革的世界"[1]，才有可能在人的存在意义上得到有效的表现。在交往性活动层面，课程文化资本的获取活动是知识在人与人之间的互动，此意味着，学生在学习上不是孤立的。一方面，学生与自身面对的知识进行"交流"，展现自己与作为知识的信息、资源、能力、信念或意义等方面的联结，让这些内容在与学生的相互熟悉中被认识和内化，成为学生的内在实力。默会知识观打破纯粹的客观化知识立场，这意味着学生需要亲身在实境中进行知识接触，接触是与知识直接的感觉"交流"，这种情况有可能是常规的评价手段无法准确定位的。另一方面，人与人之间的交往也是一种知识传递，教师和学生之间以及学生和学生之间保持一种互学互进的关系，彼此之间带有学习的目的便能够达成知识的共享。所以，课程文化资本获取运作中的交往性活动需要基于共同的明确的目的，这种交往学习才能形成有效的理解和协调，从而使得学生的课程文化资本实力得到提升。

课程文化资本转化运作活动指的是失学青年利用自身已掌握的知识来兑换成自己想要的内容，包括内在需求和外在需要。内在需求是客观的，是主体成长中没有得到应然满足的感受状态，外在需要是主观的，是主体在生存与发展过程中对某些条件的稳定依赖。身内满足和外在依赖的实现都需要通过主体对自身知识实力的运作。首先，人不是机械化的产物或储存容器，而是有个性有思想的单独小宇宙，每个小宇宙都需要从知识认识中来维持自我的生态，这意味着个人与个人之间存在竞争

---

[1] 刘黎明：《教育学视阈中的人：基于马克思主义人学的思考》，科学出版社2010年版，第203页。

关系，这奠定了知识的资本特性。课程文化资本的转化运作是主体的必然行动，否则知识的获取便没有任何现实意义。所以，课程文化资本的转化是主体行动的目的本身，同时也是目的实现的方式。而且无论这种转化活动发生在哪种领域，例如，工作领域、私人领域以及内在精神领域等，或在何种关系层次上进行，包括社会地位、物质和荣誉关系以及普通的社会交往等，它都无法脱离主体自身的目的。同时，课程文化资本的转化运作并非固定在某一具体的时间段，而是作为活动有可能发生在课程文化资本运作的整个过程。也即，学生时的失学青年在知识学习过程中可能会发生主体自身所想的兑现，在脱离学生状态的日常生活中也会通过知识的运用来实现其内在需求和外在需要。所以，课程文化资本的转化不是一种阶段活动，而是根据主体的需求和需要而发生。此外，主体对课程文化资本的转化并非任性而为，而是一种有目的、有条理、有组织的谋划。目的性行动离不开精心且合理的设计与管理，沿着这一逻辑，课程文化资本运作才能呈现出更加显著的效果，或者更加符合主体的期待。主体对自身知识的利用需要建立在对知识价值的甄别、衡量、定位和选择等结构性安排上，这是一项复杂的工作。所以，通过资本转化实现需要和需求是主体最困难的工作，这部分工作代表了课程文化资本运作的结果，并且一般情况下也通过结果来判断课程文化资本运作行动的成效。

课程文化资本发展运作活动意为失学青年在维持自身知识活力的同时推动课程文化资本运作进一步前进。在人学视野内，发展"既是一种人所向往和追求的理想境界和目标，又是一个不断进步和逐步实现的现实运动和过程"[①]，所以发展是一种兼具目的和状态的活动。在课程意蕴上，"长期以来，我们根据身心发展的顺序和规律合理地进行教育设计，预测教育的活动。正是这种连续性的设计，才促使人的发展越来越完

---

① 王双桥：《人学概论》，湖南大学出版社2004年版，第393页。

第二章 人学讨论：课程文化资本运作的主体

善"①，发展专注于人的身心全面养成的过程。就发展的内容来看，主体进行课程文化资本运作主要在于个体身心养成和理想实现。个体身心养成主要是指个体生命通过知识的滋养得到恰当的成长，这种成长使得身心充实和富有，努力接近个体最本质、最本源的表达，代表的是个体的自我实现。个体理想实现则主要代表个体在生活中的现实追求，这些追求可能不直接关联个体本身的发展，但能够为个体在更好更愉悦的社会生活上提供帮助。主体进行课程文化资本发展运作主要是在个体身心养成和理想实现方面展现，这也是课程文化资本运作活动的意义指向。就发展的能动性来看，失学青年主体进行课程文化资本运作既有惰性的方面也有积极的方面。在惰性方面主要表现为被动地参与课程文化资本运作，对知识在人的发展上的作用放任不管。在这一状态下，知识难以发挥课程文化资本的实力，导致课程文化资本运作活动无法持续发展下去。在积极方面则呈现为主体在课程文化资本的进一步组织上主动筹谋，即自主自觉展开知识的持续学习和深度学习，完善知识的转化空间，做好知识的资本增值准备。但是，如果失学青年一味倾向于特定层面的回报，尽管这种课程文化资本运作是一种持续进行的发展活动，就个体本身的成长发展来说也可能是低效的，例如，失学本身并不必然中断主体在课程文化资本上的发展运作，但在一定程度上可以影响其整体的运作效能。就发展的状态表现来看，这些失学青年进行课程文化资本运作主要依据自身知识的作用程度，他们在发展过程中可能出现中断或者转向，呈现为发展的不连续性，这是生命进程的常态，任何一个个体都可能会遭遇。但是，如果这种发展的中断或脱轨性转向处于长期状态，则意味着以知识为基础的课程文化资本运作活动的失效，即从学校课程获得的知识没有在个体发展中发挥作用，甚至个体没能从课程中得到有益或有实力的知识。在本书中，这些失学青年在课程文化资本的进一步发展上具有不同程度的连续性，因为一部分课程知识始终内在于他们身上，成为课程

---

① 冯建军：《教育的人学视野》，安徽教育出版社2008年版，第176页。

文化资本运作活动的原料。

二 课程文化资本运作中的姿态

姿态原是心理与行为领域的概念。米德将姿态引申到社会动作层面，赋予其个体主观意蕴。姿态是"社会动作的组成部分，是其中非常重要的成分"①，姿态出现的情境"包括各方交互作用的社会动作情境，因而包括各方在完成该社会过程中的彼此适应的行动"②。姿态到底是什么？两个具象的"作为"可以刻画出它的样态，即姿态作为个体社会行为的开端，这种社会行为过程需要顺应这一动作状态；姿态作为心灵的表意，个体心灵的意义和意识通过姿态传递出来，由此形成姿态会话，"在社会过程中所有姿态的会话，不管是外部的（不同个体之间的）还是内部的（一个特定个体与他自己之间的），个体对于所涉及意义的内容及丰富含义的意识取决于他采取了其他个体对他的态度所持的态度"③。由此可以看出，姿态是心灵与外在行动之间的中介倾向，也是主体进行行动互动的连接点，在个体的主观行动中首先形成一个外化的趋势。其次，姿态的表现要素包括个体的想法、内容本身和个体的情绪态度。姿态并非常规意义上的社会动作或行动，社会动作或行动一般表现为大幅度的可观的行为形象，是在行为直接互动中表达。而姿态则更多表现为小幅度的内敛的趋向，以间接的姿态会话形式表达。因此，这种姿态会话隐含的便是个体的想法、内容本身和个体的情绪态度。第一，姿态表现了个体的想法，也即是在个体的行动过程中发生了彼此想法的互认。个体的想法根据具体的行动情境而代表不同的指向，一般来说是姿态背后的个体观念。米德认为这是一种表意呈现，即"那个姿态意味着它背后的这个

---

① ［美］乔治·H. 米德：《心灵、自我与社会》，赵月瑟译，上海译文出版社2005年版，第35页。
② ［美］乔治·H. 米德：《心灵、自我与社会》，赵月瑟译，上海译文出版社2005年版，第35页。
③ ［美］乔治·H. 米德：《心灵、自我与社会》，赵月瑟译，上海译文出版社2005年版，第37页。

第二章 人学讨论：课程文化资本运作的主体

想法并且在另一个人那里也引起这个想法，我们便有了一种表意的符号"①。第二，姿态必然植于个体在具体情境中参与的内容本身，这个内容承载了姿态的发生。巧妇难为无米之炊，故而没有无缘无故的姿态产生，情境内容不是个体行动的目的，但却是个体行动的支撑，它将个体外化在可视的动作空间，"姿态意味着这些过程，而且那个意义是由我们看见的东西引起的"②。第三，姿态最普遍的表现要素就是个体的情绪态度。人的情绪态度往往以一种不显见的姿态传递出来，尤其是在对事物的应对状态中，它渗透在具体的个体行动过程中，但又能够让人感到这是一种独立存在的姿态。所以，米德认为这些姿态的动作状态中"带有观察者所看出的态度，还带有我们所称的内心态度"，"这样的情绪态度，它们存在于这些动作背后，但这些知识正在进行的整个过程的一部分"。③ 第四，姿态根据语言的参与度分为以语言为机制的有声姿态和非语言的无声姿态。就有声的姿态而言，语言作为古老的交往符号能够传递人的内心世界，而且语言运载的内容及含义在不同个体的经验与体验中已经形成普遍相通。当然，并不只是语言符号本身复刻了人的内在，语言也可通过特定的语调、语速和语感等构建个体姿态的状态，因此，语言传递即是一种姿态会话，在个体行动中首先引起相应的反应。就无声的姿态而言，这种姿态没有语言交流的迹象，而是个体本身的动作，即特定的动作传达了某种意思。最常见的无声姿态是表情，这种表情的作用在于：尽管个体尚未发生显著的行动交往，但个体的意图或这个表情所包含的意义已经表现出来。

综上来看，姿态是个体行动中非常重要的表达方式。失学青年作为课程文化资本运作的主体，他们的姿态是其行动上的重要构成，失学青

---

① [美] 乔治·H. 米德：《心灵、自我与社会》，赵月瑟译，上海译文出版社 2005 年版，第 36 页。
② [美] 乔治·H. 米德：《心灵、自我与社会》，赵月瑟译，上海译文出版社 2005 年版，第 38 页。
③ [美] 乔治·H. 米德：《心灵、自我与社会》，赵月瑟译，上海译文出版社 2005 年版，第 35 页。

年在知识的资本运作过程所做出的姿态能够发挥表意功能。姿态的表现要素（想法、内容和情绪态度）同样适用于主体进行的课程文化资本运作行动。其一，在课程文化资本运作中，主体的想法主要通过主体对知识的实在价值的判断结果来凝结。主体在知识的资本运作行动中所表现的姿态包含了失学青年对知识的资本价值的想法，即课程文化资本的价值在资本的不同运作活动中促使主体展现出特定的姿态。因此从姿态的角度考察资本运作行动中的价值驱动有利于理解知识作为课程文化资本与失学青年之间的作用关系。其二，主体的姿态依托具体内容本身，就失学青年的课程文化资本运作行动而言，课程知识是整个资本运作的基础，没有这些知识，课程文化资本运作行动将不复存在，相应的主体姿态亦不可能出现。因此，选择与哪些知识内容打交道，或者利用哪些知识内容进行利益转化，这些都是具体的姿态表现。对主体来说，知识是可感与可观的，主体与之接触时所形成的姿态便随之而外化，从而在课程文化资本运作过程中形成具体的衔接。其三，失学青年在课程文化资本运作行动中的情绪态度表达也是主体所拥有的姿态。情绪态度是主体进行知识学习、使用和完善等活动时的内心感受，相应地透射出主体对待知识活动的应对状态，例如热情或害怕、积极或消极等，这些感受本身就是课程文化资本运作过程的组成部分。可见，姿态与课程文化资本运作的具体活动不同，它是更为细微的主体行为展现，主要在主体意志与行动之间形成关联，帮助主体形成有目的、有组织的行动过程。

三　课程文化资本运作中的反思

反思通过折返的方式来观照个体及其行为，是一种自主性智能过程。一般情况下，反思被认为仅发生在思维认识层面，即个体的"反过来思考"。但是，如果这种"反过来思考"不落到具体的行动上，反思就并不具有现实意义，尽管认识上的"想想"也是一种行动，而这种行动不与外部进行直接关联并产生反思的外在行动，其实并没有实现反思的真正功能。米德指出，"反思或思考行为只有在自我意识的条件下才会产

第二章 人学讨论：课程文化资本运作的主体

生，它使个体有机体有目的地控制和组织它的行动"①。所以，反思必须指涉外在的实际行动，即反思的行动通过心灵对未来情景的想象来决定个体行动，这是个体必要的实践行为，通过这种自我检讨行为来帮助个体对成长发展进行确认和重新确认。此外，基于默会知识论对知识中的反思问题的探讨，有些知识本身只存在于使用中，因而针对这类知识的反思便不能仅限于思维认识上，而是一种整合性活动。由此，郁振华指出，"欧克肖特所说的实践知识，实质上对应赖尔的能力之知和波兰尼的默会能力，因此他把实践知识界定为非反思性的是错误的"②。

无论在失学青年的学生时期还是成年时期，进行反思性课程文化资本运作都是让知识得到有效的控制和组织，达到资本运作所期待的效果。反思是课程文化资本运作行动中重要的环节，贯穿整个行动的始终，而且无需特定的时间或条件。基于人的反思行为，结合失学青年成长中对课程文化资本运作的实际表现，反思主要通过主体在知识上的运作困境、主体在其中的呈现状态和主体的态度三个层面证明这一行动确有发生。首先，米德指出，"所有呈现困难的行动都变成这种反思的形式"③，这意味着反思并非思想认识的优先行为，而是在主体遭遇某种行动阻碍时才会被激发出来。所以，一般情况下困难情境对主体的冲突是反思行动产生的诱因。知识的资本化运作是人类发展史上极为困难的活动，至少到目前为止，人类仍然处于有限的知识范围内，"无知"仍然是人的发展中的事实。从失学青年自己的知识劳动来看，他所承担的知识资本化运作困境是一种现实状况，而且不规则地分布在课程文化资本运作的各种活动中，例如知识学习与获取中遭遇困难导致其自行中止学业进程，以及知识在功能转化活动中难以达到理想的效果，无法为主体带来满意

---

① [美]乔治·H. 米德：《心灵、自我与社会》，赵月瑟译，上海译文出版社2005年版，第72页。
② 郁振华：《人类知识的默会维度》，北京大学出版社2012年版，第354页。
③ [美]乔治·H. 米德：《心灵、自我与社会》，赵月瑟译，上海译文出版社2005年版，第286页。

的回报，亦有失学青年在知识的进一步发展活动中因为某种阻碍而无法提升自身的知识实力。这些具体情状直接催生主体的反思行动以谋求不同程度的现状改变。其次，在对这些知识运作困难的反思中，失学青年自我呈现的状态和态度是反思通过姿态的形式进行表达。自我呈现状态是主体在反思中的行动趋向，即主体在课程文化资本运作中树立起来的风貌。自我的态度指的是反思行动中流露的个体情绪情感。反思贯穿主体课程文化资本运作行动的始终，反思的行动表现已经被划归在课程文化资本运作的具体活动中，但是反思行动中自我呈现的状态和态度需要通过姿态进行表意，这种状态和态度来源于反思行动而非姿态本身，其缘由在于姿态需要对应当时的即时活动，而反思可以跨越时空条件而发生，例如失学青年在当下对学生时期的考试卷进行反思，这种反思携带的自我状态和态度并非当时的姿态表现，甚至处于当时课程文化资本运作活动之外，对当时这一具体活动已经无法产生任何帮助，但是反思这个行动本身可以发生，甚至这一反思可以直接作用在当前正在发生的课程文化资本运作活动中。是以，反思行动中所伴随的自我呈现状态和态度能够以反思为基础建立独立的体系，但是反思的作用行动无法从课程文化资本运作活动中剥离出来，即难以从知识的获取、转化和发展的具体活动情态中分辨出反思的行动。综上，关于失学青年课程文化资本运作中反思行动的考察对深入理解和解释失学青年的课程文化资本运作问题具有重要帮助。

第三章

非贫失学青年课程文化资本运作的实践表现探察

第一节 研究对象概况与研究资料来源

一 研究对象概况

基于对非贫失学青年课程文化资本运作情况进行考察的目的，本书通过目的性抽样的方式，将江苏省北部城市的一个自然村作为研究"田野"，选择相关的研究对象。目的性抽样指"按照研究的目的抽取能够为研究问题提供最大信息量的研究对象"，也被称为"立意抽样"或"理论性抽样"。由于质的研究注重对研究对象（特别是他们的内在经验）获得比较深入细致的解释性理解，因此研究对象的样本数量一般都比较小，以便深度挖掘每个研究对象的完整故事。不过样本数量的选择同样遵循两大基本原则：第一，样本对象能够提供研究资料；第二，样本对象提供的研究资料能够最大化地保证效度。

本书选择学生时代成长起来的非贫失学青年作为课程文化资本运作活动的研究对象，这些青年来自研究者所在的江苏省北部城市的一个自然村。这个村落的人口总数接近400人，总户数在80户左右。[①] 在这个自然村里，每个家庭对儿女双全的向往都非常强烈，平均每户人家两个子女，这些青年的家庭，一般都有兄弟姐妹。在他们这一代，村里很少

---

① 以上数据由该自然村村干部提供。

出现独生子女家庭。本书中很多案例是亲兄弟姐妹，例如：案例09、案例16和案例17为三兄妹，案例13和案例21为一对兄妹，案例03和案例18为一对姐妹，案例02和案例14为一对姐弟等。从整体来看，青年群体大约占总人口的25%，将近100多人。从受教育程度来看，在14—35周岁这一区间，这些青年的高等教育入学率非常低，仅在10人左右。绝大部分青年在中等教育水平，符合本研究对失学概念的界定。值得关注的是，20世纪90年代左右出生的学生几乎完整地参与了我国新课程改革的实践。从20世纪90年代初期到核心素养课程时代的到来，从教学话语到课程话语，见证了一个时代教育者的努力，而融于其中的学生，他们在课程中的所得与表现也代表了新课程的回溯。此外，基于样本对象与研究者本人之间的乡里认同和共识情节，可以最大限度地缓解研究者与研究对象之间的紧张、芥蒂、防范等隔阂，从而保证研究资料的真实性。在理论饱和度和参与意愿的双重条件下，本研究共深入探察了32位个体青年的课程文化资本运作情况。这些个体青年的基本情况如表3-1所示。

表3-1　　　　　　　　研究对象基本情况一览

人员	性别	年龄（岁）	受教育程度	当前职业	学业补偿	失学原因	访谈（次数/分钟）
案例01	女	28	高中毕业	工厂工人	无	高考失利	2/96
案例02	女	34	高中毕业	辅警	成人教育	高考失利	3/135
案例03	女	21	初中毕业	幼儿舞蹈老师	技工学校	缺乏升学讯息	3/153
案例04	男	29	初中肄业	电子厂工人	无	不想上	2/131
案例05	男	24	初中毕业	邮政职员	中专学校	中考淘汰	2/133
案例06	女	32	初中毕业	心理咨询师	无	中考淘汰	2/147
案例07	女	20	初中毕业	幼儿钢琴老师	中专学校	不想上	2/128
案例08	男	28	初中肄业	工厂工人	技工学校	不想上	2/107
案例09	女	19	初中毕业	店员	中专学校	中考淘汰	2/88
案例10	男	30	初中毕业	保险销售	技工学校	不想上	2/73
案例11	男	23	初中毕业	邮政职员	师徒授业	不想上	2/92

续表

人员	性别	年龄（岁）	受教育程度	当前职业	学业补偿	失学原因	访谈（次数/分钟）
案例12	男	22	初中毕业	酒店厨师	师徒授业	不想上	2/124
案例13	男	34	初中毕业	自主创业	无	中考淘汰	3/139
案例14	男	29	高中肄业	自来水公司职员	征兵入伍	不想上	3/162
案例15	男	28	高中毕业	建筑设计人员	无	高考失利	2/115
案例16	男	29	初中毕业	汽修与销售	师徒授业	不想上	2/87
案例17	男	24	初中毕业	工厂工人	师徒授业	不想上	2/101
案例18	女	30	高中肄业	京东售后客服	无	不想上	3/143
案例19	女	30	初中肄业	酒店服务员	无	不想上	2/43
案例20	男	33	初中毕业	彩塑厂工人	无	不想上	2/95
案例21	女	31	初中毕业	工厂仓管	技工学校	不想上	2/113
案例22	女	33	小学肄业	酒店洗碗工	无	不想上	2/35
案例23	女	34	初中毕业	派出所文员	中专学校	中考淘汰	2/127
案例24	女	28	高中肄业	自主创业	无	不想上	2/90
案例25	男	27	初中毕业	工厂工人	技工学校	中考淘汰	2/57
案例26	女	33	初中肄业	保险销售	无	中考淘汰	2/97
案例27	女	30	初中肄业	工厂工人	无	不想上	2/97
案例28	男	32	初中毕业	事业单位	征兵入伍	不想上	2/135
案例29	男	19	初中毕业	待业	技工学校	中考淘汰	2/112
案例30	男	19	高中肄业	待业	无	不想上	2/109
案例31	女	17	初中毕业	酒店前厅实习	职中学校	中考淘汰	2/123
案例32	男	27	高中毕业	公司管理人员	无	高考失利	2/113

如表3-1所示，32位青年分别形成本书个体案例，案例编号顺序主要由本书深度访谈最终结束的时间来确定，例如："案例01"是指首先结束访谈的个体；"案例32"是指最后结束访谈的个体。从表3-1可以看出，在不同受教育水平上均出现失学青年案例，而且大多数青年存在对上学的心理抗拒，就是"不想上"，"不想上"问题大部分与学业水平过低导致学业跟不上有关。从受教育水平来看，在32位青年中，处于初中受教育阶段失学的个体占多数，处于初中阶段的学生个体更容易出

现学业困难，对于这种"初中效应"我们需要更加慎重地了解和理解。不过，研究对象总体上表现为基础教育失学弱化的样态，符合我国教育历史走向，即基础教育完成率的历史背景。从研究对象的职业来看，职业领域的跨幅也较为广泛，既有最基础的体力活，有工厂靠手艺吃饭的技术活，也有坐在办公室的管理岗，即从体力岗、操作岗和基础服务岗到管理岗甚至是学历岗，或从普通岗到专业岗，组成了非常密集的资本运作覆盖轨迹。其中比较特殊的是，这一代青年成为脱离土地但又未完全脱离土地的边缘群体，他们与土地的关系或者与农民的身份联系表现为藕断丝连，他们与土地之间的维系大多数来源于祖辈的坚守，当下的他们更倾向于游离在"打工人"的角色中，这是课程文化资本运作的典型表现，传统的土地劳动讲求"看天吃饭"，而当代"打工人"的劳动是一种知识与文化的资本性劳动。

二 研究资料来源

本书的资料来源以研究中这些失学青年的教育自传、教育口述史（缺乏书面语言表达情况下使用）和深度访谈为主。

青年的教育自传或教育口述史是一种纯粹的个体基础教育课程学习生活的成长叙事，基本由个体青年自由表达，呈现对自身过往体验的识记性、理解性和共情性，包括但不局限于青年的受教育阶段、青年的课程内容学习及自我感受、青年的课程评价内容及相关影响、青年的课程荣誉资格及其作用和青年对学校课程教育的自我认识及态度等。但是从教育自传的收集情况来看，失学青年群体由于受教育水平的限制，他们对自传的撰写则较为随意和口语化，甚至出现相当比例的错别字问题。同时，也是在学校课程学习的影响下，研究对象往往把自身的教育自传视为一种命题作文，从呈现上来看，有的在千字左右，更多的是在百字以内，符合基础教育受教育水平的学生的书写认知和表达能力。当然从大多数青年对自身受教育过程的态度来看，他们因为自认没读过几天书，受教育经历只有"这么长"，认为自己无话可说也不值得被着墨。在这种写作能力和态度的作用下，本书共收集到大约 3 万字容量的教育自传和口述史资料，并以"B+案例序号"的形式进行标记，例如："案例 01"的教育自传和口述史标记为"B01"，依次类推。本书认为，虽然教育自传或口述史的收集较为单薄，研究对象仍然在用心回忆和表达，这是他们非常具有诚意的作品，因为在他们的世界里，自身的教育生命只有这么长。每个人都具有呈现自身成长经历的权利，这是一个自我与世界对话的过程，因此并不能因为呈现水平的问题而受到质疑，更多人对于无法给予更多信息而感到歉意，尽管他们已经非常真实地回顾了自己的学校课程教育经历，这也成为本书考量资料价值和有效性的一个重要因素。

在教育自传和口述史的基础上，研究者与这些失学青年还进行了半结构化访谈以深度挖掘他们在生命成长过程中对自身课程文化资本的获取、转化和发展等运作活动，为了保证研究者与研究对象之间深入对话，研究一共进行了三轮访谈，分别为预访谈、深度访谈和焦点访谈。经过三轮访谈共得到约 22 万字的访谈资料，平均每位研究对象的访谈资料为 6000 字左右。在这些研究对象中，访谈资料最多的达到 16000 字以上，最少的不到 4000 个字。在资料整理上，本书以"A+案例编号"的格式来标记对应案例，例如"案例 01"的访谈表示为"A01"。此外，在访谈时长上与每位青年对话投入 100 分钟左右。

本研究共进行三轮访谈。首先，预访谈是指研究者在初步形成研究兴趣和研究问题后并在资料收集开始前，研究者通过与个别研究对象进行开放式的交流，在交流过程中对研究问题形成一个整体现状的认识，并且初步感知该研究的可行性、价值性和意义性，从而帮助研究者进一步理解自身的研究问题。因此预访谈是研究得以开展的必要前期工作，也是科学研究的一个重要环节。根据表 3-1 中所呈现的，参与本书预访谈工作的分别为案例 02、案例 03、案例 13、案例 14、案例 18 五位青年。当然，包括这五位青年在内的所有研究对象都参与了后期的深度访谈和焦点访谈以正式进入访谈资料收集阶段。其次，第二轮深度访谈是以半结构化的访谈提纲为主要的对话依据并辅之以教育自传和口述史的相关内容，较全面地交流研究对象的基本信息以及他们在生活中将基础教育课程知识作为一种文化资本来运作的细节和关键事件，在彼此沟通的氛围中竭力打开对方的回忆闸门，感受其身心共同释放的信息，捕捉课程文化资本运作活动中的细节和隐秘。在与不同青年交流过程中往往会根据个体自身的具体情况来调整访谈内容，因而访谈问题包括但不局限于：（1）您在工作中有没有面临过困难？您方便展开聊一聊吗？（2）在工作实践中，学校学到的课程内容可以产生影响吗？您可以结合具体事情来谈谈吗？（3）您认为知识、能力、性格、气质、情感等是一种人的文化资本或内在实力吗？您认为自己拥有这些资本吗？（4）您有没有有计划或有目的地去丰富和完善这些资本？比如在学校时想去学习自己认为有用的知识或能力这些。（5）所有课程内容中最使您感到自豪和自信的是什么？（6）对您来说，学校课程中最有价值的部分是什么？等等。从时间的范畴来看，这些问题贯穿了个体青年对过往的总结、对当下的描述和对未来的畅想，形成了完整的课程文化资本运作的时空线索。因此在第二轮深度访谈上，研究者获得了关于失学青年群体对课程文化资本运作的一个立体图像。最后，第三轮焦点访谈的主要任务是在这个立体图像上找到需要更加深入挖掘和探讨的触点，这些触点的进一步放大能够大大加深这一图像的厚度和深度。例如在以上问题中，问题（3）需要进一步追问的是"您认为这些资本是用来做什么的？"，问题（5）的追问在于"它给您带来过什么高光的时刻吗？或者对您产生过关键性的帮助吗？您方便具体聊一聊吗？"以及问题（6）上需要进一步沟通的是"您是怎么衡量课程内容的价值的？"等。综上所述，深度访谈是研究者与研究对象之间相互给予的过程，善于引导和捕捉细节的研究者往往可以带动研究对象的表达欲和表达的准确性，而研究对象热情的叙述状态能够吸引研究者对事件或故事本身的理解欲望，从而增加信息之间的对称空间，完成一场高效的心灵互动。

第三章 非贫失学青年课程文化资本运作的实践表现探察

第二节 研究资料编码

本书运用程序主义扎根理论及工具 NVivo 11plus 软件进行资料整理与分析。扎根理论的精髓在于边获取资料边进行资料整理与分析,即资料收集在资料分析过程中进行,不断在资料整理与分析中返回"田野"直到资料整理达到理论饱和状态为止。资料整理与分析不再生成新的概念,意味着资料收集可以进入收尾阶段。因此,通过质性资料的程序主义扎根理论及其软件运行,研究主要进行了资料的编码、查询和探索等处理工作。在对资料进行具体整理之前,本书依据这些青年的人员属性进行案例分类,这些属性包括性别、年龄、受教育程度、当前职业和学业替换补偿方式等。在研究中,案例分类仅用于对资料进行直观查找,并不具有样本概括和统计意义,不能作为研究分析的实质要素。

编码是对资料进行层级化和结构化解读的一种方式。"在建立编码系统时,我们不仅要检验该系统是否反映了原始资料的'真实'面貌,而且还要考虑这个系统是否能够在今后自己撰写研究报告时有效地为自己服务"[1]。也即,通过条理化的归档操作,能够提高研究者对资料的利用率,减少研究者的时间成本,高效合理地调用访谈资料。资料编码一方面依托研究资料的具体内容;一方面根据研究者对理论的理解,且访谈资料的编码与分类并不是固定不变,需要随时根据研究思路进行调整。所以,访谈资料的编码与分类是一个不断调整与完备的过程,诚如陈向明所述,"整理和分析资料是质的研究中一个十分重要的部分,是一个在原始资料中寻找意义解释的过程。通过不断地在资料的分与合之间反复拉锯,我们可以挖掘出对被研究者来说重要的主题,提炼出反映他们生活经历的故事,建构出对研究双方都有意义的社会现实和社会理论"[2]。

---

[1] 陈向明:《质的研究方法与社会科学研究》,教育科学出版社 2000 年版,第 287 页。
[2] 陈向明:《质的研究方法与社会科学研究》,教育科学出版社 2000 年版,第 288 页。

一 节点编码

基于程序主义扎根理论,本研究的编码过程包含一级、二级和三级编码,分别称为"开放式编码""主轴性编码"和"选择性编码"。

"开放式编码"是将所有资料按其本身所呈现的状态进行编码,研究者将资料打散,赋予概念,然后以新的方式重新组合的操作化过程,这一过程的重点在于界定资料中所发现的概念及其属性(性质)、维度、范畴等。"开放式编码"形成的是"自由节点",即单一层级的平行编码,不存在父子层级关系。本书对32位青年的教育自传、口述史和访谈内容进行逐行、逐句和逐段编码,将文本记录进行概念化处理,并通过概念的不断抽象使更高层级的概念加以群组化形成类别,此即完成了开放性编码的任务。在开放性编码阶段,本研究首先形成了"物质利益""生产资料""观念对立""兴趣""努力""初中""不是学习的料""年少无知""一技之长""妥协""学历""能力"和"知识"等266个初级概念,这些初级概念涉及不同的属性和范畴,例如"生产资料"与"年少无知"可能并无直接关联,"能力"与"知识"可能形成一个共同类属,因而需要进一步将266个概念进行更加抽象地类别化总结,最终共形成59个自由节点(见表3-2),例如:"稳固的基础实力""匹配职业生涯""更新""自我博弈"和"拓展视野"等。

继"开放式编码"之后,研究者进一步展开主轴性编码和选择性编码工作并形成树状节点。树状节点是一种多层级编码体系,与自由节点相对,它是具有子节点的层级关系。所以主轴性编码和选择性编码的作用在于共同凝练出分析数据的层级结构。但是本书并非纯粹仅从一手资料逐层向上推进,而是在扎根原始资料和理论结构的合力作用下进行树状节点的编码工作。本书认为,扎根理论是一个可靠的研究方式,但是全然不顾理论视野,则更容易出现逻辑漏洞,科学研究不可能完全经验化,研究者内在的理论素养早已经在更深层次上影响了扎根资料的取向。

第三章 非贫失学青年课程文化资本运作的实践表现探察

故而，本书扎根一手资料是真，扎根知识论和人学理论的双重逻辑也是真，两种扎根取向并没有前后的时间错位，而是资料收集、编码与理论探索同时展开，相互补充并相互导引。

由此，本书围绕主轴性编码和选择性编码的归纳能力，将零散的自由节点进行属性和类别化处理。主轴性编码的主要任务是发展和建立概念类属之间的各种联系以表现资料中各个部分之间的有机关联，这部分工作以全局性的视野观察这些青年在课程文化资本运作实践表现中的行为、互动和情感等，围绕某一类别的轴线不断进行类属与自类属之间的关系叠加，也即通过对资料的不同变化的探究来重组类别、概念和关系体系，并且通过描述类属的属性和维度来扩展其密度和复杂性。所以，主轴性编码最关键的地方在于厘清节点之间的关系结构。树状层级的核心在于因果关系，所以主轴性编码围绕"因果条件—现象—脉络—中介条件—行动/互动策略—结果"这一模型，从抓取因果条件出发而最终得到编码结果。依据这一编码思路，在对这些青年课程文化资本运作的实践表现分析中，本研究逐渐确定课程文化资本"获取""呈现""价值驱动"等15个层级节点（见表3-2）。这15个层级节点与自由节点之间形成了因果连接，自由节点可以用来分别描述和解读这15个层级节点。课程文化资本的"发展"运作活动可以通过"更新""贡献""补偿"和"流失"这四个维度来解读。而"内容构成"则需要进一步划分为"身体化课程文化资本""客观化课程文化资本"和"制度化课程文化资本"三个并列层级，并分别包含相关自由节点，使得这些青年的课程文化资本构成更加清楚、条理、逻辑地展现出来。主轴性编码阶段的工作把握了整个行动事件的主范畴，是资料整理过程中的重中之重。在编码的最后阶段，选择性编码的功能在于对核心范畴的抽取，主要任务是用所有资料及由此开发出来的范畴、关系等来扼要说明全部现象，即开发故事线，在这个过程中识别出能够统领其他所有范畴的"核心范畴"。所以选择性编码是指选择核心范畴，把它有系统地和其他范畴关联，验证其间关系，并把概念化尚未发展完备的范畴补充整齐的过程，从而形成一个能够涵盖整个研究内涵的完整的解释结构。可见，选择性编码已经不仅仅是一种研究资料整理工作，而是具有分析能力的理论化标记过程，对研究结论具有直接影响。本书基于所有资料并结合人学思想中对个体的剖析论断，最终生成三个核心范畴，即活动、姿态和反思，并以这三个范畴来诠释课程文化资本运作行动，探讨这些失学青年在课程文化资本运作过程中的形态，最后揭开运作发生机制的面纱。

表 3-2　　　　　　　　　编码节点

树状节点		频次	自由节点	参考点描述举例
活动	获取	753	1. 稳固的基础实力；2. 无法跨越的弱势；3. 异常在乎的交际；4. 坚定的伦理思想；5. 难以到达的文凭	化学这一方面，感觉太大了，看不见也摸不着，虚无缥缈的，就是不知道为什么学，然后学它有什么用，然后就不想学
	转化	577	1. 匹配职业生涯；2. 应对私人生活；3. 迎合内心世界	就像科学物理方面的……换个灯泡啊其实都是物理知识，……怎么知道怎么关电路呢……买回来也得看看呀
	发展	380	1. 更新；2. 贡献；3. 补偿；4. 流失	哪有什么帮助，能不给社会带来麻烦就已经很好了……社会也没有为我们提供什么便利或者调整这个社会待遇；然后我后期的话再想去，……根本就已经学不进去了
反思	呈现	1035	1. 自我博弈；2. 自我妥协；3. 自我放逐；4. 自我服务；5. 自我追求	要在这一行吃饭，做不好那就会失业……拼命练习；就算你再怎么努力也走不到那一步，……不在同一条路上面；那时候不讲究这么多
	态度	1131	1. 满意知足；2. 充满期待；3. 自信自豪；4. 坚持不懈；5. 好胜心；6. 心生厌倦；7. 自怨自责；8. 自轻自憾	我特别想要得到别人的认可，……我认为我就是成功了这样子；学数学积极性最强……都有虚荣心对不对，自己会积极主动点
	困境	384	1. 资本表现贫化；2. 资本结构窄化；3. 资本对立多面化；4. 资本时效期限化	我们基础不好，啥都困难，连计算公式都不会；老师都说了，你们这些人除了上技校，没别的出路了

第三章　非贫失学青年课程文化资本运作的实践表现探察

续表

树状节点			频次	自由节点	参考点描述举例
姿态	价值驱动	内在型	410	1. 拓宽视野；2. 保持学习；3. 兴趣生长	因为我相信只要能不断尝试，还会有无限的潜能被挖掘出来，未来会有很多新事物和新领域需要去接触，没有这些资本肯定是不行的，……只能羡慕或者想象
		外在型	407	1. 实用；2. 认同；3. 一技之长；4. 危机感；5. 利益；6. 羡慕同伴	学校学的东西不能应用到你的生活当中……那就是没有价值的；但是现在会在钢琴上面锻炼自己，……自己的一技之长吧；我们刚进去的时候人家是大专我们是中专，人家档次一直在提高
		阻碍型	171	1. 不是学习的料；2. 年少无知	有的人就不属于学习的人，就是你把书塞到他脑子里边，……我就是不管玩不玩，学习都学不进去；那时候就是小啊，……道理老师都讲过，就是学不下去
	内容构成	身体化课程文化资本	186	1. 能力类；2. 情意类；3. 感受类	学校组织过一次大会……爱国情怀要从小培养，有意义；说话虽然不怎么行，但还是比较善解人意的，知道分寸
		客观化课程文化资本	201	1. 理论知识；2. 实证经验知识；3. 实践理性知识	最简单的物理的电路原理……从而带来很多麻烦；最有价值的应该就是老师讲一些为人处世的道理，这是比较重要的
		制度化课程文化资本	104	1. 获奖及名次；2. 课程考试成绩；3. 师生奖励与评价；4. 履职经历；5. 学业文凭；6. 技能资格水平；7. 特殊贡献；8. 科研成果认证	像参加作文比赛什么的，得到什么奖状就在那个主席台上站着，特别不好意思；有一次语文考得特别好，老师也特别重视，给我一个小组长当
	应对方式		1106	1. 积极融入；2. 消极逃避；3. 依循要求；4. 直接放弃；5. 主动筹谋	课堂互动上还是很积极的……对话练习，对这些还是非常积极的；但那时候成绩已经走了下坡路，……不想上进了

至此，我们完成了所有研究资料的整理、编码和判断，完整的编码结果和参考点由表3-2呈现。此过程共计付出时间接近一年，在这个过程中，研究者不断追问"这个现象在说明什么"以及"整个研究具体关于什么"，正是这些追问使得本书在思考课程文化资本运作这一个体行动

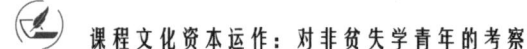

的时候具有探索、修正、矫正和挖掘的机会,也使得本书的研究一直坚定地立在注解一个个体、一个行为、一个现象的方向上。

二 数据画像与分析

数据画像意为"以数据科学的相关理论和技术为支撑,依据数据属性进行针对性的多维度分析,其目的是进行数据基本特征和运行状态的可视化、具体化及立体化展现,进而挖掘或探索数据背后的规律、机制及路径等"[1]。数据画像是研究者依据呈现的资料内容进行多样化的"描绘",将复杂的数据资料以研究主题为纽带进行伸缩性处理,使得数据从背后走进人的视野中,同时能够使研究发现更具有事实基础。本书主要采用词频、节点图表、节点覆盖率、Pearson 相关系数、聚类分析和矩阵编码等查询和探索功能来进行研究资料的数据画像,并从数据画像中探讨相关研究发现。

词频分析。这些青年对自身课程文化资本运作表现的叙述呈现出主题群聚效应。本书查询了所有原始资料和所有节点两种词频(分别见图 3-1 和图 3-2)统计,剔除不相关或中性的信息词汇(例如研究者、越来越、要不然、每天、遇到、回答、家里、年级等)。对比发现,图 3-1 和图 3-2 在主题词热度上高度吻合,如图 3-2 中"学习""一些""知识""工作""学校""生活""能力""社会""喜欢"等与图 3-1 中主题词热度较为重叠。说明这些青年对课程文化资本的运作处于普遍化的范围,运作实践差异度较小,基本覆盖了运作活动、领域、内容和态度等,能够以此勾勒出失学青年所叙述的故事梗概。编码前后的词频结果高度对应也说明本书在数据处理上具有高度的真实性保障。当然,词频统计并不能直接展示这些青年的课程文化资本运作情况,例如:活跃度较为明显的"知识"和"能力"并非代表他们具备丰富的知识

---

[1] 姚伟、刘舒雯、柯平等:《基于数据画像的短视频领域中知识动员模型研究》,《现代情报》2020 年第 7 期。

第三章 非贫失学青年课程文化资本运作的实践表现探察

图 3-1 文本词语云

图 3-2 节点词语云

与较高的能力水平，恰恰相反，他们认为自身并不具有或只有少量知识储备，在能力上也并无突出之处。总之，词语云从整体上展示了主体进行课程文化资本运作的结构化关系。

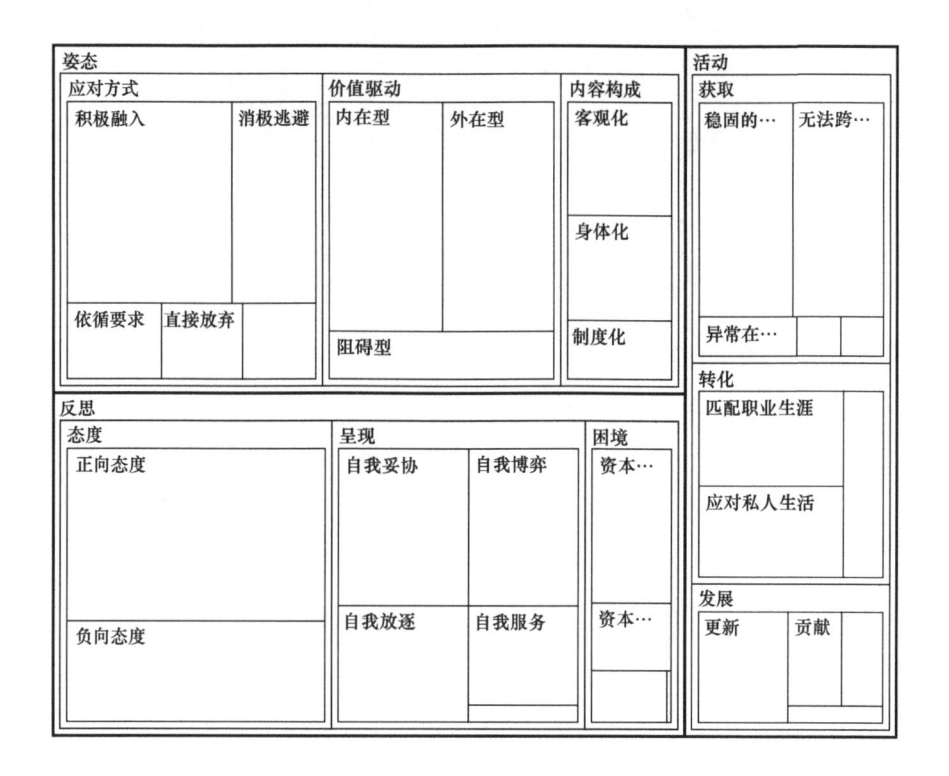

姿态						活动	
应对方式		价值驱动		内容构成		获取	
积极融入	消极逃避	内在型	外在型	客观化		稳固的…	无法跨…
				身体化			
依循要求	直接放弃	阻碍型		制度化		异常在…	
						转化	
						匹配职业生涯	
反思							
态度		呈现		困境		应对私人生活	
正向态度		自我妥协	自我博弈	资本…			
						发展	
负向态度		自我放逐	自我服务	资本…		更新	贡献

图3-3　编码参考点数可视化

节点图表分析。如图3-3所示，编码节点以参考点数（即编码频次）为依据进行呈现（部分未显示的内容可参照表3-2），板块大小和颜色深浅表明各个节点的参考点数。从图3-3可以发现：一方面，这些青年主体在课程文化资本运作的"姿态""反思"和"活动"三个层面较为均衡，说明编码的涵盖幅度较为合理，主体在课程文化资本运作中的"活动""姿态"和"反思"三个核心范畴上具备较大事实性和科学性。另一方面，核心范畴的具体维度之间差异较大。在主体运作课程文化资本的"姿态"层面上，"内容构成"较低于"应对方式"和"价值

· 118 ·

第三章 非贫失学青年课程文化资本运作的实践表现探察

驱动"的参考点数,说明这些青年在课程文化资本运作过程中普遍接受课程文化资本的价值并以此为驱动力,但在课程文化资本内容上可能较为单薄,由此也可以解释运作应对方式上的多样性和全面性,例如"积极融入"的应对方式占据绝大部分,"直接放弃"和"主动筹谋"相对较少;在主体对课程文化资本运作的"活动"层面,可以看到这些青年在获取课程文化资本方面以基础实力和自身弱势作为运作活动的焦点,有关交际和伦理思想等也具有话题度。主体在课程文化资本转化运作中主要集中在职业生涯和私人生活方面,其内心世界的需求偏低,说明这些课程文化资本的用处主要倾向于外部生活世界,而不是个体内在世界。同时个体在课程文化资本发展问题上的关注度并不明显,甚至是"随它去吧",课程文化资本的"更新""补偿""流失"和"贡献"等维度均处于板块边缘;在主体对课程文化资本运作的"反思"层面,青年的态度表达和状态呈现上的参考点数较高于自身面临的课程文化资本运作困境方面。青年在课程文化资本运作上持有更高的正向态度,但需要说明的是,这些正向态度中超过一半被标记在"满意知足"维度上,而"满意知足"更倾向于当下较为流行的"躺平"心态,即一种既不深谋也不远虑,"船到桥头自然直"的态度。反思的呈现与态度形成对应,选择自我妥协和自我博弈的居多,自我妥协是对当下的课程文化资本运作情势进行远离,自我博弈即对当下的课程文化资本运作情势进行准备,这两种反思呈现中都包括满意知足的态度,但并不局限于这一种态度。综上所述,主体课程文化资本运作的三种活动形式以及主体反映出的姿态和反思内容是重要的研究内容,逐层认识才能找到这些青年进行课程文化资本运作的内在逻辑。

对编码进行 Pearson 相关系数分析。Pearson 相关系数表示线性相关关系,以取值范围来判断节点之间的相关强度。线性相关系数介于 0.8—1.0 为极强相关,0.6—0.8 为强相关,0.4—0.6 为中等强度相关,即相关系数越接近于 0,则相关度越低。如表 3-3 所示,Pearson 相关系数代表了主要范畴之间的线性关系,表中所有的 Pearson 值介于 0.61—0.99,表明主要范畴彼此之间为强相关关系,能够证明编码节点之间紧密的相关性。例如:课程文化资本获取运作与课程文化资本转化运作之间的相关系数为 0.949062,说明课程文化资本获取运作与课程文化资本转化运作之间具有极强的相关性,即主体对课程文化资本的获取运作保障了主体对课程文化资本的转化运作,而主体对课程文化资本的转化运作也会推动主体对课程文化资本的获取运作,两者处于互相借力且彼此需要的关系中。此外,主体在课程文化资本运作中的反思状态呈现与主体在课程文化资本运作中的应对方式之间的相关系数高达 0.996576,表明主体的反思状态直接决定其采用哪种应对方式,而且主体对应对方式的选择也必然影响他在其中的反思状态的呈现,所以两者之间出现了高度的相关表征。其他范畴之间的相关性也应如是。另外,课程文化资本的内容构成与主体在课程文化资本运作过程中对困境的反思之间的 Pearson 值为 0.775505,低于 0.8,这一方面说明,主体的课程文化资本构成与其运作困境之间存在相关性,可能一部分课程文化资本在运作过程中受到相关困境的阻碍;另一方面也说明,正是因为困境的存在,课程文化资本在构成上出现了不同程度的缺失或薄弱,由此构成了两者之间的相关性。这些青年需要提高对课程文化资本运作困境的解决,困境被打破得越多,主体的课程文化资本构成则越丰富,两者之间的相关性也会逐步增强。

表3-3　　　　　　　　　编码的 Pearson 相关系数

Pearson 相关系数	获取	转化	发展	呈现	态度	困境	价值驱动	内容构成	应对方式
获取									
转化	0.949062								
发展	0.917693	0.931451							
呈现	0.98554	0.964698	0.951909						
态度	0.986883	0.978322	0.949215	0.992689					
困境	0.958593	0.935074	0.907746	0.975615	0.962993				

续表

Pearson相关系数	获取	转化	发展	呈现	态度	困境	价值驱动	内容构成	应对方式
价值驱动	0.977247	0.973071	0.960925	0.98308	0.990019	0.939464			
内容构成	0.867563	0.889408	0.81186	0.836875	0.882984	0.775505	0.880514		
应对方式	0.987997	0.967805	0.955548	0.996576	0.994117	0.966237	0.990117	0.853446	

节点聚类分析。聚类分析是将具有相似选定特征的选定节点聚类后进行分析。本书对所有自由节点和主要范畴节点分别进行编码相似性聚类分析，以便直观了解不同层级上节点之间的聚类情况，生成编码聚类模型（图3-4和图3-5）。

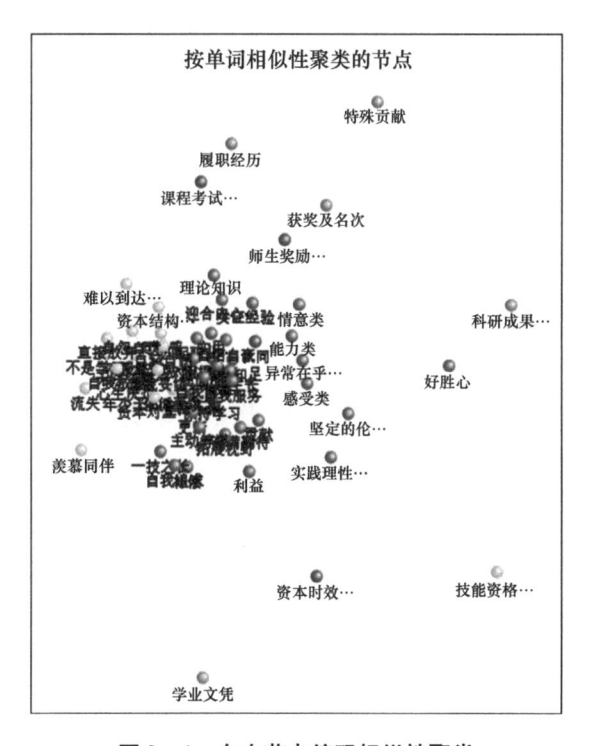

图3-4 自由节点编码相似性聚类

按单词相似性聚类的节点

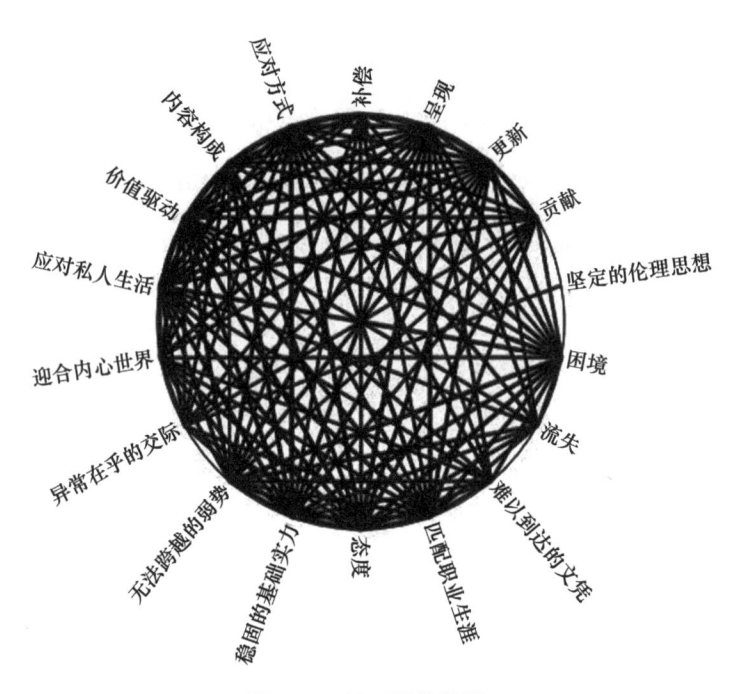

图3-5 编码聚类模型

自由节点呈现为扩散式的聚类模型（如图3-4），节点与节点之间的距离越近说明它们的聚集程度越大，距离越远则聚集程度越小。例如"自怨自责""直接放弃""满意知足""保持学习""年少无知"等呈现出密集叠加状态，说明各节点之间相互影响、动态作用，是失学青年在课程文化资本运作过程中的实际反映，对于理解知识的资本化运作具有核心参考价值。此外，"难以到达的文凭""异常在乎的交际""理论知识""实证经验知识""实践理性知识""情意类""能力类""感受类"和"利益"等节点较为偏离聚集中心，这些节点凸显了青年的课程文化资本储备结构和程度，对于理解课程文化资本运作将产生关键性帮助。而最为偏离聚集中心的主要是制度化课程文化资本的具体类型，例如"课程考试成绩""师生奖励与评价""技能资格"等，也包括"好胜

第三章 非贫失学青年课程文化资本运作的实践表现探察

心"和"资本时效期限化"等节点，这些外围节点在主体的课程文化资本运作中参与比例较小，难以形成普遍关联，因而需要提升制度化课程文化资本的实力以及课程文化资本的作用时效，从而与主体产生更紧密的关联。

主要范畴编码的聚类分析（图3-5）中可以发现，课程文化资本发展运作活动中的"补偿""贡献"和"流失"均呈现出较低聚集程度。此外，课程文化资本获取运作活动中"坚定的伦理思想""异常在乎的交际"和"难以到达的文凭"等节点也出现显著的低密度分布，这并非表明主体在这三个节点上的课程文化资本运作反应较低，恰恰相反，一方面，主体更关注这些类型的课程文化资本，认为自身的交际能力和伦理规范在所有的课程文化资本中占据绝对优势，并在课程文化资本运作行动中具有极高的利用率和期待率。另一方面，在"难以到达的文凭"上出现低密集度的原因在于这些青年对文凭没有过多畅想，处于可望而不可即的心灵认识上，很多青年选择了自身已有文凭范围内的工作内容，这种安逸的运作环境使得这些青年对文凭的敏感度仅限于在心灵层面的妥协，而不是付出具体的运作行动。

矩阵编码分析。为了使节点之间的关系更加具体地呈现出来，本书运行了矩阵编码（表3-4）的查询，以主体在课程文化资本运作上的活动维度（获取、转化和发展）为矩阵横坐标，以主体在课程文化资本运作上的姿态维度（价值驱动、内容构成和应对方式）和反思维度（呈现、态度和困境）为矩阵纵坐标，在课程文化资本运作中，主体的反思与姿态是活动的具体化。此外，结果如表3-4所呈现。

表3-4 矩阵编码查询

		获取				转化			发展		
参考点数	坚定的伦理思想	难以获得的文凭	稳固的基础实力	无法跨越的弱势	异常在乎的交际	匹配职业生涯	迎合内心世界	应对私人生活	补偿	更新	贡献	流失
呈现 自我博弈	3	3	90	18	14	87	26	51	25	51	16	0
自我放逐	0	10	12	168	0	2	2	12	5	10	0	7
自我服务	8	0	88	3	24	14	28	48	7	26	17	0
自我妥协	0	8	25	103	3	54	12	45	3	73	15	9
自我追求	1	0	12	0	1	3	2	2	2	10	3	0
困境 资本表现贫化	0	8	14	107	9	40	12	39	3	9	4	0
资本对立多面化	0	1	3	34	0	15	2	3	1	14	0	0
资本结构窄化	2	6	7	21	2	36	0	13	1	11	2	0
资本时效期限化	0	0	0	0	0	0	1	0	0	0	0	2
态度 心生厌倦	0	3	8	96	0	3	3	6	5	1	0	0
自轻自惭	1	7	25	66	5	38	13	39	2	10	11	4
自怨自责	0	2	8	41	3	13	2	17	0	4	0	1
充满期待	0	0	7	2	0	17	13	6	3	25	11	0
好胜心	0	0	0	0	0	0	1	0	0	1	1	0
坚持不懈	0	2	28	9	0	8	1	9	3	50	4	0
满意知足	17	2	115	4	27	84	34	57	20	32	35	2
自信自豪	3	1	92	6	19	31	55	45	10	24	12	2

第三章 非贫失学青年课程文化资本运作的实践表现探察

续表

参考点数		获取					转化			发展			
		坚定的伦理思想	难以获得的文凭	稳固的基础实力	无法跨越的弱势	异常在乎的交际	匹配职业生涯	迎合内心世界	应对私人生活	补偿	更新	贡献	流失
价值驱动	不是学习的料	0	0	1	29	0	0	0	1	0	1	0	1
	年少无知	0	4	11	92	0	1	5	10	1	7	1	3
	保持学习	1	1	53	5	3	10	7	4	3	55	5	0
	拓展视野	0	1	14	1	2	4	6	6	4	14	2	0
	兴趣生长	4	1	108	6	18	27	55	44	10	33	12	1
	利益	0	0	3	0	0	13	2	6	0	2	13	0
	认同	5	0	36	1	4	13	38	11	3	2	9	0
	实用	2	0	45	3	20	89	2	53	11	38	16	1
	危机感	0	1	7	3	1	20	0	8	1	12	1	0
	羡慕同伴	0	0	1	0	0	5	1	3	0	1	0	0
	一技之长	0	0	3	5	1	12	0	3	10	7	2	0
内容构成	客观化	24	0	107	4	17	35	14	29	1	8	6	1
	身体化	12	0	78	0	40	28	13	40	1	5	2	1
	制度化	0	0	39	1	3	3	55	18	0	0	0	2
应对方式	积极融入	14	5	179	19	37	132	72	93	26	96	43	1
	消极逃避	1	4	16	183	4	11	16	32	0	10	1	1
	依循要求	0	0	41	20	2	19	5	10	1	13	11	2
	直接放弃	0	9	3	43	1	9	0	4	6	7	0	11
	主动筹谋	0	0	31	1	0	5	5	12	5	35	4	0

· 125 ·

首先，从色块分布的密集度来看：(1) 在纵向上，"流失""坚定的伦理思想""难以获得的文凭"和"无法跨越的弱势"等节点具有较高的密集程度，"稳固的基础实力""异常在乎的交际"和"匹配职业生涯"等节点的密集度次之，其他矩阵节点在密集度上黏性不大，较为疏散。说明密集度越高的矩阵节点，这些青年的关注度越高或者越低，例如：课程文化资本发展活动上的"流失"，以及课程文化资本获取活动上"坚定的伦理思想"和"难以获得的文凭"节点出现零交叉非常密集，反映出这三个方面处于被忽略或高度放任的状态，亟须改进。与之相反，课程文化资本获取活动上"稳固的基础实力"和"无法跨越的弱势"节点层面出现高度交叉，表明课程文化资本获取活动在整个运作过程中占据显著位置，说明课程知识学习问题需要引起重视，这是本研究从课程角度思考学生课程文化资本问题的依据之一。(2) 在横向上，"资本时效期限化""好胜心""不是学习的料""羡慕同伴""制度化课程文化资本"以及"主动筹谋"等节点的零密集度较高，其他节点则较为均衡化分布，表明这些青年对课程文化资本运作活动的反应比较普遍化和常态化。"资本时效期限化"和"好胜心"等节点较为特殊，几乎不存在矩阵交叉，表示这些青年几乎不会关注"资本时效期限化"和"好胜心"等方面，说明他们很少去理解自身课程文化资本运作行动和周围环境的关系，这也是本研究理解课程文化资本运作行动的依据之一。

其次，从节点参考点数的分布来看：(1) 在纵向上，"稳固的基础实力""无法跨越的弱势"以及"匹配职业生涯"等节点的参考点分布差异最大；"更新"以及"迎合内心世界"和"应对私人生活"节点上的差异次之；其他节点差异相对最小。节点的参考点分布差异性越大表明这些青年对待课程文化资本运作的反应差异越大或越集中化。这种差异具有非常大的探讨空间，以"无法跨越的弱势"节点为例，主体选择"自我放逐"远高于"自我追求"，"心生厌烦"远高于"自信自豪"，"消极逃避"远高于"主动筹谋"等。节点的参考点分布差异性越小表明失学青年对课程文化资本运作的反应比较缓和且较为多样，以"补偿"节点为例，反思和姿态层面均比较均衡。（2）在横向上，"自我放逐"和"自我妥协"，"资本表现贫化"，"心生厌烦"和"满意知足"，"年少无知"和"兴趣生长"，"客观化课程文化资本"，以及"积极融入"和"消极逃避"等节点矩阵呈现出较大分布差异，表明青年主要根据课程文化资本运作活动的特点而产生连锁效应。同样以"无法跨越的弱势"节点为例，主体的反思主要呈现为"自我放逐"和"自我妥协"，这是由于他遭遇了"资本表现过于贫化"和"资本对立因素过多"等困境，导致主体更倾向于"心生厌烦""自轻自憾"和"自怨自责"等态度表达，同时由于被困束在"不是学习的料"和"年少无知"的姿态上面，导致他们采取"消极逃避"和"直接放弃"的应对方式，最终在资本构成上形成"无法跨越的弱势"。

最后，从课程文化资本获取、转化和发展三个核心范畴分别与反思上的呈现、困境和态度以及姿态上的价值驱动、内容构成和应对方式等类别的矩阵编码查询来看：（1）主体课程文化资本运作的三大活动均在困境层面上表现出最低编码程度，说明这些青年对困境的重视程度不高，尤其是在课程文化资本发展运作上。这需要引起注意，对困境的认识和解决能够更高效地运作自身的课程文化资本。（2）主体在课程文化资本获取活动上保持最高的反应，说明个体青年在课程文化资本获取运作上倾注的行为、精力和感受最多，因此学生时期对课程文化资本的获取活动需要引起课程工作者的重视，这一活动对整个课程文化资本运作过程具有关键作用。

第三节　研究发现

通过以上分析，非贫失学青年的课程文化资本运作行动存在显著的低效表现。

一　课程文化资本的低效获取活动导致主体失学

获取课程文化资本既是这些青年对课程文化资本进行运作的实际表

现，也是他们进行课程文化资本运作的条件，所以获取在课程文化资本运作的首要活动。在获取活动上，"兴趣生长""客观化"课程文化资本和"自我放逐"节点共同演绎主体的自我矛盾，致使其选择或被动选择于中途放弃学业，即他们的失学事实。

从表3－4中可知，在课程文化资本获取活动中，这些青年对课程文化资本的价值认识以兴趣为驱动，矩阵节点总数137（即"兴趣生长"137＝"坚定的伦理思想"4＋"难以获得的文凭"1＋"稳固的基础实力"108＋"无法跨越的弱势"6＋"异常在乎的交际"18），尤其在"稳固的基础实力"节点上高达108，说明这些青年的兴趣生长点主要出现在语文、数学、英语、物理、音乐和体育等学科课程文化资本上，困难的学科课程与兴趣相对立，因而获取内容有限，从而演变为无法跨域的课程文化资本弱势。尽管这些青年在基础学科课程上存在明显弱势，课程文化资本内容构成仍然以客观化课程文化资本为主，节点总数为152（即"客观化"152＝"坚定的伦理思想"24＋"难以获得的文凭"0＋"稳固的基础实力"107＋"无法跨越的弱势"4＋"异常在乎的交际"17）。在运作的应对方式上，失学青年"积极融入"是一个基本前提，即无论课程文化资本是什么，他们都首先热情地去接触，当兴趣出现分化或学业遭遇压力时他们才表现出差异，很多青年继而选择"消极逃避"的应对方式。"消极逃避"的应对方式在于能学多少就学多少，能拥有多少就拥有多少，对这种课程文化资本不感兴趣便无所谓，不会在乎外部层层施加的压力，所以应对方式的选择跟这些青年对待课程文化资本的价值取向相对应，从而相应地影响课程文化资本的内容构成。

"消极逃避"的应对方式和"兴趣生长"的价值驱动在逻辑上背道而驰，两者并不能相互带动，即"兴趣生长"没办法左右这些青年对某些课程文化资本获取的消极处理，而对待课程文化资本的消极处理也并不能阻止主体对具有吸引力的课程文化资本的关注。但是从整体上来看，"消极逃避"的节点高于"兴趣生长"的节点，前者为208（即"消极逃避"208＝"坚定的伦理思想"1＋"难以获得的文凭"4＋"稳固的基础实力"16＋"无法跨越的弱势"183＋"异常在乎的交际"4），后者为137，这直接表明在课程文化资本获取活动中，失学青年遭遇的困境大于知识顺利掌握的情况，最大的困境在于课程文化资本表现水平贫弱，即很多内容仅知道一些"皮毛"，往深处则有心无力，更严重的是在某些课程上出现极大挑战，反映度较高的是数学和英语，尤其初中阶段几乎表现出压倒性的力量，这导致了资本结构窄化的困境，即在有些课程文化资本上的获取率几乎可以忽略。然而，主体对待课程文化资本获取运作的态度更多地表现为"自信自豪"，编码参考点为121（即"自信自豪"121＝"坚定的伦理思想"3＋"难以获得的文凭"1＋"稳固的基础实力"92＋"无法跨越的弱势"6＋"异常在乎的交际"19），其次是编码节点为107的"心生厌烦"态度（即"心生厌烦"107＝"坚定的伦理思想"0＋"难以获得的文凭"3＋"稳固的基础实力"8＋"无法跨越的弱势"96＋"异常在乎的交际"0），态度差异跟价值驱动和应对方式上的反应是相反的，这表明主体内部存在自我矛盾。主体在处理兴趣与困境时表现为心理和行为两种结构，即"心理强权和行为矮小"，也就是通过对弱势的忽略来增强自身的自信，但是行为上却背离自信而进入消极逃避的路径中。在这样一种自我矛盾中，主体更有一种撕扯感，他们想通过内心牵引来带动应对方式上的奋进，但往往坚持一段时间便败下阵来，因而呈现的反思状态主要为自我放逐，也即在课程文化资本获取活动中任由自己漂流，自身感兴趣的就多学一点，不感兴趣或感到困难则能不学就不学。综上，这些青年在课程文化资本获取运作中主要呈现为自己跟自己较劲的故事线，最终选择放弃对课程文化资本的获取，彻底摆脱学校课程学习环境，丧失进一步受教育的机会。

二 课程文化资本的低效转化活动加剧主体的生存压力

课程文化资本的转化包含内部转化和外部转化。内部转化是从一种课程文化资本到另一种课程文化资本的转化，通常由客观化和身体化课程文化资本转化为制度化课程文化资本；外部转化是课程文化资本与外部社会生活关联，社会生活中必需的货币、角色、劳动方式等都需要由文化资本来产生。课程文化资本转化在于满足主体的某种需求，完成课程文化资本的价值兑换。主体有需求的地方主要在职业生涯、内心世界和私人生活，这三个层次构成了主体的生命大厦，三者共同呈现的自我才是有意义的自我。但是，这些青年通过节点数较高的"实用"驱动、"身体化课程文化资本"和"自我博弈"等节点表达了课程文化资本转化活动的低效性，且正是低效的资本运作加剧了这些青年的生存压力。

首先，主体在课程文化资本转化运作上的价值驱动已经不再以兴趣为主，而是以实用功能为首，矩阵节点总数为144（即"实用"144 = "匹配职业生涯"89 + "迎合内心世界"2 + "应对私人生活"53）。实用性价值理念使得主体自觉建立自身与社会的共同体，且趋向于匹配职业生涯，但对内心世界作用不大，说明课程文化资本在转化运作活动上并不均衡，主体并不着意内心世界的建设，而是更多地针对职业和私人生活，即迎合内心世界的肯定、认同、赞扬、理解、鼓励等心灵结果很少得到，造成了一种执着于对社会的有用性但忘却安抚心灵的"情感事故"。

其次，课程文化资本在内容构成上以身体化课程文化资本较为突出，将身体能力、技能和才能等视为走进职业生涯和私人生活的本领。例如一部分青年倾向于舞蹈、音乐、绘画和手工等身体能力培养，一部分青年热衷于训练职业技能以实现一技之长，包括计算机技能和销售技能，还有一部分青年谈及社交能力、管理能力和学习能力等才能，这些实际应用资本高于他们自身的客观化和制度化课程文化资本的储备。三种课程文化资本节点总参考数分别为"身体化"81（"身体化"81 = "匹配职业生涯"28 + "迎合内心世界"13 + "应对私人生活"40）、"客观化"78（"客观化"78 = "匹配职业生涯"35 + "迎合内心世界"14 + "应对私人生活"29）和"制度化"76（"制度化"76 = "匹配职业生涯"3 + "迎合内心世界"55 + "应对私人生活"18），表明身体化课程文化资本在转化运作中占据关键作用。不过这些青年的身体化课程文化资本表现都是基础性的技术劳动或一般性的身体能力，这些资本实力在

第三章 非贫失学青年课程文化资本运作的实践表现探察

课程文化资本转化活动中缺乏强大的竞争力。因此，这些失学青年从课程文化资本的内容构成上便已经限制其转化效果，从而加剧生存竞争的难度。

再次，同课程文化资本的获取活动一样，这些青年在课程文化资本转化运作中同样以"积极融入"的应对方式来建设自我与社会的共同体。紧随其后的也是"消极逃避"，尽管在节点上的占比远低于"积极融入"，但它仍然比不具有解释力的"积极融入"更加真实，更能代表这些失学青年在课程文化资本转化运作中的生存无奈。社会生活的缝隙太窄，消极中的积极与积极中的消极总是此起彼伏，不断使自己变成社会缝隙的形状，这反映出这些青年自身生存所存在的资本条件束缚。

最后，主体在课程文化资本转化运作中的态度以"自信自豪"居于首位（排除不具有解释力的满意知足），"自轻自憾"次之。"自信自豪"与"自轻自憾"的态度同时出现主要缘于主体在课程文化资本转化上并非普遍高效或运用身体化课程文化资本完成职业中的超越，而是大部分青年都从事基础岗或生产岗等动手操作的劳动，即非知识型劳动岗。非知识型劳动岗对课程文化资本的实力要求非常低，几乎处于"是个人都能干"的情况中。所以，这些青年的"自信自豪"大部分来自现有职业的娴熟和适应，技能的熟练表现主要在于身体能力的默会发展，对一般知识的要求并不高。但是在职业规划上，大部分青年并不满意当下职业，包括车间工人、销售和服务岗等，投身这些岗位是因为他们没有足够的职业选择权。这些青年在职业选择中往往面临资本结构窄化问题，表现为课程文化资本的构成失衡，据自由节点的相似性聚类模型（见图3-4）所示，课程文化资本缺失度由高到低依次为：以学业文凭为代表和以课程考试成绩为代表的制度化课程文化资本以及以理论知识为代表的客观化课程文化资本。资本结构窄化问题阻碍了主体运作课程文化资本进行职业前进或上升的力量。主体在课程文化资本转化运作中一方面企图进入社会缝隙，降低自身的理想期许；另一方面与资本转化中的困境进行角逐，尝试拓宽社会缝隙，包括学业补偿替换或提高自主学习水平，所以主体呈现为一种自我博弈的状态，以持续抵抗自身的生存压力。

三 课程文化资本的低效发展活动阻碍主体的自我提升

通过 NVivo 11 plus 对数据的整理，课程文化资本的发展运作主要由课程文化资本补偿、更新、流失和贡献四个类别组成。课程文化资本的补偿运作是对已有的基础教育课程文化资本进行适应性或过渡性补偿，例如一部分青年选择中专学校等中等职业教育，一部分青年选择跟随师傅学习一门手艺，不过大部分青年没有进行课程文化资本补偿。课程文化资本更新是指在离开基础教育的课程教学环境之后所作出的自主性提升或补充相关课程文化资本的行为。例如有的青年坚持完善自身的英语语言水平，或者持续钻研文学典籍等，这种有目的有计划地就具体课程文化资本进行强化即一种课程文化资本的正向更新发展。与之相对，这些青年对于部分课程文化资本的流失处于视而不见的状态，这是课程文化资本的负向发展，即任由已有的基础教育课程文化资本固化或消散。随着时间的跨越，主体的课程文化资本实力越来越微弱，甚至已经在小学生的课业辅导上感到无力。

> 我不会教，那她这方面可能就得想别的办法，但是总是没有自己父母教的仔细啊。而且一旦教不了，你根本不知道小孩的实际学习情况，这也是我比较担心的。(B-13)

课程文化资本贡献指的是课程文化资本作为一种资本实力对主体自身和主体倾力融入的社会共同体的一种效果性贡献，这种贡献指向一种有意义的发展，对于主体自身和社会共同体都具有帮助。这四种类别共同构建了课程文化资本的持续性发展运作。

从参考点的呈现来看，"更新"凸显了课程文化资本发展运作的主要方向。在资本运作的价值驱动上，实用性依然占主导地位。但是这些

第三章　非贫失学青年课程文化资本运作的实践表现探察

青年从老师和家庭那里得到有关知识"有用"的论调，表现为课程文化资本的潜意识型实用价值，这种潜意识型实用价值感扎在学生的心里，却始终让他们"看不见也摸不着"，非常抽象和疏离。当他们参与和融入社会，具身地去体验资本实用的脉搏从而理解实用力量，这种赤裸裸的实用性价值感既涉及利益也涉及竞争，课程文化资本的实用性价值不再是抓不住的，而是成为主体自身生活中所追求的东西，这是实用驱动从转化活动到发展活动得到进一步强化的必然条件。在资本运作的内容构成上，主体更关注客观化课程文化资本，这跟课程文化资本转化活动中以身体化课程文化资本为首的情况有所差异，反而与课程文化资本获取活动趋于一致，这种交叉情况的出现与课程文化资本的更新发展有关，即这些青年更愿意考虑自身未来发展上的实力表现，所以向更加困难、更具有社会地位和更高利益关系的客观化课程文化资本发起挑战。因而，在资本运作的应对方式上，主体首次以"主动筹谋"为主，对自己的生活有所规划、有所行动、有所探究并且施以具体的方式方法，敢于创造条件来应对自己作出的决定。

> 我觉得人也不是只有一个工作，人是需要第二曲线、第三曲线的。跨界啊，不是提倡那种飞行人才嘛，我也是在这样一种角色当中，对于工作来说，我不是说作为一个唯一，因为我肯定要发展我的副业，然后还可以有其他的副业。（B-06）

不过，主体采取"主动筹谋"的应对方式指向自我与社会的共同体，主体形塑自己并使之能够更加自如地进入充满规则和竞争的社会缝隙。所以，很多青年只是想要提升社会所需要的那一部分知识实力，对于自身内在提升的意识并不强烈，在这个意义上，青年自身的发展也有可能受到限制。从青年主体反思视角来看，这是一种个体向集体的妥协。当然向社会集体结构的妥协也可以理解为另一种追求，故而主体在课程文化资本发展运作过程中遭遇多重困境时，坚信这是正确且唯一的道路，表现出"坚持不懈"的态度。由此,课程文化资本结构窄化等问题已经不再成为主要阻力,这些青年认为反而是可付出时间、良性的执行力和周围环境的支持性等因素在很大程度上限制了他们在课程文化资本上的自我提升的脚步。综上,持续的实用驱动、对客观化课程文化资本进一步发展的"心有余而力不足"和自我妥协等因素阻碍了这些青年的自我提升。

第四节 研究效度检验

一 存疑资料三角验证

为保障研究的有效性,本书在对 32 位失学青年课程文化资本运作表现的考察过程中即时跟踪存疑情况并进行必要的三角验证。

一方面,采用不同的方法收集数据,包括与研究对象的深度访谈和研究对象自己书写的教育自传以及口述史资料,以及研究对象保存下来的课程学习相关内容(例如:日记本、笔记、作业本、错题本、教材、奖状、证书或成长记录等实物,出于隐私不便在文中呈现)。这些实物主要用以佐证研究对象的部分阐述。由于时间跨度较长和搬家等原因,这些青年所保留下来或能够找到的与学校课程学习相关的内容并不多。尽管这些实物资料有限,在问题证明上仍然具有非常重要的意义,能够在一定程度上提升本研究资料的真实有效性。

另一方面,从研究对象的社会网络关系对模糊的资料进行再次确认,主要是与这些青年的家人、老师和同学等社会关系进行问题回访,以期从不同的视角立体化地刻画研究对象在课程文化资本运作上的故事线索。以"B-18"为例,研究对象对自身是否完成高中学业的问题较为回避,故而研究者与其父母进行了问题验证。

研究者:你是从什么时候完全结束了学校学业学习的?

受访者:应该是 2011 年。记不清了。

第三章　非贫失学青年课程文化资本运作的实践表现探察

研究者：当时高考的结果对你来说有没有什么影响？

受访者：记不清有没有参加高考了，反正就是高三吧。

研究者：××当时高中上完就没有继续读书了吧？你可以说说具体的情况吗？

受访者父母：她都没去考试，这怎么往上上啊。那时候她就是钻牛角尖，一心就不去学校，怎么说都没用。实际上她成绩从小都是非常好的，谁知道高中那会犯什么病，说什么都不听，天天把自己关在家里。

研究者：您是说她当时没有参加高考吗？

受访者父母：对。高中那会有两次就是不去学校，第一次好劝歹劝还是回去了。但是也不知道因为什么就又不去了，把自己整个封闭起来，那时候我们都怕她心理出什么问题，也不敢话说得太重，就随她吧，这孩子小时候也不让我操心，样样都好。就是上了高中之后整个人就变了，到现在也没有结婚，这些让我操碎了心。（B-18）

同时教师评价也极具参考意义，教师是学生在课程学习上的领路人和策划者。教师能够从学生每一次的学业成果上观察到他们知识及能力等方面的掌握和运用情况，也能够感受到他们对课程学习的用心程度。教师是学生关于课程知识资本价值的导引者，教师对课程知识的价值导向判断往往会在学生心里形成课程文化资本运作的潜意识。所以教师对学生的理解，不仅是对学生学习情况的侧写，实际上包含了对学生课程文化资本运作的认识。

这都过去几年了，有这么一号人我是记得的。印象中这个学生跟那些活泼好动的男生差不多，好像还是比较热情洋溢的。但是你也知道初中生有些就是在叛逆期啊，管不住，是个很大的问题，我们这些做老师的根本没有那么多精力顾全所有人，他们想干什么，八匹马都拉不回来。就是这学生学习上有时挺认真的，我是教语文的，最有印象的应该就是他上课会积极回答问题，表现出很强烈的兴趣。但就是在考试上好像一般，成绩不是太好，我猜想这肯定是课后没有下功夫的。学习哪里能不温习，再有兴趣跟试卷对不上号也没用。这就是没琢磨透考试对他个人的人生影响。我们都希望每一届走出去的学生都能得到很好的发展，也都对他们学习上尽力了，只能祝福他们以后道路越走越宽广。（B-12）

此外，同学之间的了解和感受也能够呈现出这些青年在课程文化资本运作中的具体状态。同学之间在课程学习上的相伴时间最多，除却青年本人，他同学的印象也能够构成真实有效的证据描绘。在案例19中，研究者收集到研究对象的同学对其课程学习印象和感受的描述。

记得坐在我们同学几个人旁边，可是加入我们的时间很少，不过我们俩会互相读作文，她那时候学习不怎么主动，有时候她有问题还是我去帮她问老师的。我记得她学习成绩不是太理想，但是有位在学校做老师的亲戚，所以我会觉得她近水楼台先得月，学习的机会应该更多，也会想她会不会因此有更大压力。还有就是听她描述过自己不是父母亲生的，以及亲生父母寻她的故事和自己与家人相处的故事，猜想她的世界有很多比学习更重要的事儿，也会有些心疼她。（B-19）

二 理论饱和度检验

当新收录的数据已经没办法贡献新的研究方向，无法继续生成新的概念、类别和范畴时，说明达到了理论饱和。理论饱和指向的便是数据饱和，质性分析是在资料收集的过程中进行，所以质性研究中的抽样规模随着数据饱和情况而定。在本书中，理论饱和是指判断资料编码完成性的标准。一方面本书根据节点的生成情况逐步增加研究案例，当案例增加接近30份时几乎不再出现新的概念和自由节点，为了验证理论饱和度情况，本书继续扩充案例抽样数量，经过实际编码呈现，可以确定新增加的案例并没有生成新的概念或节点，因此本研究中最终确定32位青年为研究对象，即32份样本案例。另一方面本书针对这些青年课程文化资本运作的整体方向、具体问题、主要问题和核心问题等进行两次及以上的访谈，目的也是在不断的信息交换中增加新概念、节点、类别和范畴的生成、补充、检验和修正概率。其中概念等的生成主要是结合知识论与人学思想共同探索新概念的生长点。例如，在节点编码时对"不是学习的料"等原生概念进行对比挖掘并进行进一步理论抽象。概念等的补充是在理论逻辑关照下有效解读信息，及时关注被忽略的层次，例如，在编码课程文化资本发展活动过程中发现发展不仅仅意味着课程文化资本更新等正面行为，关于课程文化资本运作的流失行为也应该得到关注，这才是发展的全面逻辑。概念等的检验是在节点编码过程中确认理论结构与资料中概念的融合度，即理论维度与资料反映的概念之间的匹配性，从而实现理论结构与现实表现之间相互解释和相互印证的交互关系，例如，在编码中校对知识论中关于知识类型的判断与这些青年自身拥有的实际课程文化资本的一致性。概念等的修正是对节点之间的层级关系进行调整和规范化，保证子节点与父节点之间具备合理的因果关系，例如，课程文化资本运作的内容构成只能由客观化课程文化资本、身体化课程文化资本和制度化课程文化资本三个子节点进行解释，而直接放弃或消极逃避等子节点并不能直接与运作的内容构成产生关联，所以无法成为内容构成的次级节点，因而在自由节点深度抽象和类别化的过程中需要不断认识和矫正彼此之间的逻辑。综上，只有在持续的材料更新补充和编码鉴别中才能形成一个合理有效的编码结构，进而为研究者提供深入探究的条件。

第四章

非贫失学青年课程文化资本运作的形态深描

这些非贫失学青年在课程文化资本的获取、转化和发展三大运作活动上均呈现出低效性，并且引起不同程度的低效表现。基于此，本书尝试进一步将这些青年在课程文化资本的获取、转化和发展活动上的运作形态进行深度描绘。这三种运作形态为：在课程文化资本获取运作上表现为顽主的玩耍形态，即在天真与任性中进行知识获取；在课程文化资本转化运作上表现为规则的游戏形态，即在标准与秩序中完成知识转化；在课程文化资本发展运作上表现为异化的共谋形态，即在妥协与无奈中仰望知识发展。

第一节 课程文化资本获取运作：顽主的玩耍

"顽主"最初代表的是流氓或痞子这样一类人，但当它承担文学意义时，这一形象具有非常复杂的社会性，他们是被社会边缘化的一些人。顽主即不务正业、以玩为正经事的一群青年，他们的最高理想是"轻轻松松地活着"，轻松生活不仅包括身体层面也包括心理层面，所以顽主的融通性非常强，只要能够轻松点，他们极少伪装、极能适应，顽主的通透是一种社会韧性。不过他们看似轻松无虑，其实内心也有痛苦的时候，并非彻底的玩世不恭。这一身份认定将人性中的那些普通、真实、嬉戏、别扭、粗疏的成分——摆在眼前。此外顽主的相似群体也受到社会学的

第四章 非贫失学青年课程文化资本运作的形态深描

关注,形成了"那些家伙"和"街角青年"等社会学镜像,他们拥有一个独特的"地下世界的价值观"①。就北京顽主来说,"北京的地下社会源远流长,又称为'道上',混迹其中的人称为'在道上玩的'或简称'顽主'。在北京话中,'主(儿)'是人的意思,'顽主儿'就带上了精于玩耍的行家里手之意"②。

从顽主形象来界定本研究中这些失学青年,是在课程文化资本运作的立场上来认识他们的顽主气质。这些青年在课程文化资本获取运作过程中生成了顽主的形象,包括那些轻松、自由、放任、反叛、惶惑、挣扎,甚至是兴风作浪等,这些都在那个以学习为主的年代留下了不务正业的迹象。

> 到了初中,在不知不觉中开始叛逆了,在初一学会了抽烟、逃课等,学习上就差得更多了。(A-14)
>
> 到中学,第一次逃课后,第二天不敢去上学,不敢面对后果,逃课就会被学校处分嘛。不过后来逃课多了,正常星期一到星期四去上课,星期五就不去,跟着那些比我还调皮的、比我还不想上学的人,也就习惯了。(A-16)
>
> 后悔有啥用呢,现在也挺快乐简单的,学习才要了我的命了。上学时根本没把心思放在上面,知识都没学到,更别说其他的了。那时候好玩,对学习不积极。……我们那时候上学特别乱,你还没放学,到处都是小混混,你也没心情学习了。其实虽然我不认真学,但是我对学习也不反感,只是后来听不懂就没办法学了。……打游戏机打两年也不想打了;打台球打两年也不想打了。我也不知道,感觉都没有什么意思。(B-04)

---

① Matza, David and Gresham Sykes, "Juvenile Delinquency and Subterranean Values", *American Sociological Review*, Vol. 26, No. 5, 1961, pp. 712–719.
② 王荣欣:《权力、秩序与变迁——街角青年亚文化的探讨》,《中国青年研究》2018年第1期。

> 我上学除了玩就是玩，整天逃学出去玩，提到学习我脑子疼。对于学习我真的不行，你要说歪门邪道的我"管今"（笔者注：方言，意为"在行、专业"）。（B-16）
>
> 没有全身心都放在学习那块。那个时候思想简单，可能就光顾着跟女同学一起玩了。……不想上学，就是想换一种生活，不要有那么多的课程，专学那几样就行了，会不会感觉不一样。（B-21）
>
> 就我进来高一上一段时间，后来逃学了，高二下半学期时候吧，那时候有点看透了。……高二下来就出去玩了，我高中就上得晕晕乎乎的。我初三上完就不上了，后来家里人又叫去上的，那时候叛逆，我出来上班，后来家里边人看我在外面太累了，就叫我回去上学。回去才上半年又逃学了，家里边人又去找老师，然后又上学了，上学上到高二就不上了。出去也不是工作，那时候瞎鬼混，跟几个朋友想搞点事做。……中学那时候家里边施加压力比较大，像我们家里，老一辈的观念就是必须得上成学。不上成学，回家就只能干吗干吗的，所以我那时候心里边说实话就积累那种怨愤，那时候还叛逆，越让我干吗我偏不干吗。（B-30）

尽管这些失学青年顽主远离主流群体的勤奋图强和激流勇进，但是他们自身有一种独特的法则，他们天性喜欢无拘无束地玩耍，喜欢在没有限制的玩耍中使自己舒服，舒服才能酿造快乐，快乐是他们对课程文化资本获取运作的理解方式。这些青年在其自身的课程文化资本获取活动上体现为这种顽主的玩耍形态，玩耍没有规则的束缚，顽主在玩耍中是规则的局外人，他们可以依据自身的状态和感受来决定对待课程文化资本获取的种种态度、方式和选择，从而最终走向了失学。从研究发现来看，顽主的玩耍形态在课程文化资本获取运作的价值驱动、内容构成和应对方式上均有显著表达。

第四章 非贫失学青年课程文化资本运作的形态深描

一 在课程文化资本价值驱动上，基本凭依身体感受

课程文化资本的获取只能在课程环境中进行，只有经过基础教育课程的浸润才能够掌握内在的课程文化资本。课程文化资本转化和发展有可能发生在主体生活的任何阶段，只要发生课程文化资本的获取行为就会随之展开转化和发展运作。因此，只有课程文化资本的获取具有固定的时空条件。在这个特殊的时空条件中，作为学生的青少年顽主处于不愁吃不愁穿、没有社会压力且没有心理羁绊的状态，这种状态使得他们自由、随意、随心所动，任何事物的价值认定都始于身体的原发感受，包括驱动自身对课程文化资本的价值认定。

（一）学习的兴趣热情与正向价值驱动

对兴趣的热情在课程文化资本获取中成为一种正向的价值驱动。尽管顽主以玩世不恭著称，但并不都是不学无术的。顽主通常将热情投注在感兴趣的地方，早期研究已发现儿童学习存在一定的偏爱，即"特惠领域"[1]。家庭文化资本获得方面的研究也证明了兴趣的影响，"尽管惯习在家庭文化资本获得方面发挥着重要作用，但青少年自身的兴趣、选择和欲望也在其间占据显著地位"[2]。青少年顽主能够坐在教室里专心听课而不急于出去晃悠，主要在于擅长、吸引和干预三种驱动力使他们主动接受特定课程文化资本的学习。

首先，擅长是获取课程文化资本的首要驱动力。顽主不会拒绝自己能够做好的事情，他们对于擅长内容的自信和渴望是没办法隐藏的，在教育自传的回忆和访谈的回顾中也有明显体现。

> 学数学时非常乐于挑战，每次遇到难题都会特别兴奋，也特别

---

[1] ［美］约翰·D. 布兰斯福特等编著：《人是如何学习的——大脑、心理、经验及学校（扩展版）》，程可拉等译，华东师范大学出版社2012年版，第212页。

[2] 仇盼盼：《青少年家庭文化资本获得及其有限性的个案研究》，《少年儿童研究》2021年第10期。

有动力不断去刺激自己的大脑，时间久了就会慢慢锻炼出一种数学逻辑思维，并且像能摸透一样，数学能够一路通关，而且不会像语文课文和英语短文那样容易忘记。(A-32)

每次写（作文）的时候，随便给个题材都能写出来，也都能想出来。包括阅读理解和表达中心思想，都能表达的还可以吧。就是学起来不费劲，我觉得从小到大在语文上面就很轻松，没有什么难题，感觉看一眼就会，别人记不住的我就能背出来。(B-06)

学数学积极性最强，人嘛，都有一个虚荣心，擅长什么自己就会积极主动点。……高光也就是荣誉，就是数学能得满分。(B-08)

对于我自己擅长的学科，我从来不会产生什么厌烦的情绪，反而觉得解决一道比较难的难题，会感觉很自豪，怎么会厌恶呢。……我当时就特别喜欢英语，然后英语我就会花比别人多的精力来学。(B-18)

英语好像感觉就是很好摸透那种，学起来很容易。(B-19)

个体的特殊性在于每个人擅长的内容不同，就像每个人的"筋斗云"是丰富多样的风格。在客观化课程文化资本上，能够让顽主偏爱的课程存在以下特征：激起思维兴奋、很容易摸透、不费劲、积极、愿意挑战和自信等。他们通过这些擅长的课程文化资本确立自我认同感和自我存在感。

在身体化课程文化资本上也能够体现顽主对擅长内容的热情。在课程文化资本获取活动中，即使再微小的能力也会被他们小心翼翼地维护和发展，这是属于顽主时期特有的冲劲和执着，他们身体本身不断体验的惊讶、窃喜、被认可、自豪、越来越主动等成为身体化课程文化资本获取的动力，这种发现自身能力的惊喜让他们控制不住地想要进一步获取更多。

要说这些东西有什么影响，那可能就是增加了我的自信吧，让

我知道我不是那么差，总有擅长的东西等着我。(A-07)

就连上体育课都能得到很多，比如耐力训练啊，有些人能坚持下来，有些人坚持不下来，比如通过长跑，不仅自身耐力长进了，性格也慢慢磨下来。(B-12)

我感觉锻炼了自己的语言表达能力，还有活动组织的能力，还有对现场氛围的控制能力，还有与老师和同学之间的协调的能力。(B-18)

就是学校组织过的那种写字吧，把写得好的字贴在报栏里边。初中的时候就是老师看我写的字还可以，然后就贴在那个学校报刊上面。(B-25)

我们上初中的时候上音乐课，每次老师上课之前就会在电脑屏幕上面放一首歌，然后叫我们唱，当时就是全班同学一起唱。当时老师就夸我唱歌好听，然后我就感觉还挺开心的。主要是因为兴趣爱好吧，喜欢就去做了，然后被肯定了，说明自己也比较擅长这方面，所以就越来越会主动去做。(B-31)

其次，无法言说的有关美好的吸引是获取课程文化资本的另一驱动。"在中国的教育史上，'学以为己'和'乐趣'的想法不能分开。"[①] 为自己的学习具有一定趣味和吸引，恰如案例11的一句感慨："更多的是被更好的东西所吸引吧。"这种吸引无关顽主自身能不能真正获取或实现这种课程文化资本，而在于他们有没有去鉴赏这种课程文化资本。即顽主玩耍向来没有条框也没有道理，没有受到严格的规训和培养，更多的是那根心弦被偶然地拨动了一下，从而泛起涟漪。

顽主被课程文化资本吸引的前提之一是自身具有开拓视野的冲动。尤其是以科学为基础的实证经验知识，这类知识的魅力在于顽主有机会亲手去验证科学结果，见证他们生活中难以理解的状况的发生过程。因

---

① 李弘祺：《学以为己：传统中国的教育》，华东师范大学出版社2017年版，第377页。

而在这类课程文化资本的获取运作上，这些顽主以玩心为导向，通过好奇、探索、惊奇、想象等来激发自己的热情。但是，就这些失学顽主而言，他们容易被表面的光怪陆离所吸引，也容易被这种光怪陆离所劝退，或者他们有心接受实证经验知识的神秘活泼，但没有办法接受这些知识的深邃严肃。

> 初中时很喜欢实验课，特别期待实验课上会发生什么事情。（A-03）
> 有一门课程让我充满活力，那就是数学课。之所以喜欢数学，是因为它总能吸引我去探索它的神秘。（A-05）
> 我最喜欢的就是物理课，上课还有各种工具，印象最深的一次是老师教我们人手一个电池小器材小灯发亮，很神奇，让我们自己钻研，开发想象力。……虽然每星期只有一节电脑课，但是每个人都很期待，因为太神奇了，比电视还神奇，可以搜到想要的答案，心里也埋下了研究电脑的种子。（A-12）
> 上学时物理老师就比较独特，爱带些工具过来，做一些小实验，很好玩，每个人都能摸一遍做一遍。我会觉得很神奇，很感兴趣。（B-12）
> 那时在学校还学了微机，微机课让我感到既新鲜又有趣。学会了打字，还学会用 word 文档及各种软件。（A-18）

顽主被课程文化资本吸引的前提之二是自身实力的多元开发。开发自己就是认识自我，课程文化资本获取过程就是了解自我并生长的过程，有的学生一直不忘初心且坚定地走下去，而有的学生却随生活中的变化而变。所以在某种程度上，顽主的成长去向也体现着课程文化资本的处境。

> 小时候我比较羡慕会跳舞的女同学，毕竟女孩子嘛，老师教的话会认真学，但是印象不多了。（A-23）

第四章 非贫失学青年课程文化资本运作的形态深描

因为个人比较喜欢，对喜欢的东西就是会控制不住自己，钢琴对我来说就有这个魅力，让我不断想去靠近，而且我相信我也能做好，也能充实自己的生活。因为中国的文化博大精深，可以从语文中感受文学的风韵。我感觉弹钢琴那种韵味有时候跟文学韵味能够相通，很迷人。（B-07）

小学的时候有书法课，学写毛笔字，到初中就不上了。小学时接触的虽然懵懂，但是感觉挺自豪，这是从古时候就流传下来的。如果小学没学过的话，就只是概念性的，电视里看看而已，自己摸过笔的话也是不一样的，也是有感觉的，写毛笔字也不是那么好写的。（B-12）

最后，制度化课程文化资本的特殊性也是获取课程文化资本的驱动。对于得到的制度化课程文化资本，包括教师奖励与评价、考试成绩、课程荣誉等，顽主们会受到鼓舞，甚至有些庆幸、羞涩和感动，这些溢于言表的情感释放很大程度上是因为大多数情况下他们无法获得普遍的制度化承认。由于制度化课程文化资本在顽主的生活中并不常见，所以这种资本一直散发着潜在的吸引力。

拿到奖励对学习也是一种动力，尤其是在我偏科的那几科上学习就更来劲。（A-01）

写作文。因为那个对我来说就是正常试卷100分，每次基本上就是我感觉我都不需要学习，不需要怎么学也不需要怎么花功夫，每次考试总能考个90分左右，还是在班上考得比较好的。根本就不需要我在学习上面花精力，正常跟着老师去学就行了，上课就可以了，做一些作业就行，其他不需要付出什么东西。（B-06）

像我以前语文好，一上语文课就听得非常认真，看到语文老师来了，问什么问题我都会。那时候考试都还可以，班里面前几名之类的，也非常高兴那种。像参加作文比赛什么的，得到什么奖状就

在那个主席台上站着,特别不好意思。(B-30)

最后,有效干预能够提升顽主获取课程文化资本的兴趣。干预并非主体的内生需求和吸引,而是外在的"刻意诱导"。课程老师为知识传递设计出别具一格的干预策略,这些策略有可能使顽主受到震动,从而真正投入对这些课程文化资本内容的获取中。

记得小学上语文课,有一个语文老师,他跟别的老师都不同,他给我们普及一些知识,然后让我们阅读课外书,了解更多的知识。这是我记得很深刻的事情,对老师的做法很喜欢。(A-11)

但是到初二时遇见一个非常负责任的老师,一个英语老师,她非常认真地教我英语。每天早读课上教我读单词、语法,到下课时叮嘱我不会就去她办公室问她,并且到晚自习的时候要检查我。就这样认真学习了一学期,其他科的成绩也有了明显提升。到了初三,分班考试中被分到了"快班"。(A-14)

(二)学习的陌异感与负向价值驱动

知识学习对很多顽主来说难比登天,早已超出顽主所畅享的轻松边界。"欲渡黄河冰塞川,将登太行雪满山",从他们退出学校课程学习竞争来看,这些学习困难已经到了无法跨越的地步,连自身感兴趣的课程文化资本都受到获取影响,所以这股强大的价值张力最终回弹,使得顽主全盘舍弃对课程知识的学习。也即,触及了顽主们的轻松边界,他们容易把那些早已"听说"无数遍的知识价值隐藏起来。

小的时候就接受教育,它可以构建你底层的一些思维、能力等等,比如逻辑性,那时候我们就应该是知道课程知识这些是重要的,不管有没有真的体会到,但这种意识已经潜入脑海里面了,每个学生都会说学校的学习是重要的,这就已经形成共识了。(B-06)

第四章　非贫失学青年课程文化资本运作的形态深描

学校教的都有价值，学校不可能浪费时间教那些没用的东西，因为学校是要培养人才的，人才都是把知识发挥到极限的，那就是价值。(B-13)

但知识的学习困难正如黄河的寒冰或太行山的风雪，不仅挑战了他们的边界，更冲击着他们内在的安全感，这些知识内容的陌生感从四面八荒席卷而来，顽主们只能将它们作为"异己"排除在自身之外。因而，顽主自身的陌异感是导致这些"听说"来的课程文化资本的价值被隐藏的直接因素，陌异感表现在两个方面：

一方面，顽主对学不进去的课程内容充满排斥，这种排斥在情绪上表现为厌恶、害怕、慌乱和烦躁等，在具体获取行为上表现为敷衍应付、不懂装懂和拒绝等，一切让他不宁静的学习困难都被远离。越困难的知识越能彰显价值，但此时知识的价值却在主体的理解或经验范围之外，而那种被侵袭的陌生感却被真实体验着。典型的顽主逻辑绝非忍一时之难可享时时之乐，而是不去获取那些高价值的知识或许还能轻松点。所以，在有的人看到课程文化资本的正向回报时，有的人看到的则是"当时别人学习也没见他们快乐，……当时就是看人家学习怪累的。你看，星期天我们回家就是玩，他们倒好，就趴着写作业，一写写一天，玩的时间都没有"(B-13)。可以看出，快乐原则让顽主们敢于排斥高价值课程文化资本附带的相应代价，这种代价以牺牲快乐和轻松来表现，甚至在他们的认识里，付出了这种代价也不一定能掌握这些课程文化资本，他们的预判充满了顽主式的任性。

我学不会，我也听不懂，老师讲，我就是不理解，然后就不想学，就讨厌去学，怎么那么难。(B-01)

就是高中的语文上面那个，我感觉就是能力不足了。特别是语文那些古文，小时候根本没有去读过这些课外书，就是那些课外的知识就是成了短板。老师讲的基础的知识都知道，但是文言文和作文就拿不到高分，尤其古文错很多。在古文上面，老师讲的就不太能听懂。就是特别害怕遇到文言这种题目。（情绪变化）现在回忆起来感觉还是挺害怕的，感觉孩子现在学的都比我当时要好。当时不知道从何下手。就是在语文这块，心里就很慌乱。(B-02)

当我在学校那个阶段，当我去看那些知识的时候，我觉得好难，很困难，很厌烦。……就是觉得学习好枯燥呀、好烦呀、作业好多呀。有的时候会想到，因为初三了，天天做试卷觉得很烦，刷题就觉得很烦，就觉得很没劲，就是我不想上了，就这样子有这种想法。(B-06)

另一方面，顽主在面对知识困难时容易产生怀疑，怀疑自身的学习能力，质疑自身的学习条件。当个体对自身产生怀疑时，必然伴随确认的自我否定，即"这些知识是有价值的，但并不属于我"这样的自我审判。在这些学生的内心，他们与那些学不进去的知识之间没办法对称与贴合，这种对立感与对自身擅长的内容的感受完全不同，后者"好像能摸透一样"，前者则陷入"它认识我，我不认识它"的陌异感。所以在这些顽主身上，真正的危机不是意识不到课程文化资本价值的力量，而是过于匆忙地界定自己的力量。

因为自己的能力不足，自己没有坚持下来，正常人都学得会，为什么我没有学会，也这样告诉自己，但想是一回事做是另外一回事。我就想想，但做不了，因为我学也学不进去。(B-12)

即使有什么其他的训练，这种事情也轮不到我啊，那些好学生也许能多方面发展吧，人家那时候书读得多也能见世面。(B-13)

笨呗，还能是因为什么。那会儿家里小孩多，成绩也不怎么样，就没继续上学。(B-22)

语言方面的东西不太擅长，就是语言学习方面，比方说学个外语，比如学方言，这些都学得不好。(B-32)

二 在课程文化资本内容上，主要由基础知识和受到认同的知识构成

课程文化资本在内容构成上复杂浩繁，主要展现为客观化课程文化资本、身体化课程文化资本和制度化课程文化资本三类，各类课程文化资本都在相关领域发挥中流砥柱的作用。但是在这些顽主那里，课程文化资本只有简单易学的基础知识和受到认同的知识两种，符合顽主们轻松快乐的原则。他们近乎公然地忽略公共课程文化资本分类法则，由自己的原则来主导自身的课程文化资本获取行为。因而，简单易学的基础知识和受到认同的自吸收知识成为其课程文化资本的重要构成，前者主要是那些在轻松边界内的中小学基础知识，后者主要是兴趣认同的和人格认同的知识内容。

（一）简单易学的基础知识

中小学阶段主要培养学生的基础实力，这种基础实力普遍适应于学生的接受水平。不过，这是在一种理想状态并且很少遭遇干扰因素或自损因素的情况下，即环境控制和自我控制在合理范围内所提出的基础实力接受水平。然而，顽主的特殊性就在于他们以快乐玩耍为主，这导致他们体验的环境控制和自我控制超出了这个合理范围，例如：今天逃一节课，明天放弃一个学习机会，日积月累的干扰打破了课程基础实力的接受平衡。及至初中阶段，课程知识的难度和广度爆发式增加，更加让他们无以应对。这种情况下，基础教育的基础实力已经并非还是他们的接受水平，过多干扰让他们只能在基础教育中再次寻找适合自身的基础内容。因此，大多数顽主的课程文化资本结构多以识文断字、简单算数、基本思维方式和生活常识等来搭建。虽然基础教育是人的底色，充当人不断发展的武器，但是顽主一直游离于主流发展之外，在安逸的舒适区表现他们的实力，所以这些武器的锋刃在他们身上并不显著。此外，一部分顽主尝试加入主流发展的前进之路，相比于普遍的基础实力，他们在基础教育中得到的能力更少。因而对他们来说，课程文化资本的增值难度较大，他们在表达和体验课程的资本属性过程中也难以获得优越感。

我的受教育过程就是完成了基本的文化知识学习。（A-01）

因为首先呢你的学业、你的之前的一些教育其实对于每个人来说都是非常重要的。它是一个基础性的东西。就跟人一样，你是需要有这些基础的东西在那。有了这个东西之后，当你步入工作岗位了，也许这个东西你用不上，但也许可以用。但是对于你来说它一方面是一个敲门砖，另一方面它可能也是能够说明你之前是具备一定的学习能力的。然后你到了职场之后，你是需要去有一个学习的阶段，这个阶段就看的是你的学习能力和悟性能力，包括你的总结能力，等等。我觉得这两者之间还是有一定的联系的。……其实之前接受的是基础的教育，这个我觉得没有什么，每个中国人都是要去经历这种基础教育的，学习一些基础的学科方面的知识。就像我们现在这个阶段可能会讲到一些模型，可能你之前学的数学、逻辑或判断推理，我觉得这个可能会对工作职场有帮助。就有的时候你与人沟通或者你在做一些事情的时候，你的逻辑性，你的组织性，你的前因后果之间的这种关联性，其实也是比较重要，这可能也会跟你之前所学习到的一些数学、语文学科之间有很大关系，可能你看起来它是没有用，但其实它是有用的。（B-06）

那时候上学啥也没有，我能会几个字，还能算账就算好的了。（B-13）

上学给我提供了相关的基础，如果没有中小学知识能力的积累，我也不可能成为现在的我。其实这样看来，它比任何东西都重要。但是从现在的情况来看，它又好像帮助不到我什么，反正就是很神奇的东西，隐藏在那里，感觉已经是我的一部分了。而且我相信现在的导游技能在以后也会成为我的一部分，我就是不断被叠加起来的。（B-31）

（二）受到认同的知识

第一，伦理道德思想是顽主高度认同的知识。这些顽主区别于一般流氓，他们对该与不该的道德界限非常警醒。"自我是'个人人格和道德'与'社会政治准则'之间的和谐。"① 这些顽主对伦理道德、法律规约和精神价值等课程文化资本的掌握较为自信，他们承认社会建构的道德、法律和人格边界，这些内容更像"意识形态资本"，代表了主体的观念系统，在这些顽主身上生根发芽。当然，这些观念的获取似乎并不需要费心费力，这也符合顽主的轻松自在特征。从无视规则的玩耍来看，观念驯化似乎正是承接规则，在某种意义上与顽主的玩耍产生矛盾。然而，规则的边界并非他们能够触及的，甚至只是作为一种潜意识，这种模糊且遥远的距离使他们几乎意识不到规则的存在。

> 使我颇受影响的是解放军自我牺牲和奉献的精神。（A-02）
>
> 那就是政治，思想品德。就是人性，至少现在非常善良的，不做违法的事，不会做坑蒙拐骗的事。（B-13）
>
> 就是说自己遇到事情，我记得杜甫好像写过《茅屋为秋风所破歌》，他这首诗写的就是"安得广厦千万间"，我感觉那种情况下，他那种胸怀，还有他那种人生境遇，他能有这种豁达的心情，我感觉在一个人吃苦的时候或者处于低谷的时候，对心态方面，可以比照一下。比如我们读到那个文天祥的《过零丁洋》，或者生命重于泰山轻于鸿毛这些词，在个人的思想上面，它们对我的影响特别大，在人格这一方面。（B-28）

第二，这些顽主对人际方面的知识也较为认同。他们在人际情感和人际关系中展现出卓绝的好感，与其说他们更看重与人相处的社交能力，不如说他们更在意情感依靠。与他人之间建立关系减少了他们与其他同

---

① 李弘祺：《学以为己：传统中国的教育》，华东师范大学出版社2017年版，第377页。

学之间的差异，大多数的差异来自知识学习层面。

> 还学会了与同学交朋友。（A-02）
>
> 在这个过程当中你认识的一些人，包括你的环境。会对你产生一些影响，我觉得这个也是比较重要的。一个是同伴关系，还有一个就是师生之间包括某一个重要的人，他对你的影响，我觉得这个其实对我来说可能会产生一定的影响，可能有的人他会激励着你前进。会有这样的效果出现。（B-06）
>
> 就是与人之间的相处吧。虽然没学到什么，但是交到很多朋友，用心待人。认识了很多人，像你以后出来了，这些人都能相互照应。我感觉就是社交比别人好一点，人与人之间的相处。上学时老师就说与人交往要以心对人，反正这些都源自于上学时老师的教导，出来之后在社会就是让你不要变坏之类的，你真心对人，人就真心对你，这样慢慢地朋友越来越多（B-30）

总之，这些失学青年在课程文化资本内容获取上具有非常典型的顽主气质。其一，特定的课程文化资本内容简单易学，只要学习不用受到压迫和折磨，他们还是愿意花精力在上面的。大多数人需要通过一种获得感来证明自己，尤其是当个体与集体中其他人具有共同行为时，即人只要在一个特定群体中，任何年龄阶段都有虚荣心和存在感的需求，所以玩耍不仅仅在于使自己获得快乐，也是在满足潜在的心灵需求。其二，他们对课程文化资本内容的获取顺其自然，没有计划也没有方法引导，通常学到哪里算哪里，不会拓展和延展，对所有课程文化资本的累积都不会做行动规划，随遇而安，甚至不知道自己是否真正掌握了那些知识。顽主不是对每一个玩耍动作都精于计算的人，他们在意的是玩耍中的即时感受，所以对课程文化资本内容获取的顺其自然实际上是保留了比较天然的灵活性，这种灵活性与顽主倡导的轻松自由形成了内在重叠。

第四章　非贫失学青年课程文化资本运作的形态深描

三 在课程文化资本习得上，受到"年少无知"的掌控

从研究发现来看，这些失学青年对待课程文化资本的获取多为"消极逃避"的方式。"消极逃避"受多种因素的影响，但一言以蔽之，如这些顽主所言，少年的损失和失败都是"年少无知"。"年少无知"可能是对自己的一种责贬，也可能是一声叹息，是学生时代特有的"遗憾"。"无知"一是指涉字面意义的不知深浅，二是指涉任性任为，三是代表对外在冲击的无所作为，这三种意涵影响了顽主对课程文化资本的学习心态、学习方法和学习环境等方面的应对。因而，年少无知的纵容最终成为阻断课程文化资本获取的前因，直至无学可上。真正的学习可能源于尽情地玩耍，例如兴趣学习和认同学习，但放弃学习也源于玩耍。玩耍忠于内在感受，即顽主通过热情来决定课程文化资本的习得，不过热情仅出现于特定时刻，顽主在更多的时候被"年少无知"掌控。

（一）力求安全的学习心态

很多顽主在学习心态上表现为怯懦、嫌麻烦、害怕和否定，表明他们对自身和知识本身的深浅具有一定的无知性。而无知又加深了他们自身的不舒适感，由于不懂得调节自身的不舒适感，这些顽主只能远离产生不舒适感的知识学习。所以很多顽主为了使自己"安全"而选择像鸵鸟那样包裹内心，正是这种心态使他们的课程文化资本获取难上加难。

> 当时不知道从何下手。在语文这块，心里很慌乱。……有心理压力，就是怕高考考不好。到高三的时候，学习有一点吃力，所以压力很大，控制不住情绪，容易紧张。（B-02）
> 当时你（有很多知识）不会吧。不会，所以也不敢举手。（B-05）
> 那时候退学也不能说全是因为玩心，主要还是因为不喜欢学习，学来学去就一直是那样，没有变化，所以没有那股冲动了。（B-08）
> 还有化学这方面，感觉太大了，看不见也摸不着，虚无缥缈的，就是不知道为什么学，然后就不想学。（B-28）

本来就不是上学那块料，去也是瞎混，还不如早点出来闯闯。(B-30)

(二) 难以突破的学习方法

学习是人的内在能力，但学习的实现需要通过特定的方法和手段，只有在学习方法上才能讨论学习如何实现。主体对学习方法的使用是一个不断验证、不断调整和不断变化的过程，他们需要在学习方法和学习内容之间找到平衡，主体在学习内容上的突破代表了自身对学习方法的突破。然而，一部分顽主在课程文化资本获取上难有成效，其学习方法本身出现了功能性问题。他们在课程学习上较为执拗、机械、敷衍、被动和耍小聪明，这些都揭示了顽主行为中的怠慢与任性任为，用此时他们形容彼时自己的话，即"年少无知"，他们本以为自己放过学习就是放过自己，实际上错失学习就是错失自己。依据他们的顽主心性，与其琢磨如何去实现和改变学习，不如痛痛快快地去玩耍，与其与自己较劲，不如放空自己。也即，顽主在课程文化资本获取上不会专门琢磨学习方法的问题，他们更多的是质疑自己为什么学不好，而不是去寻找可以学好的方法和手段。寻找这一步骤对他们来说仿佛跨越迷障，而他们并没有从迷障中走出来，甚至还没有经历迷障便退出学习活动。

我属于不会学习的人，说实话我学习的时候挺认真的，但是我不会学。就是死记硬背的这种，而且听老师的话，老师说什么就是什么。老师让背什么我就背什么。就是这样子，死记硬背。(B-03)

我都应付一下就完事了，做作业我都是天亮才起来写。老师讲的我也听，但我也不会去复习。上课时也不会互动，不懂就装懂。(B-04)

我们当时完全是为了应付学习才学习的，少挨老师一些骂，少做一些作业，根本没有什么主动性去学习，根本就是被动的。不想被老师多指责，这学不到什么东西。什么预习，这些老师肯定说了，早自习预习一下，或者过两天单元测试，过几天要学哪一篇课文，让你自己先私底下掌握熟悉一下，但对我们来说都是耳旁风，根本没有往心里边去。有的人说"左耳朵进右耳朵出"，我感觉我们左耳朵都没进，更别谈什么右耳朵出了。没有学习兴趣，都是被迫的，当时甚至有一种心态就是"老师能别看我就别看我，能别找我就别找我"。(B-28)

(三) 无可奈何的学习环境

20世纪90年代至21世纪初是本书研究的这些失学青年获取课程文化资本的时段。在这段时间里，大部分乡镇学生处于较为朴素、传统、低发展的学习环境中。课程老师的表现及课程环境构成了学生的学习环境。相比今天，这些失学青年被更多的缺失、异变、资源稀缺、人格放弃、粗鲁、枯燥和专制等外在环境围绕。因而这些顽主所面临的学习环境在他们心里并不美好，甚至产生了心灵创伤，在十几年后仍然记忆深刻，足见那种学习环境在他们心中投射的暗影有多厚重，及至今天，回忆背后的"埋怨"和"惋惜"仍然隐隐若现。教师的目光、课程的资源、周围人的公开评价，还有习以为常的棍棒教育等使学生的学习压力增加，进而与教师、学习、知识、自我发展等形成对立，进而学生被驱赶至放弃学业的边缘。这些顽主面对并不算阳光的学习环境时，他们并不是冲破阴霾以主动争取机会和阳光，而是无所作为，在"年少无知"中接受课程文化资本习得中的种种偏离，成为课程文化资本获取运作活动中的隐形人。

俺那时候上学，老师不管俺这些人了，俺都搁后边睡觉，干什么的都有。(A-20)

我在上学的时候没有得到很好的环境，也没有得到恰当的引导，就没有去填充自己的想法。……因为那个时候还小，不懂得从哪些渠道去接触这些，我们天天所面对的就是那一间教室，只能看得到教室里发生的事情，老师就是讲些书本上的内容，也不像现在老师都是多才多艺，那时候就是一支粉笔一块黑板，只要黑板上的都学会了就好了。所以这些活动也不是自己不主动，主要是自己根本不知道有这些东西存在，即使有时候知道了，但因为自己没有那个水平，那肯定没办法厚着脸皮就要去参加啊，我们在起跑线上就已经输了。(B-06)

受打击的时候，比如别人说你，言语上的这种打击，这种时候会产生厌学的心理。简单的语言暴力吧。我给你举个例子，就是放暑假放寒假走亲戚串门时问人家孩子多少分，这种语言暴力。(B-14)

自己肯定是有责任的，我感觉老师也有责任，因为那时候老师不像现在会和孩子尝试去沟通，我感觉那个时候的老师不是特别负责任，所以总感觉老师是要负一部分责任的。老师本可以鼓励学生，或者尝试跟学生沟通，但是老师完全没有，方法比较单一，上来就讲讲课，学生听都听不懂，也不会事后辅导。……那时候教育方式也比较粗鲁，因为有时候有很大一部分的老师还会体罚。还有就是心理这一块，当时也没人去引导。(B-28)

顽主尚玩耍，"在玩耍中，是一个角色接着另一个角色的简单连续，当然，这种情境是儿童自己的性格所特有的。儿童一会儿这样、一会儿那样，他在某一时刻的表现并不决定他在另一时刻的表现。这既是童心的可爱之处，又是它的不足之处。不能指望儿童；不能以为他所做的一切将会决定他在将来的任何时候做什么。他还没组织成一个整体"[①]。因此，失学青年在课程文化资本获取运作中呈现出强烈的顽主玩耍形态。

[①] [美]乔治·H.米德：《心灵、自我与社会》，赵月瑟译，上海译文出版社2005年版，第125页。

在这一形态中，由于顽主秉持的轻松原则，在课程学习上的用心漂浮不定，畏难畏深，而且图一时之快，从而与课堂渐行渐远，使得知识获取成为一种奢望。

第二节　课程文化资本转化运作：规则的游戏

米德在人的社会行动上区分了游戏和玩耍。"游戏有一种逻辑性，使得对自我的这样一种组织成为可能；有一个要达到的明确目标"，"当我们达到游戏这样一种阶段时，就有了一个确定的统一性，这种统一性被引进对其他自我的组织"①。玩耍是无目的无规则的即兴行为，以轻松愉快的活动为主。失学青年的课程文化资本获取活动蕴含了玩耍，而课程文化资本转化活动则嫁接了游戏的系统。相比于纯粹的玩耍，游戏安排有序，有明确的结构和关系，主体在这种活动要去适应周身存在的各种力量，诚然，"这种过程发展成一种多少确定的技巧并受到控制"②。可以发现，游戏是主体与社会之间的规则共同体，米德用"泛化的他人"来注解社会过程影响卷入和坚持该过程的个体行为，控制游戏能够有条不紊地运转的便是规则的发号施令。就这些青年的课程文化资本转化游戏来说，规则不仅仅限定了游戏本身，也限定了主体对自身课程文化资本进行转化的行为。转化是应用的变体，应用与规则互为对称，规则是应用的边界，规则也是游戏的边界，这是语言空间的逻辑，"语言规则不能决定其自身的应用，规则的应用本质上是无规则可言的，归根结底，是人的非传递性理解决定了规则的应用，非传递性理解非语言所能尽，必须用实践来表达"③，所以与规则具有同等效力的范例也成为应用的边

---

① ［美］乔治·H. 米德：《心灵、自我与社会》，赵月瑟译，上海译文出版社2005年版，第124—125页。
② ［美］乔治·H. 米德：《心灵、自我与社会》，赵月瑟译，上海译文出版社2005年版，第120页。
③ 郁振华：《人类知识的默会维度》，北京大学出版社2012年版，第209页。

界和游戏的参考点。在这些案例中,失学青年搅揉在社会结构中则需要去听、去看、去履行社会的规定,这种规定既可能是公共言书,也可能是无言的循矩。所以,失学青年对课程文化资本的转化运作即是一场规则的游戏,他们在课程文化资本的价值、内容和管理等层面都深度融这一转化游戏中。

一 在课程文化资本价值驱动上,社会实用性成为首要选择

实用性是这些失学青年对课程文化资本价值的一致认定。实用本身对应于课程文化资本的转化问题,代表实际可见的使用效果并且能够使主体发生一定程度的变化。此外,实用是典型的社会标签,用来满足社会的需求和对接社会的任务。当然,实用并非不存在个人层面。因而从价值实用的角度来看,主体在课程文化资本转化活动中的价值驱动主要表现在个人性实用和社会性实用两个层面,前者主要在于个体现实与心理的受用,后者则主要满足个体的社会用法。

(一)针对个人的实用性

在个人的实用性维度上,失学青年进行课程文化资本转化并非为了别人或其他因素,而是从自我角度出发,迎合他们自己的内心期待,从而实现主体认同感。这种认同感一方面来自他者的认同,另一方面也生成自我的认同。认同是心理角度的受用,即通过课程文化资本的表现来刺激自身期待的那种心理反应的发生。因而,在这些案例中,课程文化资本的转化表现既可能出现在内部转化中,也可能出现在外部转化中,但都存在心理受用性。

> 在校期间记忆比较深刻的就是小学时候得过几张奖状,得到第一张奖状之后感觉受到了鼓舞,上课更集中精力了,更爱积极发言了。(A-24)
>
> 大概在五年级的时候,有次语文老师有事,安排我们自读,由于个人特别喜好诗词和历史的原因,那天学习的是一篇很长的课文,

第四章　非贫失学青年课程文化资本运作的形态深描

大概有五六页，其他学生大部分在交头接耳，没有几个人认真自读，当老师回来提问谁能背诵时，班里只有坐在倒数第二排的我举起手来，（当时我是留级生，成绩很差的那种），当我一口气把课文背完后，自然得到老师的表扬和同学诧异的目光。回想那么多年的学习生涯，这件事就一直装在脑海里，每次想起来都还能美滋滋的，那时候真是长脸。（A-28）

我特别喜欢听别人夸我。（B-18）

工作中我用学校学到的知识把工作中的总结用PPT做得很漂亮，领导都会夸，然后同事都会很羡慕我这个能力。被人夸尤其是被领导夸，这肯定会感到自己特别棒，非常肯定自己这方面的水平。（B-21）

此外，一些案例也涉及课程文化资本在失学青年私人生活中的实际应用效果。私人生活中的实用性指不以换取社会回馈为目的的课程文化资本转化活动，仅仅将课程文化资本与自身密切关联，例如：解决内部生活问题、辅助生活要求和提高生活质量等。从这些私人生活案例来看，大部分集中在孩子养育方面，与私人生活直接相关的情况甚少被提及，这表明这些青年鲜少关注自我服务和自我建立的问题，且不区分私人空间与家庭空间而是将私人生活与家庭生活混合，所以从实用性来看，这种情况仍然属于个体应对外周环境的现实应用。不过这种现实应用是从课程文化资本的功能本身出发得到相关帮助以达成某些社会要求，并非以回馈为目的。

就像科学物理方面的知识跟平时的生活都有关系，换个灯泡其实就是物理知识，要是没学过这个，怎么知道怎么关电路呢。然后还有家里那些电器的说明书，买回来也得看看呀。（B-11）

有时候我会看外国电影，不用字幕也可以看，然后别的人就不行，给我娱乐生活也带来了便捷。……有时候牌子上写的英语，我

自己能认识，我就不用拿手机出来查了，我自己就知道。(B-18)

感觉主要教孩子吧，家庭作业都是我们自己负责的。(B-24)

就算家里装修房子，一些小细节都可以使用到课程知识，怎么去测量，电路怎么弄，甚至墙纸怎么选都是需要学问的。(B-32)

从案例中可以看到，这些青年在课程知识的转化运用上并未表现出明显的资本强度，没有实力竞争，也没有体现出相关优势资本。作为内在实力的课程知识仅仅是青年们日常生活的基础原料，在高强度的竞争环境中，基础性知识很难登入一般性的资本市场。但是，从这些青年案例来看，个体生活都存在比较级，也具有资本实现率的标准。其一，这些青年在课程知识运用上有可能超越家人、朋友、同事和孩子家长等，即别人做不来或者做不好，他们却做得来或者做得好，此即课程文化资本实力输出，也就是在对比情况中课程知识转化为实力就是一种资本力量的诠释。所以，资本是一个相对范畴，而非绝对范畴。其二，课程知识需要通过一定程度的转化才可能具备资本属性。主体拥有的课程知识没有在恰当的时机表达，这些知识则无法实现其资本属性；反之，主体在合适的地方把自身掌握的东西竭力发挥出来，此即资本灌注，从而达到比较高的资本实现率。资本实现率仅承载与之相关的资本实力，例如，检查和维修电路跟个体的电路原理和物理实验知识有关，与文学鉴赏等内容无关。就这些失学青年而言，课程文化资本具有特定的资本范畴和影响范围，每个人都有自己的专属场域，即在有些场域内他们可能不具备资本能力，但在另一部分场域内他们的课程知识则完全具备资本属性。这些失学青年不是普遍优越的人，但也不是普遍不优越的人，所以单就资本的实力来看，它对每个人都可能有意义。

(二) 针对社会的实用性

社会实用性是指事物在社会规则游戏中具有实际使用价值且能够为使用者带来相应回馈。个体进入社会游戏，是在依循规则的条件下转换为社会游戏附带的福利体系，福利体系便是个体希望得到的价值回馈。

第四章 非贫失学青年课程文化资本运作的形态深描

实用性作为课程文化资本价值驱动，主要为了实现失学青年期望的社会回馈，包括形成一技之长、满足职业诉求、解决竞争危机和收获劳动所得。这些社会回馈不是凭空产生，也不是随意能够得到，主体必须首先接受社会规则的组织，然后在规则中发挥课程文化资本的实用价值。可见，实用性是在课程文化资本与社会规则之间进行交换的链条。然而在这个交换链条上，主体只有游戏的执行权，真正制定、决策、主导和解释方面的权利并不在课程文化资本转化活动中产生，所以转化活动只是一种被动匹配行为，需要嵌入游戏的规则结构中。

> 我自己也在工作以外的时间认真去学习心理咨询知识，这个心理咨询它的流派会比较多。学下来感觉该挺有用处的。（B-06）
>
> 但是现在会在钢琴上面锻炼自己，我喜欢弹钢琴，也希望钢琴能成为自己的一技之长吧。（B-07）
>
> 老师都说了，你们这些人除了上技校，没别的出路了。老师说的也对，上技校学一门技术就有出路了。不想学习了。学一门技术在手里边就行。老师讲课也听一下子，但是听不懂也无所谓。反正初中毕业后还是得学一门技术，这才是正事吧。（B-20）

第一，形成一技之长。这些案例青年从初中便开始考虑生存本领或者被生存本领所吸引，就像案例28所说，"作为父母的心情，小孩不读书了，肯定要给小孩找条出路，要么去学个技术，或者找在外面做生意或者搞工程的亲戚带带你教教你"，"出路"是对社会实用规律的一种洞察，试图学以致用并学以换得，这是对失学导致的课程文化资本中断的一种补偿，也是对普通学业的一种替换。技术是社会发展的动能，这使希望凭借一技之长来生活的青年深信不疑。技术的实用性显而易见，技术确实能够保证工作的长期稳定性，尽管保罗·威利斯指出"那些'失败的'工人阶级子弟并不是随便捡个中产阶级及成功的工人阶级子弟不肯做的糟糕工作就去做的。我们不应当假设在职业、阶级结构中存在一条连续下滑的能力曲线"[①]。在本书中，这些青年与学做工的那些人具有相似的学业背景，本书案例中的青年并非简单的工人阶级，大部分青年是与农业难以脱离的工厂工人，他们职业的灵活性导致他们游离在工人阶级之外，是一个不完全的工人阶级。从人的发展角度来说，如图4-1所示，个体没有在同一岗位上恒久待下去的稳定性，他们需要通过跨越岗位来不断前进，有时候技术并不能成为他们跨越岗位的台阶，他们在跨越岗位的时候往往遭遇文凭、能力、政策、制度等方面的限制，所以"一技之长"在职位转换需求中显得没有那么实用，那么它在人生的发展道路上的这种"长"其实有辩证意向，使人不得不怀疑"一技之长"真的存在吗？让人印象深刻的是一些案例中无以言说的职业窘境，例如：坚信技术的案例20在同一个岗位上已经持续了十几年，他想过从这个操作岗中走出去，却没有门路也没有条件，因为在职位晋升上即使没有技

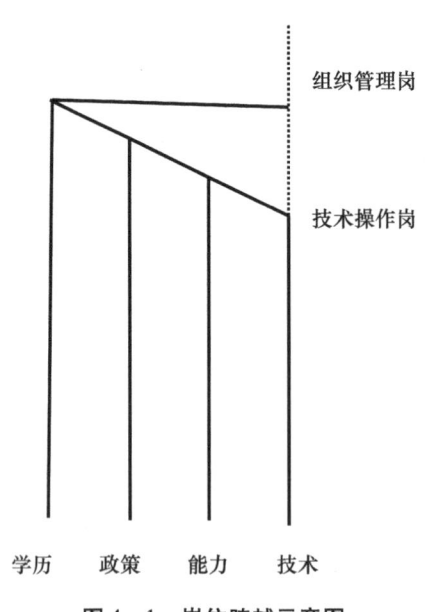

图4-1 岗位跨越示意图

[①] [美]保罗·威利斯：《学做工：工人阶级子弟为何继承父业》，秘舒、凌旻华译，译林出版社2013年版，第2页。

第四章 非贫失学青年课程文化资本运作的形态深描

能的阻碍，也会有文凭等条件的阻碍；还有案例 10 主动放弃工作调整，"之前尝试带领团队做团队长，……也有可能是因为我不适合作为领导，不太会管理和协调团队，不知道怎么弄对大家都好"，由于缺乏组织与管理能力，他不得不返回到原来的基础岗位。

第二，满足职业诉求，这是课程文化资本转化中最为常见的形式。《学做工：工人阶级子弟为何继承父业》中探讨过"那些家伙们"的职业问题，"职业指导主要是为学生排除在从学业向职业转变的过程中的困难，这需要把学生个体的能力和天赋与可供选择的工作进行匹配"[①]。个体获取课程文化资本主要是为了与职业生涯匹配，在行业规范中实现人生价值。这些青年在学生时代遭遇学习困难时可以抱以顽主心态，超出接受边界则敬而远之，过段时间由于某些原因又近身而来，周而复始，充满变化。但在当前的职业生活中，他们没有畏难和享乐心理，只要是现实工作所需要的，他们都能够耐心地想办法去学，打通自身已有的课程文化资本与工作要求之间的内在衔接。因而，职业规则的稳定性引导了主体在课程文化资本转化运作中的稳定性，他们可以排除一些"杂物"来专心处理工作。课程知识能够在工作中得到实际应用，这是课程文化资本转化运作的前提。

> 我是做厨师的，有一些精细的东西都是要拿计量器，什么调料加在一起都是有预定的克数的，加在一起产生不一样的反应。(B-12)
> 现在用得顺手的就是化学工艺，当时学化学也还好，虽然当时初三和高中两年学得比较浅一点，但是在工作中还是引以为豪的。(B-14)
> 我们初中和高中开设电脑课，这些文档最基本的操作都是从初中和高中时候学的。所以我去找工作的时候，这些 Word 和 Excel

---

① [美] 保罗·威利斯：《学做工：工人阶级子弟为何继承父业》，秘舒、凌旻华译，译林出版社 2013 年版，第 114 页。

(工作常规)基本的能肯定都是从学校学来的,我感觉对我帮助最大。(B-18)

第三,解决竞争危机。在潜在危机或危机预判上,这些青年更加具有计划性和目标性,即解除危机的路径只能在课程文化资本的累积与转化之间,只有自身的实力达到可转化水平才能使自己站稳脚跟。竞争危机不仅会出现在成年世界,也会出现在学生生活中,每个人都需要在竞争关系中破解困局,即使顽主也会在某个时刻出现一些意志归返。危机感的驱动比任何一种可见价值都更加灼人心境,它以一种看不见但可以预见的方式让个体如坐针毡、焦躁不安。个体都有课程文化资本运作的直觉,这种直觉伴随着危机出现。而资本转化中的危机意识会逐渐增加主体的主动性和韧性,使得主体不仅思虑计划,还有在实际中践行。不过,危机感是针对社会规则的危机感,是害怕从游戏中出局的危机感,正是这种危机感的驱动,使得青年们在课程文化资本转化活动上更具有实用倾向。

> 我到初三的时候也意识到了如果自己再不好好学习的话以后可能就考不上什么好学校,发展也不是很好。然后在刚升初三的那一年就格外地努力,每天晚上回家去看书背书,老师布置的任务也会一项一项地去完成。(B-07)
> 我们这里也有本科毕业生也有博士,他们学的东西就比我们多,而且特别像化工或者电子,高端的行业不仅对你的能力还对你的基本的学历要求很高,对吧。……他懂的也比较多,很多东西我听都没听过。……如果有人能超越你,就会觉得有危机了。(B-15)
> 学历方面还是准备再往上走走,现在社会大街上随手一抓都是高学历,自身还是要有这个危机感,不然以后就有可能被社会淘汰,或者只能做自己不愿意做的工作。我自己是用长远眼光来考虑的,万一以后哪天公司有人事调整,想去试但是会因为学历门槛而没有

第四章 非贫失学青年课程文化资本运作的形态深描

资格,这就很懊恼。(B-32)

第四,收获劳动所得。劳动付出在大多数情况下能够获得回馈,且回馈形式多种多样,包括金钱、地位、自由、理想等一系列彼此衍生的事物,所以课程文化资本转化运作是一个不断链接的过程,主体需要把自身的内在实力连续地链接到各种希望得到的物质上面,同时需要熟悉每一条链接上面的游戏规则,并把握游戏规则涉及的人和物及其关系。课程文化资本不断转化,这些青年的劳动回馈会越积越多、越积越厚、越积越广,这是一个朝前看、有希望的实力进化之路。在失学青年们的眼里,只要他们自身的精力和能力可以满足社会的需求,他们就会得到反哺,他们与社会共同体之间彼此需要,相互供能。自我不可能只有自我,社会也是自我的主要标签,所以"被需要"其实是渴望劳动回馈的另一种反映。

> 还是想向上走,有更好的东西,说白了就是对钱的欲望吧,想赚更多的钱、得到更多的东西。(B-11)
>
> 挣越多说明我的资本越强大,而且我自身资本越强大就能挣越多的钱,实现更多的理想。我感觉这就是为什么现在人这么努力,自己变好了、更有实力了,就不会被金钱限制,想干什么就能干什么,非常自由。(B-29)
>
> 我只要教学生数学,帮他们梳理一下数学难点,教给他们一些学数学的方法,我就可以拿到工资,不会耗费我太多的劳动,这就叫知识付费,这时候知识内容就已经展现了非常现实的价值了。(B-32)

知识实用化不仅仅源于实用主义哲学观,还一直是教育功能论的把手。教育是社会的功能机构,为生活做准备,是为了未来生活,也是为了当下生活,为的是学生自己的生活,也为的是社会整体的生活。个体通过教育被卷入集体,集体执着于关系要重于执着于存在,个体的目光在公共的停留也重于在私人的停留。在这一逻辑上,实用是一种共享结构,即个人与公共的共享,知识对于个体的实用性与知识对于公共的合规性共享。不过,实用逻辑能否引领主体回到自我?课程文化资本运作是否具备建立自我的条件?资本概念本身建立在巨大的实用逻辑之上,即资本是通过商品化这一外在置换条件来实现价值。而课程文化资本是通过实力内化来作为价值实现的条件,尽管它被视为物化物,但无法真正地物化,知识在根本上是掩藏于身体内部的主体自有物。依此来看,课程文化资本区别于一般资本属性,主体在课程文化资本运作中更有可能回归自我。这些青年们的资本游戏多以用为媒,奔波于规则与规则的回馈之间,不断推进自身课程文化资本的转化。

二 在课程文化资本内容上,身体化课程文化资本占主导地位

研究发现,这些失学青年在课程文化资本转化活动中对身体化课程文化资本的使用最为频繁。一方面说明他们主要从事身体劳动方面的社会活动;另一方面表明这些课程文化资本的具身化程度较高,具身操作既是对实用倾向的呼应,也是知识作为课程文化资本实体的本质的体现。所以,课程文化资本的转化运作是一场必须由人躬身参与的目的性游戏,且课程文化资本的构成内容是实用价值驱动下的必然产物。参与转化运作的身体化课程文化资本主要集中在学习能力、身体艺能和情意表达等内容上,这些内容在主体的职业生涯、私人生活和内在世界等层面上形成了具体图景。

(一)备受重视的学习能力

失学青年大多不想学习,但是他们从心底里也不讨厌学习,他们认为,学习是一种神圣、高级且灵活的能力。所以需要区分的是,大多数青年并不否定自身的学习能力,包括反应灵敏度、理解力和接受水平等。他们认为,学业失败主要缘于恰巧在那个时候被更新鲜的东西带走了本不够专注的学习心思。可见他们在学生时代走进了顽主的常态,但是在成年世界里又走进了普通学生的常规,开始逐渐珍惜、重视和利用自身

的学习能力。这种学习上的冲劲和矫正演绎了一场迟来的拨乱反正和回归正轨，似乎印证了"大浪淘沙"的局面。

之前上学的时候喜欢钢琴，那时候没有条件，而且那时候学习也算比较晚了的，如果不学的话也就那样，也就算了，但是我还是一有机会就去练。后来高中不上，也不去学什么专业，一门心思就去这种艺术学校，学习舞蹈、钢琴，条件比较差还是要去学。现在也是积极参与公司给提供的学习机会，这次把我们带出来学习舞蹈，我也是非常珍惜这次机会。（B-03）

我在学校的时候对于学习并不是那么喜欢。会像现在大多数的小孩子上学期间可能会叛逆，我是会有这种情况。我觉得好像也没有冲劲很足地想要去学，对知识有很多渴望，我反而是步入职场之后慢慢在成长的过程当中，觉得学习是非常重要的，反而是后来觉得重要，没有说是在上学时觉得重要。我可能跟很多人不一样，有的人一直学一直学，会上本科、研究生、博士。有的人读下来，他就是比较热衷于去研究，去投入。有的人他可能读下来是出于无奈或一些其他的因素，当他已经上完之后，他是再也不想去碰这些东西了，他已经很厌烦这些东西了，所以当他步入职场，也不会再想怎么去生长，他也就不会了，就没有那种想法了，但是本来可能因为正常的年龄，正常地上学，父母也没有怎么去强迫你顺其自然随便你，那到了二十几岁的时候，步入工作岗位了，因为你需要不断地去成长，那你就要去学习。现在反而觉得学习是非常重要的，某一个领域也好，其他领域也好，是让自己在这方面能力更为突出一些，学无止境，就这样的一个想法。……知识储备其实是流动的，每天有新知识进来，也有旧知识在补充它，整个的这个知识储备，不是一个固定的模式，是需要你不断地去修炼自己的。（B-06）

那就是学习能力吧，学得快。（B-17）

（二）资源稀缺的身体艺能

从 21 世纪初我国乡村基础教育课程文化资本的供给来看，一是课程资源分配有限，大多数老师也并不具备进行多元智能开发的时间和条件；二是与学校教育分流有关，基础教育并不承担专业技术的教育任务。因而，这些青年在学生时代能够得到的直接与身体艺能发展有关的课程文化资本很少。从这些失学青年案例中，交际能力和歌唱等艺术才能产生主要的课程文化资本转化活动。交际能力主要是在成人生活中成为资本转化条件。善于交际的学生在课程环境中极少得到真正的话语权力，他们不知道自身的语言力量能为自己带来什么，只有当他的交际能力在成人世界为他带来一定回馈的时候，他才会将这种能力引入自身的资本游戏中运用。艺术才能则主要在学生时代得到一些转化机会，为自己赢得荣誉、奖励和肯定。成人世界很少关注这些青年的艺术才能，"业余"的艺术才能无法在资本游戏中为他们赢得社会回馈，所以无法在成人世界里发挥效用，成为真正的边缘课程文化资本。从这里来看，实用性再次贯穿主体课程文化资本转化运作。

> 未来还是要接更多的单子，开展更多的业务，认识更多的人。这就需要沟通，没有点口才不好办成事。你自己讲出去的话有东西，人家才信任你。所以要想发展更好，这个工作不仅需要经验，还要有各种知识，那就需要抓住机会去学习。（B-16）

> 参加过象棋比赛得过奖，拿奖了肯定开心，能够被老师同学感受到我的实力自然很有成就感。不过工作后到现在就很少参加这种象棋活动了，现在就是工作赚钱为主了，这种东西没有特别实质性的帮助，共同爱好的人又不是很多。（A-11）

> 以前初中阶段的时候，我们班的美术老师就挺喜欢我画画的，就觉得我画的比较好，他会拿我的画在班级展示。（B-24）

第四章 非贫失学青年课程文化资本运作的形态深描

(三) 正向积极的情意表达

情意类身体化课程文化资本表现在信念、情绪情感、意义、精神等层面,是用来呈现代表个体内心世界的那类知识。这类知识不知不觉地融入特定经验的传递,并通过默会来体悟或实现。在课程文化资本的转化活动中,失学青年根据需要来选择这种情意联结,正如案例中所展示的,这些青年会在工作中保持认真负责的信念感和包容平缓的心态,或者将自身的精神感悟运用到具体事物上。通过自身情意的表达,这些青年能够在课程文化资本运作中化解挫折、危险等不愉快局面,这种资本转化方式是运用自身的正能量来应战,即越是受到社会的捶打,越要鼓足干劲做到最好。人需要为得到承认而挣扎,只要有被社会规则认可的希望,这些青年就会投入到底,这种坚持为的是在资本运作中不被质疑、轻视或忽略,甚至可以说,这种情意表达不是给自己的,而是给时代的。

> 我在学校里面养成了认真的态度,所以现在在工作上面也是的,不论做什么事情都是比较负责的,比较认真,大家都能看在眼里。它留给我的就是无论我现在做什么事情都很负责任,都很认真,对我现在的工作也是有帮助的,不能说智力上面带来什么大的变化,但是就是做事态度上非常端正较真,规规矩矩的,不出纰漏。(B-02)

> 我心态比较好,可以很好地调整自己的情绪,不会总是悲喜交加,一般来说都非常平和,可以理解身边发生的事情,用包容的态度面对。遇到挫折或困难的时候能够很快地从不好的情绪中调整过来,这样面对突发事件和难题时,都能够从容应对,这也是一种能力吧。(B-06)

> 道德吧,做人那种。也不做坏事,尊老爱幼。(B-19)

> 我喜欢诗词和历史,就是看一些以前别人在不得志的时候如何调整心态,在工作上有时候受到一些挫折,有时候感觉因为一些事情想和别人掰扯清楚的时候,我就是能忍下来。(B-28)

综上，学习能力、身体艺能和情意表达都是这些青年在课程文化资本转化活动中的内在实力，这三类知识帮助青年妥帖且安稳地应对社会生活游戏及其规则。当然在课程文化资本转化活动中，并非所有知识内容都能够在相对竞争中发挥自身价值，例如，以基础性课程知识为主的客观化课程文化资本常常处于"不被看见"的位置，这种知识可以视为一种陪伴，但不是遮挡风雨的盾牌。而以能力为主的身体化课程文化资本却是这些青年应对社会生活的工具，这些资本的实力更能帮助青年们满足社会的要求、融入社会以及保障自身的社会生命力，从而保证自身在成人制定的游戏格局里不出场、不出错也不出风头。

三 在课程文化资本管理上，被动参与削弱了资本转化水平

从这些失学青年案例来看，他们在资本转化进程中的资本管理水平并不显著，甚至有点后知后觉，被资本运作游戏推着往前走。因而失学青年在课程文化资本转化活动中多为被动化运作，在课程文化资本评估、调取、组合和交易等行为上，他们多采取消极逃避的应对方式。不过在这种被动参与中，这些青年仍然生出持续的争取品格，所以人身上的那种矛盾性正是人生里的深度纠缠，承认又不完全承认，放弃又不完全放弃，有时候以进为退，有时候又以退为进，主体通过塑造自身来适配游戏的法则。

（一）降低课程文化资本的评估期待

资本管理需要通过资本评估来保障，对已有资本进行评估是资本管理的前锋。评估行为是对主体参与课程文化资本转化的具体合算，这种行为往往站在一种客观、长远和自查的角度来看待具体的课程文化资本内容。通常来说，评估是为了更好地进行课程文化资本的转化运作，完成自我评估才是主体对课程文化资本进行转化的开始。可是这些失学青年倾向于降低对资本评估的期待，从而削弱了对自身资本转化的信心。很多青年对资本合算持悲观态度，在一种模糊的、概括的、否定的结构

里"结识"自身所拥有的课程文化资本。然而，这种消极并非主体对自我进行打击，而是在规则立场上对自己进行批评，他们认为自身的资本实力根本够不到社会游戏的边界。也即，使主体产生资本否定的并非来自内部愿景，而是产生于外部约定的诱导与对照。这些青年总是本能地把外在规范作为自身进行资本评估及课程文化资本转化的参照系，这主要在于他们不是游戏的制定者，而是游戏的参与者，游戏的主角意识被伴随意识所取代，自我伴随着"泛化的他人"并成为"泛化的他人"。具体表现在：上学时期，这些失学青年经常以学业成绩、学业排名作为评估参照，这是在了解等级制度的意义；成年之后，他们需要审视每件事背后的标准和条件，这是在寻找自身被需要的空间。可见这种形式的资本评估矮化了主体自身，以降低评估中的自我来合理化外部规定的条件。所以评估中的主旨并非"我拥有什么"，而是"我能为它提供什么"；是"我提供的"而不是"我拥有的"，这代表了失学青年进行课程文化资本转化活动的被动性。

> 当时对中考没有那么看重。反正自己知道自己成绩就那样了，再怎么努力也于事无补，就不想给自己找事。(B-09)
>
> 初一的时候成绩挺好，但到初二的时候就发现，刚来的时候明明名列前茅到初二的时候什么也不会了，后来就赶紧学，学了有一个月之后还是算了吧。(B-12)
>
> 现在社会上需要的是证书，这个没有什么条件了。(B-20)

（二）放大课程文化资本的调取风险

课程文化资本调取是对自身实力进行选择以完成资本价值转化，这一行动表示主体参与课程文化资本转化的积极程度，积极性越强，其参与程度越高，说明自身的课程文化资本运作活动越成功，也说明主体所选择的资本实力与游戏的融入度越高。但是，一些青年感到焦虑，拒绝对自身的资本实力进行选择性调取，他们害怕在规则内走向失败，甚至害怕在规则内展示自己,他们并不想要相应的资本转化回馈,或者他们不承认自身能够成功实现资本转化。所以,这些失学青年把自身的主动性掩藏,避免因主动性而导致的结果承担。他们通过被动参与来规避规则风险,也即是说,很多青年就像案例13这样,不到迫不得已,绝不为自己提供入局的机会。

> 一上台就得表演,那时候也不喜欢上台。一上台感觉那么多人都在看你,感觉不好意思,不喜欢。……打个比方说,老师说选择几个人两个班比赛,都让自己报名,谁个能主动,结果都是没有一个主动嘛。(B-13)
>
> 现在就是害怕去写文章。现在想起来还是很不自信。(B-14)
>
> 我感觉像我这种就没有那么多碎事。我也不喜欢动脑筋。(B-19)

(三) 忽视课程文化资本的结构性组合

资本组合是将主体自身优势课程文化资本进行排列与组织,使之在资本转化活动中创造性地发挥作用,这是资本管理中的高级谋划。资本组合并非将所有资本以单一的、机械的或原始的状态呈现,而是通过资本之间的配合,使人得到关于资本内容的更为鲜明的认识,这种鲜明的认识建立在有主有次、有明有暗的资本结构上。职业面试是一个有代表性的课程文化资本组合模式,面试者首先需要最能够代表职业特征与功能的资本内容,其次需要对职业可能产生辅助效果的资本实力,最后需要那些看似与职业无关却能够让人眼前一亮的潜在型实力。人力资源考核是核心式的也是弥散性的,资本组合则是在这种人力资源逻辑下的对自我实力的结构化配置。这些失学青年很少进行资本组合,他们通常在一种直接的、简单的资本交换中进行资本的转化运作,忽视资本与资本之间的组合效应。其一,失学青年本身所具有的课程文化资本并不丰富,资本实力比较薄弱,从而难以形成组合模式,通常只需要直接匹配即可,大多数情况下他们也只能以此应对社会规则。其二,这些青年们选择工作较倾向于能力范围内的（例如不需要课程文化资本过多参与的车间操作岗），比如一些青年总是说"学校学的那些东西发挥不了"，甚至有的青年认为自己的工作"是个人就能干"。在这些几乎仅靠体力劳动和身体协调的资本转化范围内，这些青年更多的是付出身体资本而非文化资本，所以在课程文化资本组合上尤为单薄。其三，失学青年缺乏资本组合的应变性，难以在课程文化资本运作中即时调整自身的资本表达。但是他们并不甘心，仍然希望突破束缚，通过实际的资本博弈来解放自己，他们想要通过知识获得解放，但这种解放不是个体解放，而是解放自身资本在游戏中的参与程度，通过资本组合提高游戏的参与强度，从而更加方便地融入游戏，而不是超越游戏。

> 第一次感到没有知识、文凭、管理经验是多么可怕。那时我做了领班，没有管理经验，想做又做不好，工资也不高。(A-10)
>
> 你没进过电子厂吧，是个人都能干活，给你分配个活，站着坐着就那样干就行了，这个事情又不难，人人都会做。(B-04)
>
> 现在用的很多的就是数学跟图纸，包括一些计算公式、线路图、电路图和审美设计，好多这些东西。只能说哪项不懂就学哪项，也不能全面地学。(B-13)

（四）紧锁课程文化资本的交易表现

交易即是资本转化，从自身实力到获得回报，交易是实现资本价值馈赠的行动过程。在主体的课程文化资本运作行动内，交易便是课程文化资本的即时转化，交易境遇内时刻演播主体对自身知识实力的使用情况，它是课程文化资本转化的真正"现场"。失学青年如何利用自己的知识代表了资本转化交易的完成程度，他们越开放自身的知识实力，这一资本转化交易也就越有益他们本身。但从这些青年的课程文化资本转化实际来看，他们难以真正地开放自己，即他们在资本实力的发散性上较为薄弱，往往很难实现自身期待的结果。很多青年内心希望满足所有条件，但他们自身的实力输出并不流畅，从而使资本交易表现逐渐被紧锁，最终不仅可能造成主体在课程文化资本转化上的失败，甚至可能破坏主体对自身实力的信心。

比如接话的时候不知道怎么接，就只能支支吾吾的，心里干着急，然后还感觉有点尴尬，特别不好意思。人家一看我这样没什么话可以说，可能感觉无聊就不会继续跟我聊天，我就希望能跟别人一样能谈天说地，张口就来。（B-25）

那时候数学成绩差已经掩盖了所有的光芒，即使英语再好，语文再好，你也不会是最好的、最瞩目的一个。当然我也做不到语文和英语那么的优秀，我就是比一般水平高一点。（B-31）

第三节 课程文化资本发展运作：异化的共谋

发展是主体进行课程文化资本运作的重要活动。主体通过课程文化资本的发展来实现自身的进一步发展，也即，主体的知识得到不断发展，主体才能在资本意义上不断展开实力运作，从而完成课程文化资本的价值，得到自我的发展。发展活动并非单一的线性动态，而是穿梭在课程文化资本的获取和转化活动中。课程文化资本的获取或转化活动必然引起关于课程文化资本的发展，包括资本流失、补偿、贡献和更新一系列具体活动。在失学青年们的课程文化资本发展活动中，失学青年与社会共同体达成一致状态，这种一致状态借助课程文化资本的流失、补偿、贡献和更新等不断积聚，在课程文化资本的价值、内容和生长三个维度上生成新的表现，本书认为这是一种异化的共谋形态。这种异化的共谋表现为失学青年更加致力于融入自我与社会共同体的共同生活，在追求融入社会规则的逻辑上，他们借助课程文化资本的发展运作与社会同谋。然而，这种同谋是非平等性的，准确地说是失学青年这一主体主动寻求与社会共同体的合谋，主动遵守社会共同体的游戏规则和制度，所以称

第四章　非贫失学青年课程文化资本运作的形态深描

之为"异化的共谋"。

一　在课程文化资本价值驱动上，主体深度衔接社会要求

社会要求包括各种条约、规定、制度、指导、资格认定等。为了深度衔接社会要求，失学青年只能通过发展课程文化资本来进一步拓展其资本实力。因而，"学以为用"成为失学青年进行课程文化资本发展活动的主要价值驱动。"学以为用"一是为了资本更新而保持学习，二是为了资本补偿而保持学习，三是为了表达资本贡献而保持学习。较为遗憾的是，这些失学青年很少关注资本流失的问题，尤其是学生时代感兴趣或擅长的知识内容的流失，他们几乎不会对这些曾经心中热爱但当下却没有助用、同时也耗费精力的内容进行补救，任由这些内容同那些暂时没有发挥作用的知识一样在资本发展运作中逐渐流失，这是他们全身心投入社会共同体建设的必然选择，所以共谋表面上是达成一致，实质上是通过主体的舍弃或身心挪移来实现。

（一）为了资本更新而保持学习

在案例中，资本更新通过主体对已有课程知识进行提升、拓展和完善等一系列学习行为来实现。不过这些青年并非将所有课程知识进行复盘和学习，而是对需要用到的知识进行再次准备，足见他们是在社会要求与标准下塑造和更新自身的资本储备。而且这种学以为用的价值驱动往往使得青年们在更新与完善自身知识实力的过程中不遗余力，不畏困难，劲头十足。在成人世界里，他们选择与自己较劲，让自己成为"泛化的他人"，和社会进程中的其他人一样，即想他人所想，做他人所做。虽然案例中也提到学生时期对课程文化资本进行更新运作的情况，但并不多见，更多青年选择"破罐子破摔"。

> 有时候在晚上休息时学习一下，经常看一些电脑方面的内容，怎么样更好地操纵电脑、更有效地工作。（B-10）
>
> 自己买了些书，比如《资治通鉴》《史记》，回家睡觉之前看一

遍来强化一下。(B-12)

现在只能没事就去学。只能通过自学,没事看看书。上班的时候就感觉到开始想学习,也用心、也使劲了。上班的时候或者下雨了没啥事的时候我就在家里面看看书,也能看一天,看两天都可以。比如说理论东西看不懂,书面的东西怎么看都看不懂,只能最后再请教别人,让人家再给讲一下。现在就是以前上学不想学的都得学习了。现在用的很多的就是数学和图纸,包括一些计算公式、线路图、电路图、审美设计,好多这些东西。(B-13)

聊天的时候,有的时候确实不知道说什么话。后来买了五六本书,在不忙的时候看看书。(B-16)

平时会跟孩子们一起学习,他们现在学的,我正好也跟着学习,多多少少都能学到一些东西。(B-27)

因为学习这一块无论是在专业学校学习,还是私底下学习,或者报考一些其他东西,首先你有知识,才能接触这样或那样的圈子,人肯定是为了上进才会学习。(B-28)

创业是需要多方面的准备的,不仅需要资金,还需要各种社会关系,以及自身的能力,还有个人的思维方式和做事方法,所以创业就是个人那种外在实力和内在实力如何相互配合产生最好效果的事情。(B-32)

(二) 为了资本补偿而保持学习

很多青年从初中开始离开学校课程教育,所以基础教育课程文化资本的获取从初中以后便终止。然而,初中便结束学业的学生多数并未成年,无法承担社会职能,所以一部分学生通过中职中专和师徒授业提供的专业技术来补偿基础教育课程文化资本获取的中断,直到青年有能力参与社会劳动。技术资本本身与基础教育课程文化资本没有直接关系,但是基础教育为所有内容的学习提供了前提条件,技术学习也是从基础教育课程知识进阶而来。技术学习是为未来的职业生活做准备,可以为

第四章　非贫失学青年课程文化资本运作的形态深描

主体提供一定的技能，从而使之融入社会共同体。不过并非所有人都选择将技能学习作为资本补偿来保障课程文化资本的发展，一部分青年仍然选择放弃资本补偿而代之以自主学习，以顺其自然的方式对待自身已有的课程文化资本储备。但是，一定程度的资本补偿是失学青年进行课程文化资本发展运作的趋势性选择，这主要在于大部分家庭在孩子的未来问题上都希望通过掌握技能来安身，即学生失学后无所事事混日子，这非家庭所愿，学生自身也会在一定时期陷入迷茫，技能学习给了失学学生乃至整个家庭一个有前景的支点。所以，技能学习是失学青年进行课程文化资本发展运作的重要价值驱动，一方面能够补偿或替换他们无法深入学习基础教育课程知识的缺失；另一方面也能够帮助他们掌握社会实际需求。

我的受教育经历是念完初中基本上就画句号了，后来就去跟人学习汽修。（A-16）

后来准备去邮政，但是这个也是需要一定的文凭的，我就去上了两年半中专。现在在读成人教育函授，邮政对学历要求还是越来越高了。……学校我也不怎么去，就是学费交着但不去，然后实际就在家干活。相当于18岁够年龄才签的合同。（B-05）

当时初中上完去学了半年机床，太辛苦了。……做车床太脏了，每天衣服上洗都洗不掉，虽然是门手艺，在车间里车零件又辛苦又没有好的环境，所以还不如现在坐工位上，起码工作场所比较舒服。（B-10）

（三）为了资本贡献而保持学习

资本贡献是课程文化资本在主体及其社会共同体上面的价值表达，说明主体拥有的课程文化资本对主体及其社会共同体都具有正向且坚实的效用。在失学青年课程文化资本发展运作案例中，资本对主体自身的内在贡献较小，而对社会的贡献较为显著，从这一差异可以看出，资本贡献是个体的人融入社会群体生活的证据，即社会接受个体的必经过程，每一个个体都在资本贡献中建立自己的社会形象。所以，资本贡献成为失学青年进一步学习和发展课程文化资本内容的价值驱动。

> 我感觉这些在工作上面，比如面试，首先看你的气质、外表、谈吐这些方面，这就影响比较大，然后你的知识程度、文化学历、你都能做什么事，主攻什么工作内容，这些都是自身资本的用途。只有这些都过关了，你才能一步步走上工作岗位去把自己所学的东西用到现实中来。（B-02）

> 肯定有点贡献了。比方说我去做一样事，比如我去帮别人修个电路这些东西，我不就是对他们作出贡献了哪，一样，我也得到报酬了，我也作出贡献了。这样能帮他们解决麻烦，还能带来利润，互帮互助的吧。（B-13）

> 我感觉来自社会的认可和重用应该是有被需要的感觉，而不是被省略或者忽视，变成社会中可有可无的人，这种感觉我是接受不了的，我希望我是一个被需要的人。我现在也做着社会需要的工作，那肯定是有贡献的。（B-21）

二 在课程文化资本内容上，主体着意依附社会规则

失学青年的知识在发展上存在差异，结合相关数据，这些差异表现在：在课程文化资本流失上，暂时没有用处或曾经在课程学习时感兴趣的课程文化资本内容最为不受重视；在资本补偿上，文凭等制度化课程文化资本受到重点关注、获得提升。这些青年融入社会的时间跨度较大，工作年限也从几年到十几年不等，其中很多青年具有摆脱"技术人"的渴望，所以他们在未来对技能性身体化课程文化资本的投入可能不会特别突出，反而是文凭等资本在摆脱"技术人"的规划中占有绝对优势；在资本更新上，失学青年比较注重理论知识、实证知识和原则知识等客观化课程文化资本的提升与完善，他们意识到客观化课程文化资本更能

第四章 非贫失学青年课程文化资本运作的形态深描

得到社会的青睐,他们普遍认为社会需要"有知识""有文化"和"有才"的人,这类人需要读很多书且掌握很多书本知识,即以理论知识为主的客观化课程文化资本。在资本贡献上,这些失学青年仍然主要关注外部贡献,以技能和伦理思想为主的身体化课程文化资本、以理论知识为主的客观化课程文化资本以及以文凭为主的制度化课程文化资本的贡献率不分伯仲,不过从资本未来发展的预测上来说,客观化课程文化资本更具有拓展和升值空间。综上所述,在课程文化资本发展运作过程中,这些青年更加热衷于追求客观化课程文化资本,以理论、思维、见识等为主要目标,这些内容正是社会结构的法则,形成了社会生活的基本逻辑,失学青年希望完善这类课程文化资本,这无异于进一步依附社会规则,深度贴合社会共同体。

> 后来几乎没接触过英语。因为我们这儿也基本上没用到英语,所以就放弃了。(B-05)
>
> 学历是非常重要的,你要想升职加薪,没学历肯定是不行的,这就是最直观的影响。(B-18)
>
> 现在普遍我们这块技术都差不多,也没有有人特别突出的,都是常规的操作,很熟了。(B-21)
>
> 我想自学数学知识,加减乘除都会,但还要再学多一点深一点。……想让自己更有头脑一点,数学能让人聪明。(B-04)
>
> 人人都要在社会道德方面作出贡献,这个肯定是不能怀疑的。(B-07)

从这些案例可以看出,失学青年对课程文化资本的运作行动如同一记回旋镖,"曾经没学好的现在都给补回来了",也即,学生学习时难以消化并放之任之的理论知识被重新认识,这种改变正是因社会规则的洗礼而发生。在学生时期,他们总是"听说"课程文化资本,身体既体会不到知识的资本效用,又没有把知识抓在手里的实感,这种体验在学生身上不断增加陌异感,进而在陌异中产生对知识学习的抗拒。而在社会共同体中,这些青年通过一项项标准与自身课程文化资本实力进行对照,他们清楚地体验着资本运作的具体环节,可以依据社会标准的边界来调整、让步或规划自身的活动空间。这些青年开始真正地进行经验知识与世界的联系,理解知识对世界的意义,但在这个过程中,他们往往忽略了自己与知识的关系以及知识对自己的意义。所以,课程文化资本发展运作这一记回旋镖表面上是旋回最初的原点,即回到对客观化课程文化资本的挑战上,力图再次承其重并应其用。可实际上,这记回旋镖是斩断了最初的原点,使得主体在自我的道路上越走越窄,最终与社会共同体的轨迹交叉,也就是,从课程文化资本内容构成来看,这些青年对课程文化资本的选择逐渐远离自我而依附社会规则。

三 在课程文化资本生长上,主体无力对抗社会拦截

一般资本通过数量累积的方式来壮大自身,但课程文化资本只能通过生长的方式来强化自身的资本实力。知识不是简单地识记、堆叠和存储,知识只有在人的身心条件作用下才能不断联结和凝聚,通过精密感知系统内部的组织力量进行结构、逻辑、事实等层面的信息加工,个体的感知性越稳定专注,信息加工的稠密度越高,知识的表现也会越不可替代,所以知识的产生无法通过量化来处理。人的终身学习和自主学习是课程文化资本生长的必要条件,只有持续性学习才能确保知识的生长性。知识生长保障了课程文化资本的有效运作。没有知识源泉,资本无所作为。从案例来看,失学青年在保持课程文化资本的生长性方面不容乐观,他们无力对抗课程文化资本生长过程中的种种社会拦截,具体表现在以下几点。

其一,这些失学青年比较安于现状,他们将全部身心投入日常工作和家庭事务上。就像案例02那样,她没有思考和伸展自我的自由,她自身不受控制地向困缚和拦截她的这种生活圈子倾斜,久之则形成这种惯性,本能地认为处理好与社会共同体的关系才是她的主要任务,或者才

第四章 非贫失学青年课程文化资本运作的形态深描

是她自己的表现意义。可以看出,案例 02 并不善于切割空间,把自我意志与社会共同体意志完全列通,因而课程文化资本运作也就不存在主体边界,这样的资本运作仅仅是把自我作为一种手段去安排具体生活圈子的发展。因此,很多青年如案例 02 一样,他们对待自身的知识发展几乎没有行动力表现,完全向社会各方面事务妥协,忽视知识作为课程文化资本的进一步生长需要。

> 现在从事的这工作零零碎碎的,生活中很多事情难以预测,自己没办法控制。……身边的环境,我不是一个人,我又有家庭又有自己的父母,还有自己的小孩,还要顾及工作上杂七杂八的事情,我就像被陷在这个圈子里面了,并不是想做什么就能毫无顾忌地去做,这种放不开手的感觉阻碍到了我。(B-02)

其二,很多青年纵然认识到知识生长的必要性,但难以克服自主学习中面临的阻碍,这些青年在时间、精力和机会等方面被社会大幅度剥夺或拦截。社会拦截降低了这些青年的行动主动性,不仅会影响他们的学习能力表现,而且使其学习信心有所偏离。此外,使得社会拦截顺利实现的背景在于:这些失学青年认为在当下生活中,一是知识发展不是刚需,他们还没有发现自身在知识运用上的需求,二是很多青年不知道自己缺少什么,除了金钱这种有形的物质资本,他们渴望对有形的物质资本的掌控力,但对课程文化资本的掌控力的渴望比较薄弱,这些导致知识的强化学习对他们而言越来越虚幻。所以当社会拦截不断涌现的时候,很多青年只希望维持当前有限的课程文化资本运作,做好与社会共同体的配合,而不是去深度延伸自己的资本实力。

> 步入社会以后再想去单独补这个,根本就已经学不进去了。……后来精力分散得太多,结婚生子,要养家糊口,要还房贷,然后就没有那么多精力去管它了。(B-01)

没有很多想法，没有办法去实现，也没有什么去提升自己的想法。……也没有时间。我天天早出晚归，根本分不出时间做这些事，甚至都没有时间去想。……控制不了生活的变化。（B-10）

倒也没有这么快就往这方面发展，而且信心也不是那么足。因为我感觉现在没有太多机会去表现自己。（B-31）

其三，阻碍失学青年课程文化资本继续生长的还有他们薄弱的自主学习能力。首先，这些青年缺乏开展合理学习规划的能力。学习规划即根据学习目标和学习内容制定学习日程，而失学青年只有在偶尔想学习的时候才会展开行动，所以事先并不具有计划性。其次，很多青年难以完成学习内容的组织工作，即构建条理清晰的知识结构，他们通常以零散方式进行知识认识，不会刻意进行知识拓展和关联活动。最后，这些青年的学习途径也较为单一。在这些青年看来，书是他们提升知识水平的最神圣渠道，"看书"似乎是他们唯一知道且信奉的学习途径。不过书的阅读也是一门学问，书不同于有导引功能的教材，书的阅读也不同于阅读教科书，因而通过"看书"这一途径来学习本身也存在困难。其他学习途径更是很少被涉及，包括在线课程、学习软件和经验学习等，而这些都能够为课程文化资本生长提供帮助。学习是一种身体本能，但学习活动是一种基于学习内容而设计的行为，未经设计的学习活动往往需要耗费更多的精力。在知识学习上，很多青年抱着"顺便"的心态来给自己充电赋能，他们通常选择"不忙的时候"或"有空的时候"这种随机时间点，将课程文化资本的生长视为一种随机生长，既不关注进程，也不关注效果，学习又变为一件随心所欲的事情。所以，有些知识的流失和更新仿佛又是一记回旋镖，促使这些青年又完整地回到了那种无从下手的学习境遇中，复刻了学生时代的学习状态。这一问题值得基础课程教育进行反思，不会学习或学习力单薄如何解决？成人的学习活动实质上是课程文化资本进一步生长，严谨且有组织的学习活动才能引起课程文化资本的生长，保障课程文化资本运作的持续开展。

第五章

非贫失学青年课程文化资本运作发生机制阐释

机制一词在《辞海》中的释义是"有机体的构造功能和相互关系"①，在《现代汉语词典》中指"一个工作系统的组织或部分之间相互作用的过程和方式"②。综合两者，在本书中，发生机制是指导致事物或活动中各要素之间相互作用得以发生的关系和运行方式。基于发生机制的概念意义，本书在整体脉络、阻抗力量和作用关系三个层面阐释课程文化资本运作发生机制。非贫失学青年课程文化资本运作是在活动自我与心灵自我相互交缠的脉络中发生，并在运作发生过程中产生了对主体自身的冲突，适度的冲突可以促进课程文化资本运作良性展开，但是，冲突增强则无法带来有效的知识资本化运作，甚至成为阻抗力量。本书深度挖掘了课程文化资本运作中的符号冲突、行动冲突和自我和解三种形式的冲突的阻抗性，符号冲突最为强烈，导致主体在知识上产生排斥和慌乱感，从而在远离知识中进行自我保护并丧失获取课程文化资本的欲望；行动冲突强度次之，这种冲突受到自我与社会追求的双重牵引，使得主体在希望中学会选择和避让；自我和解表面上代表冲突的消解，实际上是通过主体对一部分自我的放弃来成全自身的社会追求，这并非冲突的消亡，而是自我的矮化。同时冲突产生的阻抗力量造成了主体与

---

① 夏征农、陈至立主编：《辞海：第六版缩印本》，上海辞书出版社2010年版，第827页。
② 《现代汉语词典（第5版）》，商务印书馆2005年版，第628页。

课程文化资本之间缺乏内恰、与社会共同体之间难以统一以及自我世界失衡的作用关系。

第一节 课程文化资本运作发生的整体脉络

发生脉络用以解释失学青年课程文化资本运作的动态结构。本书通过图 5-1 展示课程文化资本运作的整体发生脉络。课程文化资本运作是主体有目的且主动的行动，课程文化资本运作活动发生与否由主体自己来把握，尽管这种运作的发生关系和效果并不由主体自己决定。作为课程文化资本运作的主体，失学青年是心灵自我与活动自我的集合，心灵自我和活动自我分别由各种表现要素呈现。在横向上，活动自我主要由课程文化资本的获取、转化和发展三大要素组成，大部分行为活动都是被社会规定或具有活动本身的规律性，属于人类的普遍经验积累，

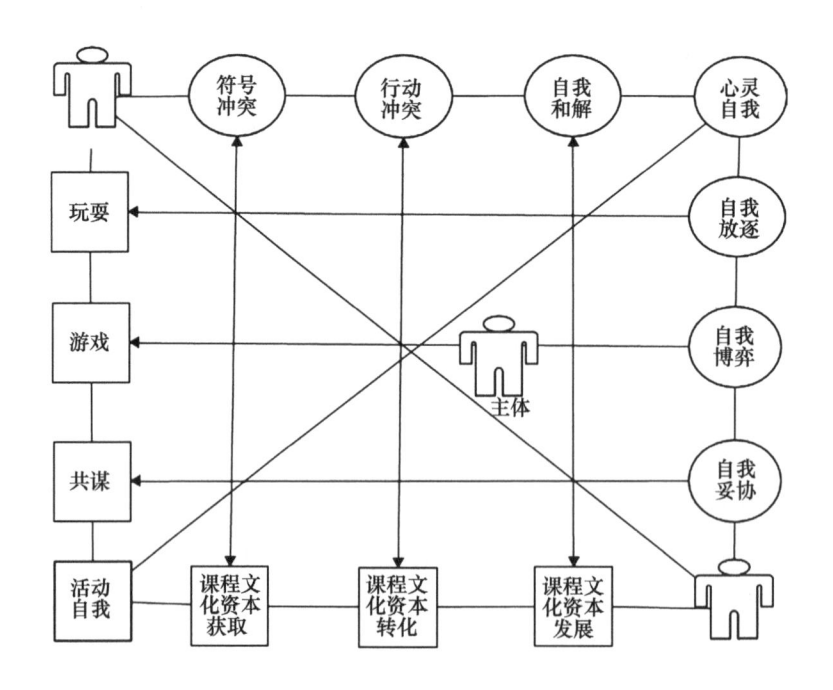

图 5-1 课程文化资本运作的发生脉络

第五章　非贫失学青年课程文化资本运作发生机制阐释

所以活动自我展现的是失学青年的可视世界。在纵向上，心灵自我主要由自我放逐、自我博弈与自我妥协三种要素呈现，在大多数情况下由主体自行感知，心灵自我展现的是失学青年的内在世界。

一　心灵自我与活动自我相互交缠

在图 5-1 中，主体的课程文化资本运作行动的发生受到活动自我和心灵自我的共同影响。活动自我和心灵自我的分类主要的依据是研究案例分析和米德关于心灵、自我与社会问题的阐述。不过在米德思想中，心灵与自我的界限并未切割，即心灵与自我本身无法分离，共同作为主体活动的界定词。所以在主体的个体结构上，主体只能是活动自我与心灵自我两种层级。在这两个层级上理解课程文化资本运作的发生脉络，实质上兼具了主体外在的活动表现和内在的心灵表现，因而活动自我与心灵自我代表了失学青年进行课程文化资本运作的主轴线。

心灵自我与活动自我只有合作才有可能促使课程文化资本运作发生，故而如图 5-1 所呈现的，失学青年作为运作主体处于心灵自我和活动自我的对角线中间，即心灵表现和活动表现同时建构了失学青年的课程文化资本运作行动。如图 5-1 所示，心灵自我与活动自我处于主体的两边，但并非完全的轴对称关系，即人类的实践已经证明，人之所想与人之所行有时候并不能严丝合缝地契合起来，尤其是面临困难的时候。当然，对主体来说，最理想的状态是心灵自我与活动自我的重叠，两者的重叠说明心灵与活动融合于主体中心，但这种状态在现实中受到诸多因素的影响，失学青年的课程文化资本运作也不例外，心灵自我与活动自我有可能随着知识运作效果而在主体中心之外不断游离。所以，失学青年能否实现心灵自我与活动自我的重叠，这取决于知识作为课程文化资本在运作中是否发挥出真正的效果。在主体与自我的交叉点上，主体及其身心处于课程文化资本运作行动的中心位置，尽管它可能代表不了个体最为成功的资本运作行为，但却是最平衡最有度的行为，在这个交叉点上保持了张弛平衡的状态，张弛意味着主体进入了自我追求与社会自由的和谐发展的过程，而非陷入极端的自我自由或极端的社会追求过程中。

二 课程文化资本运作的形态受制于心灵自我

结合案例数据分析和课程文化资本运作形态的分析，在这一发生机制中，心灵自我及其要素直接反映了失学青年的课程文化资本运作形态。课程文化资本运作活动本身并不能直接形成形态表征，每一种运作活动都是心灵决定下展现出的独特形态。由图5-1可以看出，第一，课程文化资本获取运作活动的顽主玩耍形态与失学青年的自我放逐相关。自我放逐的心灵决定下，这些失学青年很容易对课程文化资本的获取采取放弃行为。尽管他们在现实学习上有过行动坚持，也曾想方设法使自己的学习出现起色，不过最终还是在心灵压力下回归"顽主"本色，回到心灵的轻松愉快境地。对课程文化资本获取的逃离使这些失学青年不再对课程文化资本运作活动抱有幻想。也即，他们已经对知识学习失去行动力，这种丧失是在心灵的自我放逐下产生的。第二，课程文化资本转化运作活动的规则游戏形态与失学青年的自我博弈相关。对这些失学青年来说，社会性的规则游戏就是他们的生存空间，在他们的内心，只有自我博弈才能获得生存机会。所以在课程文化资本转化活动过程中，这些失学青年不再是毅然逃离的"顽主"，而即使知道在课程文化资本转化过程中将面临诸多困难甚至是失败，他们也由衷决定一直参与游戏，在游戏中趋利避害，尽自身最大的知识资本实力为自己争取生存希望。相比于"顽主"时期具有固定的供养，在课程文化资本转化活动中，这些青年几乎无法再获得他人供养，只能凭自己的本事养活自己，将自己的课程文化资本转化成效益，这让他们的内心意识到，只有博弈才能满足自身的生存需求，才有可能获得更多。第三，课程文化资本发展运作活动的异化共谋形态与失学青年的自我妥协相关。发展一般指向的是积极、前进、克服困难和完善自身等，而这些青年在课程文化资本发展运作上通常展现出惰性、静止、缓慢和妥协等状态。心灵的"屈服"直接造成了他们在课程文化资本发展运作上异化共谋的形态。对这些青年来说，他们积极参与社会事务，看起来于社会共同体是共进共谋的关系，实质上是他们在社会阻碍或困难面前选择了退让，全面以外在的社会事务为主，他们在以社会事务为主的时候，只能把自己的个人发展或理想追求搁置或抛弃。正是心灵的自我妥协，才使主体与社会的共谋是变异形态。

自我心灵的改变能够使这些课程文化资本运作活动产生形态变化，所以，课程文化资本运作形态并不代表活动本身。课程文化资本运作活动是一种客观发生的行动，只有在心灵的表征上才能呈现出特定的形态。

三 课程文化资本运作的冲突产生于活动自我

具有课程文化资本运作发生催化作用的是冲突的存在，这种冲突并不可控制，它产生于课程文化资本运作活动本身，即只要知识的资本化运作活动存在，冲突便会出现。冲突是必然的也是必要的。就冲突的必然性来说，人与人之间的理解并不完全相通，那么人与人之间的活动就可能出现碰撞、矛盾、错位或对立，这些失衡的交集都是冲突的起点；就冲突的必要性来说，人的目的和活动都需要一定刺激才能真正具有意义，适度的冲突在某种程度上代表了这种刺激。所以，冲突是人的世界中较为基础且普遍的状态。然而，当冲突从一种适度刺激演变为过度或极端的刺激，人的活动便有可能陷入困境。过度或极端的冲突发生在失学青年的课程文化资本运作活动中，则使得课程文化资本运作的效果大打折扣。

符号冲突一般出现在课程文化资本获取运作活动中。在失学青年的学生时期，知识的资本价值还处于主体的潜意识状态，知识更多地呈现为书本上的文字符号，尽管他们每天与知识打交道，但是用他们的话来说，就是"它认识我，我不认识它"。知识符号化地存在意味着这些青年并没有真切地体验到知识如何参与生活，他们与知识唯一的亲近行动就是逃离知识，在逃离过程中，这些青年总是面临对知识符号的挣扎与反抗。行动冲突主要表现在课程文化资本转化运作活动中。课程文化资本转化活动需要青年通过自身的知识实力完成知识运用过程，这意味着这些青年不得不与知识之间产生紧密关联，并且需要通过具体的知识劳动来完成，冲突则必然反映在相应的资本转化行动中，尤其是当理想的需求与现实的要求之间出现错位时，失学青年的课程文化资本实力普遍低于能够获得理想效益的那种社会要求，导致他们的知识劳动所得是非理想的结果，因此这些青年在课程文化资本转化中一次次面临行动碰撞，这些碰撞就是冲突。自我和解体现在课程文化资本发展运作活动中。发展是一个过程，主体对课程文化资本内容进行完善，维持课程文化资本的持续运作，这本身就是课程文化资本发展运作活动，这些需要失学青年付出自身的精力和努力才能进行。可是，社会的日常生活控制了这些青年，霸道地占领了这些失学青年的时间、精力和思想，使他们付出全部身心。因此他们在完善和提升课程文化资本和投身到不断涌入的社会作业中进行权衡，最终选择的也是后者，并且说服自己这种选择情有可原、无可奈何且可以弥补，此即为与自我的和解，逐渐让社会事务主导自己的全部，同时自我在课程文化资本发展上面渐渐被忽略。

四 冲突强度反作用于课程文化资本运作活动

冲突在具体的课程文化资本运作活动中产生，适当的冲突起到有效的刺激作用，使得课程文化资本运作行动处于一种对主体有利并帮助主体持续发展的状态。但是，变形的冲突则使失学青年课程文化资本运作的有效发生受到阻碍，从而陷入资本运作困境。也即，课程文化资本运作发生的机制在于主体面临的冲突，适度冲突可以促进课程文化资本运作行动良性发生。但是，当冲突发生形变时，课程文化资本运作成效由这种冲突的形变强度来决定，目前的三种冲突形式并未带来高效的资本运作，而是在运作中成为阻抗力量，使得失学青年的知识资本化运作成为一种负面性和压力型的行动。

心灵自我与活动自我在主体这条线上的交叉点主要是三个（见图5-1）：其一，课程文化资本获取和自我放逐的交叉；其二，课程文

第五章 非贫失学青年课程文化资本运作发生机制阐释

化资本转化与自我博弈的交叉；其三，课程文化资本与自我妥协的交叉，这三个交叉点代表了课程文化资本运作活动（获取、转化与发展）中冲突的趋势。在主体位置上，符号冲突、行动冲突和自我和解的冲突强度逐次降低。课程文化资本获取运作活动中的符号冲突最为强烈，也最为明显，青年们在顽主行为下进行了自我保护性对抗。这些失学青年通过远离与知识有关的一切，把知识"拒之门外"。知识本身并没有对这些青年造成损害，但是知识给他们造成了不舒适感和自我否定，使他们中的很多人认为知识的学习是一种天赋型活动。所以符号冲突本质上是这些失学青年对自我的背离；课程文化资本转化运作引发的行动冲突的强度次之，这种冲突受到自我自由与社会追求的双重牵引，促使主体在希望中进行选择，这也意味着青年面临行动冲突时能够及时调节，不断捕捉新的社会任务或机会，以此来应对自身在社会生活中遭遇的高压，由此便也降低了课程文化资本转化活动中的冲突性，所以行动冲突强度降低主要在于社会生活提供的选择空间庞大；课程文化资本发展运作活动中，主体倾向于与自我和解，这表面上是一种平稳关系，实际上是通过主体对一部分自我的放弃来成全自身的社会追求，或者主体已经找不到关于自我的道路，而这不是冲突的消亡，恰恰是自我的矮化。也即，课程文化资本发展运作中仍然产生了冲突，冲突没有得到合理化解，只是被这些青年主动地避让，这些青年通过消耗自己来处理这种冲突。

只要课程文化资本运作活动一直发生，冲突便无法消失，即使出现冲突的自我和解也只是主体以某种心理妥协的方式将矛盾隐藏。也即，心灵的反思在某种程度上可以影响冲突强度，但无法更改这种冲突的存在。由此来看，在课程文化资本运作行动中，问题的解决始终在于使冲突回到恰当程度，不仅要意识到冲突在课程文化资本运作的客观存在这一事实，而且还要认识到和解式妥协并不是消除冲突的良策，因为冲突本质上不可也不能被消除。此外，使冲突回到恰当程度的关键在于主体关注自我，主动提升课程文化资本对自我发展的帮助，自我发展是个体实现综合发展的前提，从而也使个体能够更轻松地应对各种社会生活方式，进而减少冲突，顺利地融入课程文化资本运作潮流中。

第二节　课程文化资市运作受到的阻抗力量

在非贫失学青年课程文化资本运作的整体发生脉络上，形变的冲突阻碍了有效的课程文化资本运作发生，冲突成为这些青年课程文化资本运作行动受到的阻抗力量。本书认为，失学青年面临的冲突力量存在三种形式：以符号为基础的对抗性冲突，以行动为基础的对抗性冲突和以妥协为基础的自我和解，这三种冲突使得失学青年陷入低效的额课程文化资本发展过程。

一　课程文化资本获取运作中的符号冲突

符号用以表达人与人之间的信息交换，语言和知识便具有符号意义。课程文化资本运作即是围绕知识这种具有符号意义的内容展开，并且在主体与课程文化资本运作中的知识之间形成对抗性冲突。课程中的大部分知识都是通过外界作用力而"贴在"失学青年的身上，"贴知识"并非拉近了主体与这些知识符号之间的距离，恰恰是在主体的挣扎中扩大了这种符号距离，主体内在的无声对抗代表了他们与知识之间的冲突。作为知识学习上"无知"的个体，这些青年在很多知识（尤其是不擅长的知识）的获取上，他们自身的主体性无处安放。主体只是从课程那里"听说"课程文化资本的价值，从"配给"层面获取课程文化资本的内容和从"准备"层面展开课程文化资本的获取工作，这三个层面无一不暴露出主体与知识之间的距离。这些失学青年有孤注一掷的倾向，也有对自我的不信任，从而"越轨"而行，驶离学业系统。放弃学业并非是因为这些青年对学业系统多么深恶痛绝，恰恰相反，他们羡慕和崇拜那些在学业系统中游刃有余的同学。这些失学青年无法融入课程知识的传递过程，他们是被这些知识符号不断"边缘化"的人。

第五章　非贫失学青年课程文化资本运作发生机制阐释

（一）课程文化资本的价值来自"听说"

造成符号冲突的起点在知识价值的"听说"上面。知识价值本身不可能引发主体的对抗心理，但是，知识如何实现价值这一问题无法在"听说"中得到解决。大部分"听说"来的内容变成无法阻挡的语言暴力，所以这些失学青年是在对抗语言暴力中对抗与知识之间的冲突。在知识价值的正面"听说"上，这种语言暴力在于知识的强权控制，所有知识的价值都被预判。通过价值预判，所有学生在理解知识价值时几乎不存在差异。主体在价值"听说"中很难树立自我判断的立场，一方面因为主体没有自行判断的主动性；另一方面社会也不会在公共层面提倡和支持个人对知识的价值选择，大多数学生必然受到这种知识价值强制性的影响，即通过教师或其他课程参与者以言语行为来完成，个体只能在"听说"中被告知知识的价值所在，这在一定程度上代表一种语言暴力。所以，语言暴力不仅仅是侮辱、诋毁、谩骂等言语攻击，有时候也可能是话语权、鉴赏力和选择空间等方面的压制或侵犯行为。由于学生大部分时间处于"听说"状态，他们很难从自身出发来表达自己对知识价值的认识、提出自己对知识价值的鉴赏意见以及根据自己的情况来进行知识价值的二次定位。在进行课程文化资本获取伊始，学生便只"听说"而不进行自我判断，在之后的课程文化资本运作活动中都会出现同化倾向，这在本研究的数据分析中已经得到印证。例如在课程文化资本转化运作活动中，失学青年总是跟随社会需求，以社会实用价值引领资本运作的方向，因为他们从进入学校课程便浸润在知识的实用性价值氛围中。然而，知识价值的强权控制仅仅是这一冲突的开始，它只规定和"诉说"知识价值体系，却没有为学生提供沟通知识价值的实现路径。缺乏价值实现路径导致主体与知识之间真正的冲突，实际实现的知识价值并未达到"听说"来的那种程度，这使学生难以真正走进知识，他们不是怀疑知识价值本身，而是怀疑自身实现知识价值的水平，这种怀疑加剧了他们与知识之间的对立，由此他们才一门心思寻找别的出路来对抗或摆脱自身所陷入的这种符号冲突。在知识价值的举例"听说"上，对"别人家的孩子"的知识价值实现事迹的"听说"也会导致主体与知识之间的对抗。安妮特·拉鲁研究不平等的童年,中产阶级家庭中的孩子何尝不是工人阶级和贫困阶层家庭的孩子需要面对的"别人家的孩子",此外,程猛研究农家子弟的"底层文化资本"①,其中的精英学生实际上正是课程文化资本价值实现的高成就者,即"别人家的孩子"。"别人家的孩子"就是一种"听说",潜意在于作为一种激励机制,但从这些失学青年的"听说者"立场,这里夹杂了对自身的否定、质疑、反感、丧失和无用之感,有研究指出"农村初中辍学者在学校的时候因为学业系统与社交系统的双重失败导致在学校找不到归属感"②。简而言之,失学青年在知识价值的"听说"层面受到语言暴力而加剧自身与知识之间的冲突,主体难以平衡自身对知识价值的实现与"听说"来的知识价值之间的错位,从而以最极端的对抗形式(即失学)来表达自身所遭遇的符号冲突。

(二)课程文化资本的内容来自强制性配给

社会学家将课程中知识内容的"配给"称为"符号暴力",这种"符号暴力"意为权力符号作用在文化符号上面的霸权控制,权力符号带动了知识为主的文化符号的资本性,权力符号控制了资本内容的归置场地。课程中知识"配给"的"符号暴力"并不必然引起符号冲突。"符号暴力"是为了建立共同遵守的知识体秩序,它的初衷在于稳定与遵守。知识配给与主体之间符号冲突的出现却是以破坏稳定和遵守为前提,它会撕扯"符号暴力"建立的知识体秩序。罗素关于冲突原因的解释对本书理解这种符号冲突的发生有所启示,"逻辑统一性既有长处又有弱点。长处是它保证任何人如果接受某一阶段中的这一论据就必须接受以后所有阶段中的这一论据;弱点是任何人如果抵

---

① 程猛:《"读书的料"及其文化生产:当代农家子弟成长叙事研究》,中国社会科学出版社2018年版,第214页。
② 曾雯露:《零零后初中辍学青年研究——基于对粤北某农村零零后辍学青年的深度访谈》,《中国青年研究》2021年第3期。

第五章 非贫失学青年课程文化资本运作发生机制阐释

制后来某个阶段中的这一论据也必须抵制至少以前某个时期中的这一论据。教会在其同科学的冲突中既表现出这种长处，又表现出这种弱点，而它们都产生于其教义的逻辑一致性"[①]。一般性冲突都原发于对某种论据的抵制，在这些青年案例中，知识配给与主体之间的这种抵制极为明显。例如案例 09 表示没有特别想学的课程，除了思想品德，因为"上课的时候比较轻松"，其他课程的学习都非常吃力，常常处于听不懂的边缘。课程知识内容的困难使得他们出现抵触行为；案例 21 谈到不想上学"就是想换一种生活，不要有那么多的课程，专学哪几样就行了"，这也是一种对课程知识配给的抵制，她最终以失学来行使自身对课程文化资本获取行为的决定权，即通过基础教育失学和专科课程补偿来对抗课程知识配给对主体的这种霸权；更多青年展现为与全部课程知识的冲突关系，正是这种较强的冲突力量阻碍了他们继续克服学习困难的进程，甚至放弃自身感兴趣的知识内容，他们以彻底的学业放弃来对抗这些无法进行选择的"配给"的知识内容。案例 13 描述自己的学习状态，"当时是上课就累，不上课一出去就好玩就不累"，"那时候为什么喜欢体育呢，就是因为上体育课老师不管，自由活动，想干嘛干嘛"。这是一个得到关注的社会结构问题，这些学生的生长环境中缺乏与"配给"知识相关的训练，使得这些学生在官方"配给"的内容面前感到陌生且无从下手，无法亲近课程学习。从以上分析来看，无论是知识社会学提出的"符号暴力"，还是"符号冲突"，两者都反映出知识在"配给"层面上的强权态势，学生主体在强权之下首先要维持的是自身内在的安全感，而这些"配给"的课程知识更多时候发生在他们的掌控之外。他们表达对抗的方式是将自己从强权之下摘出来，规划另一条出路。综观这种"配给"的课程文化资本，在冲突之下，学生得到的仅仅是基础课程中最基础的知识与能力，大抵相当于小学程度，尽管他们基本都有初中及以上学业经

---

① ［英］罗素：《冲突的原由》，吉林大学出版社、吉林音像出版社 2004 年版，第 4 页。

历，但在知识体验上仍然是小学基础。学业经历与知识体验的不匹配也再一次说明了"配给"的课程知识在内容之间的断裂性。课程教育更加需要关注的是每一阶段的课程能够为下一阶段的课程学习提供什么样的条件，而这样的条件是否足够所有学生来接受和应对不断变换的学习内容，这可能是主体与课程"配给"的知识体之间发生冲突的症结。

（三）课程文化资本的习得在于为生活做好准备

为了学习所做的课程准备是一种基于学习目的的条件性介入，即，学习本身是需要准备的。学生在知识习得上一方面需要应对生活"准备"，另一方面需要应对学习"准备"。在这两条知识学习的"准备"之路上，学生就像一个士兵，为生活做"准备"的知识内容像无数支箭羽迎面而来，而课程却没有为学生提供足够牢固的盾牌，这个盾牌就是化解最困难的知识的学习条件。尽管教育者逐渐找出了认知发生规律、个体经验、兴趣吸引、情感浸润等有利方式，但这些似乎都没有走到终点，学习问题还是层出不穷。在课程文化资本获取运作上，这些青年仍然以自身的知识习得方式来对抗，甚至是屏蔽这些知识的袭来。正如前一章所梳理的，这些失学青年在课程文化资本习得上主要表现为：因为对大量的知识困难存在恐慌，无法平复内心深处与这些知识的冲突而只有放过自己，"当时不学习数学还能轻松点"（B-09）。从心理学来看，"人们往往安全至上，逃避伤害，逃避受伤。普通人信奉安全至上，在成长欲求与退行欲求的纠葛中选择了后者"[①]，对退行的眷恋很容易在主体那里形成习惯，最终成为课程文化资本运作中不可抑制的对抗力量；这些青年也鲜少主动进行学习探索，致使学习难以落实。可见，不在学习条件上进行检讨则无法维持学习的生命力，不仅学习能力容易僵化，知识的力量也会僵化。只要课程资源争夺持续存在，每一个学生都要面对知

---

① ［日］加藤谛三：《与内心的冲突和解》，赵净净译，中国友谊出版公司2019年版，第51页。

识竞争，知识竞争是赤裸的自我审视，学生对自我的放逐在很大概率上是来自于通过知识而进行的自我审视，而这些失学青年在自我的知识学习审视中通过逃离知识来对抗冲突。

二 课程文化资本转化运作中的行动冲突

行动冲突意味着课程文化资本的利益转化运作在社会制度中发生对立。美国学者杰克·奈特分析社会制度的利益与社会成员理性行为的意图联系起来的机制，认为"制度规则的最终形式，是相关参与者之间利益冲突的产物。这个最终产物是以冲突中的行为人的意图和动机为基础的"[1]。行动者的利益偏好必然带来行动过程中的某种对立，而且行动者的利益偏好无法越过社会制度规则的分配基础。所以，整个课程文化资本转化运作，这些失学青年是在社会制度与规则控制下进行的，收缩自我发展的进程，这正是课程文化资本运作中的冲突。行动冲突代表了这些青年用实际挣扎行为来反映在课程文化资本转化活动中与知识之间的不匹配关系，横亘在主体课程文化资本转化运作中的是行动规约，导致课程文化资本的价值兑现陷入被动。

（一）课程文化资本的价值驱动上出现相对剥夺倾向

在课程文化资本转化运作过程中，个体兴趣价值为社会实用性价值所替代，这种情况可谓之"相对剥夺"。相对剥夺的概念意义在于"被用作一个解释性中间变量"[2]。

"相对剥夺概念在评价教育对于地位满意程度或工作满意程度的作用方面，以及在军队内部的评价问题方面，颇有帮助……一个受过良好教育，具有更高期望的人，如果他在军队里未能获得某种地位，那么他在自己和朋友的眼里比未受过良好教育的人失

---

[1] [美]杰克·奈特：《制度与社会冲突》，周伟林译，上海人民出版社2009年版，第28页。
[2] 参见[美]罗伯特·K. 默顿《社会理论和社会结构》，唐少杰、齐心等译，译林出版社2006年版，第391页。

去的要多。因此，如果他追求的目标未能实现，那么其受挫心理比其他人就更强烈"。

"……有差别的剥夺和奖赏的概念……或许可以帮助我们更好了解与这一概念有关的一些心理过程。一般来说，海外士兵远离家乡，远离他熟悉的美国国内的惬意生活，因此相对于仍在国内的士兵来说，他们遭受的分离之苦自然更大些。但同样毋庸置疑的是，相对于前线的士兵来说，未进入战斗状态的海外士兵（在激战舞台的后方）比起打仗的士兵遭受到的剥夺就少多了。"[1]

课程文化资本价值驱动中的个体兴趣取向与社会实用性取向之间出现相对剥夺时，需要分辨的是，这一情况是"相对"剥夺还是相对"剥夺"？把重点放在"相对"或"剥夺"上面所体现出来的行动冲突是不一样的。把重点放在"相对"上面，这种冲突容易被失学青年自身回避。默顿在研究相对剥夺的相对逻辑时总结出三种类型：第一类，"对于士兵的态度或判断的影响来自他们同那些与自己有实际交往、具有稳定的社会联系的人所做的比较"；第二类隐含的比较基础是"那些大致处在相同地位或同一社会范畴的人"；第三类是"那些处在不同地位或不同社会范畴之中的人之间进行的"。[2] 这三种类型都是在相对关系的基础上来讨论相对剥夺问题。然而，失学青年对资本价值剥夺的反应模式中除了参考外在群体视角，还融入了自我决定视角，两者共同推动主体进入"被动剥夺中的主动接受"，也即，剥夺的存在是被允许的，也是被合理化的，这奠定了行动冲突的隐秘性，即当这种冲突出现的时候，这些青年往往选择"看不见"。失学青年倾向于圈内群体间比较，"在我这个圈子我能被认可和重用，在别的

---

[1] 参见［美］罗伯特·K. 默顿《社会理论和社会结构》，唐少杰、齐心等译，译林出版社2006年版，第389页。
[2] ［美］罗伯特·K. 默顿：《社会理论和社会结构》，唐少杰、齐心等译，译林出版社2006年版，第392—393页。

圈子我就不知道了"（B-16），可见，这些青年对自己的圈内状态持肯定态度。群体圈中都是相同或相似的状态，所有人都以社会实用性为依据进行课程文化资本转化运作，导致个体兴趣的消逝成为合理的事件。此外，这些青年并不主动对照圈外群体，在他们看来，圈子与圈子之间不存在可比性，社会的分层割裂了圈子之间的相关性，"不在同一个阶段就不在同一条路上面"（B-01）。这些青年在合理化社会分层的基础上进而合理化了群体之间的相对剥夺现象。相对于其他圈子的资本转化行为及其利益分配，这些失学青年没有表现出不满、不甘或悲观态度，更没有被剥夺感，而是理解、接受并作为局外人。他们认为"技不如人"就可以解释全部事件中的剥夺性。而且，这些失学青年主动封锁所有的对外比较，通过内观于己来应对课程文化资本转化运作，"只要做好自己就行了"（B-10）。这些青年很排斥比较，认为人与人之间没有可比性，相互比较只会徒增烦恼，这种逻辑更像自我封闭，而不是自我独立。很多青年只顾及自己能够做的事情，却没有意识到被剥夺的资本运作权力以及被侵占的资本运作空间。他们从自我的学习水平来"允许"这种侵占，并用学习的结果论来"合理化"相对剥夺性。把重点放在"剥夺"上面，这些失学青年更倾向于自我看轻的无为状态，但是从行动上来讲，他们又会为了实际的利益偏好去争夺、博弈和对抗。不过大多数青年都是被动回应，因为冲突本来就出现在个体与社会利益之间，他们需首先依从社会的行动规则。

（二）课程文化资本的内容构成上出现群体行为参考效应

每个人进入社会都要沿着规则的缝隙，但是社会缝隙不是随意产生，而是以群体行为为参考框架，即个体要在社会游戏中谋生，必须了解群体中他人的态度、表现、知识、目的和底线等，与其说是个体执守这些范畴，不如说是个体顺应了群体行为表征。"人们是在一个由他所处的群体构成的社会参考框架中活动……人们在塑造自己行为、形成各种态度时，所取向的常常不是自己的群体，而是别的群体。正是这种非隶属群体的取向形成了参考群体理论的主要特色。"[1] 失学青年在自身课程文化资本转化活动中对知识内容的选择不会以自我的内在意愿为依据，而是以外在群体作为行为参考，他们需要成为该群体的隶属。从这些青年的课程文化资本转化运作事实来看，社交语言方面和能力发展方面知识的选择都是以主体极力融入社会共同体的目的为前提。此外，默顿还将参考群体行为理论与米德的"泛化的他人"理论进行思想碰撞，分析是否存在别人"泛化"不了的自我。米德所研究的自我，尤其是在游戏中的自我，不是简单的生物个体，而是与"泛化的他人"有千丝万缕关系的关系个体，他总是在某个方面隶属或者参考了某一群体或某一对象。但是米德将自我解释为主我与客我的双重结构，客我更多的是负责以社会群体为参考框架，吸收和理解社会群体的制度规范体系，也就是说，客我的目的与参考群体同源。但是自我的另一个部分即主我是自我系统中全部信息的处理中心，它具备完善的身体管理和反应机制，既能够行使理性认识，也能够行使感性认识，在一定程度上主我具有独立性条件。

失学青年在课程文化资本内容构成上将群体行为作为参考框架，表现的是社会对主体的控制，这种控制在主体的运作行动中引发对抗。这些青年在课程文化资本转化运作中对知识内容的倾向明显不同于在资本获取运作中。在资本获取运作中，失学青年热衷于或倾力于"好玩""有吸引力""容易获得"的课程内容。而在资本转化运作中，青年们全部的身心精力都围绕能够直接带来生活效益的课程内容上。周围的生活也引导他们去关注更具有紧迫性的方面，"主要是工作以后琐事太多了，再一个有小孩了就分心了你知道吧"（B-15），案例23更能够感受到这种想要自主选择学习内容而不可为的纠结，"如果有好的文化，我会选择一份好职业，或者说做一份自己喜欢的工作。人总要有盼头吧，你看我现在一边带孩子一边上班，将来也许小孩长大了，或者小孩独立了有自

---

[1] [美]罗伯特·K.默顿：《社会理论和社会结构》，唐少杰、齐心等译，译林出版社2006年版，第396页。

己的生活了，我就可以自己去学一些感兴趣的东西，但是能不能实现就不一定了"。由此可以看出，群体参考使个体在维持稳定状态时面临压力，这种压力使个体既要积极应对又会消极接受，是不在刺激作用下与冲突的对抗，主体已经适应了对自我进行强制约束。

(三) 课程文化资本的管理上出现主体性失能现象

失能不是无能。无能是指没有能力完成要求。例如埃利亚斯认为那些渴望阶层流动的人与他们心中的上层模式总是存在落差，这种落差带来了一种无能感，因为阶层的传统从历史的角度来看具有世袭的气质，一般进行阶层流动的人没有这种文化传统。因此"那些志在蹿升的人却在相当的程度上与上层认同，这也为其劣势感和处于劣势的表情着上一种特殊的色彩。他们有着在前面所描述过的羞耻感的建构：这种境况的人在其部分的意识里也把上层的禁律、准则和行为方式的准则认定为对自己有约束力的禁律与准则，而又不能像上层那样自然而然、自觉自愿地加以遵守。这是一种由其自己的超我所代表的他们心中的上层和自己的无能之间的颇具特色的矛盾"[1]。而失能是在行为活动中因为丧失某些条件而无法达成目标，这是一种后天性的因素，需要特定的培养和经验。一般情况下，个体运作课程文化资本的目的在于价值实现或利益转换，使自身成功或成才。只有通过人才能实现人与知识之间的价值绑定，在行动上则表现为主体对自身所拥有的课程文化资本的管理等。在实际的课程文化资本管理中，这些青年的表现并不算"优秀"。如案例所反映的那样：主体对课程文化资本的管理要么缺乏乐观的资本评估态度，要么缺乏恰当的资本调取和组合能力，亦要么缺乏开放的资本交易行为。资本内容的管理在于环环相扣，任何一个环节出问题都可能导致呈现的效果天差地别。如果主体在任何管理环节上都不具有突破性，这说明一个问题，即主体在课程文化资本转化的培养上仅仅得到运用和使用的能

---

[1] [德] 诺贝特·埃利亚斯：《文明的进程：文明的社会发生和心理发生的研究》，王佩莉、袁志英译，上海译文出版社2018年版，第547页。

力，这种能力将社会预设为一个机械化的结构，依靠物化的使用逻辑，忽略了人化的管理逻辑。从课程文化资本转化运作的自治属性来看，学校在课程知识管理方面的孱弱可能是导致主体的资本自治能力降低的关键因素。于个体而言，这是他们在资本转化中缺失某些能力的征兆，即自治失能，缺乏管理行为上的参考和迁移，而这不是天生的无能，也不会因为家庭的非继承性而导致整个人生的资本运作矛盾，只能是后天培养上的偏移。管理是一种整体行动策略，强调复杂的组织效果，纵然管理也强调精准核算，但也需要在不确定性中寻找突破口，所以比之知识的使用逻辑，管理逻辑更能够应对知识的资本局面，而这正是失学青年并不漂亮的课程文化资本转化过程的内在滞力。

自治失能是一个主体性失能现象。哲学人类学试图通过个人的和集合的主体来反映"人的形象"。个人的主体通常以自我为中心来表现，弗莱德·R. 多迈尔认为迷恋自我表现可能起源于古典哲学中的神的显现和神圣的显现这些事实，"随着深刻的'自我表现革命'，神灵引导历史的概念被'一种虚构的自我表现的历史所遮盖，这种自我表现的历史被设计成终止于思想家的启示式的自我实现'"[①]。集合的主体主要落脚点是社会系统，"个体不是基本的动因，而是由社会相互作用'构成'的'可能行为者'，即作为置身于通过选择而进行的复杂性还原中的一个系统。个人主体首先必须被看作是一个可能选择的过程"[②]。课程文化资本在管理上出现的主体性失能是一个对抗外在限制的现象。资本转化不是可以预设的过程，而是一直受到外在环境影响。一方面，竞争者的存在必然打破课程文化资本转化运作的平衡状态，尤其是学生时期，在具有竞争属性的学习评价上，差异与差距同时呈现。大多数青年在学生时期出现较为显著的课程学习失能情况，因为他们在知识学习与价值转化的

---

① [美] 弗莱德·R. 多迈尔：《主体性的黄昏》，万俊人译，广西师范大学出版社2013年版，第22页。

② [美] 弗莱德·R. 多迈尔：《主体性的黄昏》，万俊人译，广西师范大学出版社2013年版，第23页。

第五章 非贫失学青年课程文化资本运作发生机制阐释

竞争中缺乏相配的实力。也即，竞争者的实力在资本转化运作中占据优势。对于处于劣势的学生而言，这种情况并非偶然，而是长期性的。长期处于负向的资本限制对抗中，最终的结果是主体在资本转化应对中的自治失能，这种失能也会影响课程文化资本运作的持续性。失学事实已经表明，这些青年习惯于在这种竞争冲突中不断选择资本运作道路上的"叉路"，直到彻底"边缘化"，直到真正的无能为力。另一方面，时间、资源和资本价值时效等也是主体需要面对的限制，表现为：在可付出时间上，"一结过婚，就以小孩为主了，就没有自己时间了"（B-23）；在资源分配上，"上课时也都不听，老师也不会跟我们这些人互动，可能老师都不认识我们"（B-17）；在资本价值时效上，获得荣誉时"其实当下会这样，感觉很满足，过去之后也就没什么了"（B-09）。这些限制导致主体处于被动适应的过程，即根据环境条件的变化来调整自身的资本运作方式，尤其是在可付出时间和资源占有问题上。这些限制因素是社会生活经历的变相侵入，主体首先顾及这些社会生活经历，进而对自我活动的自治能力出现下滑。

三 课程文化资本发展运作中的自我和解

与自我和解通常意为对彼方的包容和妥协，这仅意味着彼此之间的冲突处于休眠状态。如案例所展示的，失学青年在课程文化资本发展运作活动中逐渐进入较为稳定和谐的行为状态。但是，这一平和状态的背后是冲突的隐形化，此即主体在资本运作冲突中的自我和解。自我和解是主体的自愿行动，而自愿行动是以人的某种需求为取向，"自愿正好是人自身的不自由，或者说，因为外来的强迫和困境会摧毁自愿，所以自愿就是自我强制"[1]。此外，和解并非问题解决，而是以自我的主动妥协来减少资本发展过程中可能面临的自我"任性"，将自我封闭在主体的

---

[1] ［德］斐迪南·滕尼斯：《共同体与社会——纯粹社会学的基本概念》，张巍卓译，商务印书馆2019年版，第241页。

课程文化资本运作：对非贫失学青年的考察

社会耕耘之下，即个体用成熟的社会选择来抵抗自我的生命"消遣"。

（一）非贫失学青年在课程文化资本价值选择上的妥协

在课程文化资本的价值选择上，失学青年自我的兴趣倾心和关心取向被自动屏蔽，代之以"为生计而操心"。兴趣倾心的情感中，主体对特定事物的特定注意力即表现为人的兴趣的卷入，而且真正的兴趣倾心也并非完全靠这种特定事物的吸引力，而是主体主动、无法控制且不自觉地与其产生联结。兴趣在知识学习活动中的作用早已得到公认。"关于唤起注意力，有一个介于淡漠和狂热之间的、对课堂活动来说是理想的最适宜的水平……短期的唤起兴趣，同在更为广博的意义上长期地建立兴趣不同"[①]，布鲁纳反思了兴趣在个体身上的多样性反应，即学生是对当下知识教学的兴趣还是对知识本身的兴趣？学生对知识本身的兴趣是仅留存在学校课程学习过程中还是长期留存在个体的整个知识运作过程中？以及通过怎样的表现来证明这种兴趣持续地存在于整个知识运作过程中？这些资本运作案例中几乎保持一种共同的兴趣演化路径：首先，学生在学校课程学习上存在同时倾心于教学过程和知识本身的事实。有的学生在化学知识上面临困难但不影响他对教师演示化学实验产生兴趣，有的学生认为在英语方面具有天赋，同样的学习投入，但英语的理解效率差别非常显著，这是他心中产生热爱的起点。其次，对于那些对知识本身感兴趣的学生，他们的兴趣一般能够保持在后期的课程文化资本运作生活中，但是这种情感没有之前那么强烈，仅仅是心底的一种喜爱和保护，就像对待小时候自己喜欢的玩具那样。所以，很多青年并没有在课程文化资本发展运作中对这些感兴趣的知识做出证明，他们把这种兴趣放在心底的角落，或者心的背面，而用心的正面去争取其他的知识内容，即那些算不上感兴趣但与实际利益有关联的内容。可见这些青年对待知识本身的情感冲动正以一种非常和解的方式淡化。从某种意义上来

---

① ［美］布鲁纳：《教育过程》，邵瑞珍译，文化教育出版社1982年版，第81页。

第五章　非贫失学青年课程文化资本运作发生机制阐释

说并没有实现布鲁纳所认为的"兴趣在发展,世界开阔了"①。"关心的最深刻的表述,在于人对意义和实存的最终基础的关切。如海德格尔的研究所表明的那样,这种关切可以看作是解放和人的自律的源泉,因为它抬高了人,使人既超越了事实的偶然性,也超越了主观的或自我中心的范围"②。这种内在选择从案例28中即可见一斑:

> 这第一个吧,最基本的就是现在工作需要这个基础,如果你从事农民或者操作工,做一些机械性的反复的工作,休息的时间你刷刷视频,笑一下就行了,但是你现在工作需要是第一位。第二个吧,对于我个人而言,不能代表所有的人,你想搞清楚一些东西为什么,不去学肯定搞不懂,你必须去学,才能搞懂为什么,就是想明白一些为什么才去学一点东西……学校学到的东西在你实践工作中直接拿过来就能应用,能在工作中信手拈来,感觉在工作中非常有用,实效性非常高。我现在这个层次只能这么理解,你要说什么大的,比如在你的思想层面对你的升华,或者文化作品跟心态,感觉也不现实。从我的学历这里来看,最起码教会我认字,会查找一些资料,教会我书面这些东西,基本的一些理论,比如有个字不认识,自己能去查什么含义。(B-28)

(二) 非贫失学青年在课程文化资本内容构成上的妥协

涂尔干曾言"人对意义有一种渴求,这种渴求似乎具有本能的力量。人生来就不得不把一种意义秩序强加给现实。但是,这种秩序则是以将世界结构秩序化的社会活动为前提的"③,这一论点至少存在两

---

① [美] 布鲁纳:《教育过程》,邵瑞珍译,文化教育出版社1982年版,第82页。
② [美] 弗莱德·R. 多迈尔:《主体性的黄昏》,万俊人译,广西师范大学出版社2013年版,第32页。
③ 参见 [德] 尤尔根·哈贝马斯《合法化危机》,刘北成、曹卫东译,上海人民出版社2000年版,第156页。

种意蕴和一大思考。两种意蕴：其一，人对意义的天生本能与海德格尔的关心之源始结构不谋而合，也即，个体从存在的源头上就包含对意义的高度自觉性。其二，人类统一的意义表达方式是世界结构秩序化的社会活动，即哈贝马斯认为"统治秩序和基本规范的合法性，可以说是这种'意义赋予'功能的具体表现"[①]。"意义赋予"对人来说是一种接受过程，人被赋予意义是在强制条件下，甚至可能是在垄断条件下，因为人没有其他的选项。秩序与规范的合法性如何成立这一问题需要建立在一个普遍性上面，而普遍性从古至今都只能是知识。知识的形成意味着社会秩序与规范意义的形成，知识能够代表这种公正制约性。社会是知识化的社会，人也是知识化的人，资本化进程实际上是知识化进程的变体，知识需要转化为资本来控制社会版图，因为资本是社会土壤和人性土壤共同作用的结果，但是人不一定必然地被知识的资本力量所控制。

　　在课程文化资本的内容上，失学青年在知识的个体意义向知识的秩序意义妥协以达到自我和解。知识的结构形成了世界的秩序基础。人类行动在一定程度上蕴含一个知识前提指认，而这些知识指认都是从课程文化资本内容掌握与发展为共同路向。以失学青年的课程文化资本运作为例，尽管这些青年在当下的实际工作或日常生活中仍然以身体化课程文化资本（主要是技术知识和身体操作能力）为资本运作原能，他们在课程文化资本发展上对客观化课程文化资本仍具有期待，但这并不是基于私人目的，而是基于对社会需求的衡量。人需要按照知识已有的路径向更高的知识产业前进，然而越接近最高的知识产业是否意味着越接近人本身的意义？大多数人都只是知识产业的"职工"，而非知识的制造者，所以这是知识的秩序意义。正像涂尔干所说的，人不得不接受这种意义世界，除此之外，社会并没有提供更多的意义选择，这就是知识通

---

① ［德］尤尔根·哈贝马斯：《合法化危机》，刘北成、曹卫东译，上海人民出版社2000年版，第157页。

第五章　非贫失学青年课程文化资本运作发生机制阐释

过秩序意义形成的垄断。人类文明发展以来似乎偏执于知识而从未改变过，无论面临怎样的知识陷阱、悖论和无知警告，也从未放弃过知与识，哈贝马斯将这种执着称为"意义许诺"。

> 通过意义许诺，它维持着迄今为止仍是社会文化生活形式构成要素的要求，即当人们想知道为何会有世界，世界是如何发生的，如何才能证明他们的所作所为或应有的作为具有正当性时，他们就不应满足于虚构的臆想，而应当以"真理"为满足。另一方面意义的许诺也总是暗含着一种对慰藉的许诺，因为所提供的各种解释都不仅使人们意识到不安定的偶然因素，而且也使人们能够忍受这些因素，即使是在它们不可能作为偶然因素而被彻底消除的时候。[1]

可见，尽管知识在人类世界具有意义垄断的嫌疑，但是其铺陈的安全感足以消化掉垄断的负面影响，个体和解的机制便在于此，即在知识的局面里被同等的垄断控制或同等的安全感保护，以安全感为保护色的社会意义垄断对个体而言并不是威胁，那么这种逻辑是否正是哈贝马斯所说的"个体的终结"？从知识的课程学习阶段一直延续到当下，知识都在工具功能上被认识，尤其是技术知识，以理论知识为代表的客观化课程文化资本也不能脱离工具性命运，知识是人类维持整体安全感的工具。哈贝马斯说"随着对外部自然的控制日益增强，世俗知识越来越脱离世界观，世界观也越来越局限于其社会整合的功能"[2]。哈贝马斯想说明无论知识在分类上如何具有全面性，既包含针对外部自然的世界知识，也包含针对人的内在自然的世界观知识，这些最后都进入了同一个意义框架内。即使知识具有诸多不确定性、遮

---

[1] [德]尤尔根·哈贝马斯：《合法化危机》，刘北成、曹卫东译，上海人民出版社2000年版，第157—158页。
[2] [德]尤尔根·哈贝马斯：《合法化危机》，刘北成、曹卫东译，上海人民出版社2000年版，第158页。

· 205 ·

变性，人依然需要与知识实时共处，哈贝马斯称之为"理性事实"。他进一步指出掩藏在"理性事实"下的垄断实质："如果人们把这个理性事实视为一种简单的事实，无须进一步的解释，那么就不可能理解，为什么从中还会产生一种能够把人们的自我理解组织起来，并且能够指引人们行为的规范力量"①。所以，哈贝马斯呼吁对知识中个体意义退缩这一问题进行思考。

波普尔认为，"通过知识获得解放"是康德关于启蒙运动的全部观念。康德所说的"启蒙运动使人类从自我强加的受监护的状态中解放出来"是人的理智摆脱控制，此即为"通过知识而自我解放"，这是知识作为人的内在资本而产生的运作效果，是人本身的意义实现。然而，在通过知识获得解放的观念中，康德强调的是人类自我还是个体自我？大部分研究立足于人类自我层面，包括波普尔的政治史和哈贝马斯的社会发展视角。本书更倾向于从人类自我关怀出发并形成个体自我关怀，通过知识获得自我解放在启蒙运动的背景下呈现为理性解绑，今天知识为个体所承担的解放意义仍然存在这方面的需求。

知识的解放对个体的意义是什么？从康德对"什么是启蒙"的回答上可以看到，这种解放是人从不成熟状态觉醒为自我理性的状态。形成不成熟状态的原因"并非人们缺乏理性"，"即使大自然早已把人类从远距离指导的桎梏中解放，懒惰和怯懦使很多人依然快乐地保持着不成熟状态"②，所以，启蒙运动在个体自我的意义上来讲即是对其懒惰和怯懦的纠正，即"有勇气运用自己的理性"③。个体在知识资本运作中的自我和解也离不开这种懒惰和怯懦的不成熟状态，用康德的话来讲即他们被守护者规训，"变得喜欢这种状态，随着时间的推移，真得再没有能力运

---

① ［德］尤尔根·哈贝马斯：《合法化危机》，刘北成、曹卫东译，上海人民出版社2000年版，第159页。
② ［德］伊曼努尔·康德：《对"什么是启蒙"的回答》，肖树乔译，中译出版社2015年版，第1页。
③ ［德］伊曼努尔·康德：《对"什么是启蒙"的回答》，肖树乔译，中译出版社2015年版，第1页。

第五章 非贫失学青年课程文化资本运作发生机制阐释

用自己的理性，因为他从未被允许做出这种尝试。规章和程式，这些合理使用或者说是误用他天资的机械工具，就是对他永久性不成熟状态的禁锢"①。波普尔认为通过知识而自我解放的实质在于"从错误、从迷信和从虚假偶像的精神上的自我解放。它是通过人们自己对自己的观念的批评——尽管总会需要别人的帮助——而达到的自己的精神上的自我解放和发展的观念"，"只有在多元的社会中，即，在宽容我们的错误及别人的错误的开放社会中，这种自我批评和这种自我解放才是可能的"。②总的来说，个体意义上的自我解放在于认识解放，敢于发出自己的判断。在知识资本化运作中，个体在反思与批评上似乎并不困难，真正的难点在于他依据的仍然是知识的社会规则，人的理智从启蒙运动前的思想捆缚的解绑，又陷入了另一种层面的捆缚。所以约束人的不是某种特定的思想，而是个体自身懒惰和怯懦的不成熟状态。而知识运作的个体意义就在于运用自己的理智对待自己的生活追求，而不是轻易被界定或归属，以及妥协。

（三）非贫失学青年在课程文化资本生长上的妥协

这些失学青年对课程文化资本的更新和补偿是在一种能知、预知和可知的状态上进行，这三种状态建立在一个共同条件上，即资本运作标准的稳定性和确定性。资本运作标准就是用价值筹码规约人的行为，通过层层成就动机和操作指南来诱导个体进入。所以，主体在课程文化资本发展运作活动中不是怀着憧憬，而是对未来已经"有数"，基于此，青年们认为自己知道在未来的资本发展过程中应该重视和不应该重视的活动，应该提升和应该忽视的知识内容，应该生长和不应该生长的实力等，他们总是表达"我现在就琢磨这个，其他就不管了"等观点，因为"这个"给了他们足够的确定性，是在标准框架内的选择。可以想见，

---

① ［德］伊曼努尔·康德：《对"什么是启蒙"的回答》，肖树乔译，中译出版社2015年版，第2页。
② ［英］卡尔·波普尔：《通过知识获得解放：关于哲学历史与艺术的讲演和论文集》，范景中、陆丰川、李本正译，中国美术学院出版社2014年版，第144页。

标准可能是最大的舒适区,标准为确定性提供一个范围,大部分人在这种确定性上"有计划地"生长。故而,个体通过课程文化资本的运作参与生长,但又不完全是自我的生长,生长暴露在外部的标准尺度上。尺度的确定性在于只能确定个体是围绕标准在活动,但不能确定个体是否真的生长。人的生长从一开始就被界定了,个体在确定性上寻找的只是一个被界定了的自我。

"退避三舍"式妥协表现在失学青年课程文化资本发展道路上的各个方面,例如:自身知识实力的更新和流失,对特定内容的热爱的黯淡以及对理想生活追求的"克制",即在资本发展过程伴随不确定性和不稳定性,他们便不会在不确定不稳定的方向上迈进。自然留给人的无知在于催产人的主动性,而大部分人却将无知视为"拦路虎",以绝对的力量扼杀潜在的能动属性。自我生长需要行动的堆砌,而且是以知识为资本实力的实践性发展活动为主,这代表了主体对自我观念的把握力度,决定了主体在课程文化资本运作上的发展性生长的进程。

第三节 课程文化资本运作形成的作用关系

一 符号冲突使主体与课程文化资本之间缺乏内洽

(一)主体与课程文化资本价值驱动之间缺乏内洽

从"听说"中得来的价值意识留给失学青年的想象太过幽远和飘浮,甚至在他们心中造成一种异样感,使得他们在课程文化资本获取活动中缺乏自我的内洽。这些失学青年很难实现高的知识价值,但也渴望同他人一样,这种内在的矛盾仅仅在"听说"之间便可生成,且危险并具有破坏性,成为这些青年学习上和精神上的挫折。大部分的失学青年在本就陌生的主体与知识关系里,更加没有信心去亲近这些在别人那里得到能量绽放的课程文化资本。在这场没有硝烟的对立中,失学青年并没有过多留恋,他们被知识冲击而选择远离。价值"听说"就是通过学校的统一"诉说"来不断强化知识的特定价值,包括"学

第五章　非贫失学青年课程文化资本运作发生机制阐释

校教的都有价值，学校不可能浪费时间教那些没用的东西啊，因为学校是要培养人才的嘛，人才都是把知识发挥到极限的，那就是价值啊"（B-13）以及"老师的取向更多是牢记书本内容，老师关注书本知识成绩多一些"（B-02）等，这些信念日积月累地传递下来，学生既知道什么是价值，又不知道什么是价值。知道的是"一直就是这样想的，知识肯定有价值啊，我觉得每个人都是这样想的，我也不知道为什么。就直觉，知识怎么可能不重要是不是"（B-09），不知道的是知识在自身如何实现价值。主体知道知识是有价值的，但是知识的价值与自身关系并不密切，主体只是把知识的价值"听说"来了，本身并没有改变主体与知识之间的距离，因而在资本的立场上并未展现出太多的动力。就像案例28所说，"对我们来说都是耳旁风，根本没有往心里边去。有的人说'左耳朵进右耳朵出'，我感觉我们左耳朵都没进，更别谈什么右耳朵出了"，价值"听说"更多时候就是这样入耳即化，来不及深想。而没有经过思考的"听说"来的知识价值无异于层层封印贴在主体身上。主体对知识如何实现价值知之甚少，导致他们对知识的态度不是"吾爱吾师，吾更爱真理"，而是远离对他们来说没有抓在手里的实在感的知识，奔向实际劳动和实际所得，因为对知识价值的想象难以支持他们在学习上坚持到底。

（二）主体与课程文化资本内容之间缺乏内洽

课程知识呈现为"配给"特性。从这些案例资料中来看，学生自身获取的知识与课程"配给"的知识之间也缺乏内洽。课程知识的"配给"是必然存在的，学生进行知识获取也是必然存在的，表面上两种必然行为肯定会发生交接。这种交接仪式具有对撞性，表现为课程在"配给"过程中将所有知识进行了强弱和层次标准的统一规定，扬和奥恩斯坦等人认为这是一种强权控制。学生在知识获取上没有选择权，只能依据规定进行，包括时间安排、精力分配和语言模式。此外，知识体是一种规范秩序，"知识是由行动者有系统地组织和集合起来的，而行动者是在某种适当的知识体观念支持下行动的，这种知识体就是行为的格言"①。正是这种特定行动者的组织，伯恩斯坦发展了课程中知识的等级组织，将课程知识划分为集合编码类型和整合编码类型，前者通过强分类和强构架来表示，具有完全分割的科目等级，后者通过弱分类和弱构架来表示，注重知识间的联系而非分化。集合编码知识和整合编码知识代表了不同权力分配的结构、资产的联系以及现存的教育身份，所以课程知识的编码即是与权力结构和社会控制原则之间的联系。而且，"对于新知识形式的制度化，对于分类强度的变化，以及那些来自'神圣'和'世俗'渊源的新知识的生产，都存在强有力的非建设性的控制"②。依此为论，课程知识的"配给"基于非建设性的控制而具有不可更改性，特定组织的行动制定了知识的社会秩序。综上来看，学生每天学习的内容都已安排好，"需要学习什么"这一问题甚至都不会出现在他们的思考清单上。但是，纵然学生没有对知识内容的选择权，他们本身却容易产生具有个人化的选择行为。对案例中的失学青年来说，一部分人对几乎所有学科都选择逃离，还有一部分人只选择那些看起来不用太费脑筋的体育、美术和语文等课程，其他那些强制"配给"的课程知识无法在他们身上形成内恰，甚至在强制学习的过程中给他们造成焦虑、慌乱等。所以，在失学青年课程文化资本运作发生的过程中，他们不是无法与知识共处，也不是缺乏知识的认识能力，而是在尝试学习某些课程"配给"知识的过程中仍然无法感受到自我的内恰。

(三) 主体与课程文化资本习得之间缺乏内恰

为生活做"准备"与不完善的学习准备都无法与主体之间形成内恰关系，由此影响失学青年课程文化资本运作发生的效果。其一，学习是为未来生活做准备。生活本位论即是将学习的目的和学生的未来

---

① [英] 麦克·F. D. 扬主编：《知识与控制——教育社会学新探》，谢维和、朱旭东译，华东师范大学出版社 2002 年版，第 128 页。

② [英] 麦克·F. D. 扬主编：《知识与控制——教育社会学新探》，谢维和、朱旭东译，华东师范大学出版社 2002 年版，第 72 页。

第五章 非贫失学青年课程文化资本运作发生机制阐释

完满生活紧密联系在一起,用未来生活捆绑学习活动。这种理念在这些失学青年当时的学习环境中(21世纪初的农村学校)是比较强烈的,即使在今天的成人生活中,他们仍然顺着这个理念思考学习与生活的关系。他们用未来生活的景象来堆砌自身的样貌,例如:"像那些成绩好的同学考个公务员,坐办公室天天空调吹着不出力就挣钱了"(B-16),"努力学习能坐办公室吧"(B-20),"那肯定跟现在的生活、环境都不一样。还有从事的工作肯定也是不一样的,比现在更多更好的工作岗位"(B-21)。从这些案例可以感受到,理想的课程学习是为办公室生活准备的,这是他们对未来生活的界定,也是对人的学习活动的理解,然而这是人的生活而不是人本身。为未来生活做准备而进行课程文化资本获取与为人本身而进行课程文化资本获取,主体在两者之间的知识习得方式没办法完全叠同,即两者无法完全在学生身上实现内恰。洛克曾说:"对于人世幸福状态的一种简洁而充分的描绘是:健康的精神寓于健康的身体。凡是两者都具备之人就不必再有其他的奢望了;然而一个人的身体与精神中若有一方面存在缺陷,即使功成名就,也绝无幸福可言。"[1] 学习为的是人的向度,学习的诉求是先保证人的完满,然后才能投射到公共生活。知识运作首先是为个体人的成长,即主体的学习是为了主体的成长。然而,主体在实际的课程文化资本获取活动中不得不以生活准备取向为牵引。其二,在生活中学习,在学习中生活。这一取向以发现儿童和尊重儿童为内核,但执行的是生活的需要,这里兼顾人的生活和生长双重路径,人的生活不是简单的未来生活,也包括当下生活和过去生活,人的生长并不止于智识生长也包括经验生长。杜威认为,教育是生活的需要,生活的更新通过教育传递实现,"社会通过传递过程而生存,正和生物的生存一样。这种传递依靠年长者把工作、思考和情感的习惯传达给年轻人。没有这种理想、希望、期待、标准和意见的传达,从那些正在离

---

[1] [英]约翰·洛克:《教育漫话》,杨汉麟译,人民教育出版社2005年版,第7页。

课程文化资本运作：对非贫失学青年的考察

开群体生活的社会成员给那些正在进入群体生活的成员，社会生活就不能幸存。如果组成社会的成员继续生存下去，他们就能教育新生的成员，但是这将是以个人兴趣为导向，而不是以社会需要为导向的任务。这是一件必须做的工作"①。杜威是一个追求平衡的教育家，这种平衡需要回到在生活中学习并在学习中生活这一进路上，这也是最好的人的生长方式。从课程文化资本的获取运作角度来看，关于生长的最大"准备"便是适应性，以当下的全部去适应当下的状态，生活就是生长，生长就是适应，适应生长、适应活动且适应环境。而生长并不是学习的目的，"学习的目的和报酬，是继续不断生长的能力"②。所以说，学习是需要准备条件的，杜威把这种条件融合在社会生活中，让个人学习与社会生活成为一组搭档。

知识几乎全部是为生活做"准备"，而不是为学习进行条件准备。一方面，失学青年无法很好地胜任为生活做"准备"的学习。让一个孩子去想象成人生活里的"布置"，那是一个孩子的成人世界，不是成人的成人世界。在课程文化资本的获取行动上，这也是孩子的学习行动，而不是成人的学习行动。正如这些青年所说的，"要是现在这个年纪去上学，估计能学好。但是那时候玩是最重要的"，"只能说年龄大了，接触的东西不一样，想法也不一样。要现在想当时好好学习就好了，但是回过去还是那样"（B-16）。另一方面，学生难以掌握保持学习的条件。杜威提供了个体经验和个人兴趣两个关键条件，但从本书的案例来看，这两个条件并不能对抗来自知识学习困难的压力，而且现实生活中大部分的困难与压力都可能打败这些青年的经验和兴趣。所以本书依此假设：在课程发展上对于如何应对知识学习的困难与压力的条件准备是比较薄弱的，这成为这些青年包括普通学生选择通过自我放逐来逃避课程文化资本获取的可能因素。

---

① ［美］约翰·杜威：《民主主义与教育》，王承绪译，人民教育出版社1990年版，第4页。
② ［美］约翰·杜威：《民主主义与教育》，王承绪译，人民教育出版社1990年版，第106页。

二 行动冲突使主体与社会共同体之间难以统一

（一）在课程文化资本价值驱动上，主体兴趣与社会实用性兼容失败

对这些失学青年来说，知识的社会实用性价值在课程文化资本转化运作中的驱动力强于个体兴趣，主体依赖社会实用性课程文化资本是对兴趣课程文化资本生长空间的剥夺。所以，出现相对剥夺倾向意味着个体在处理自身需求与社会共同体需求之间无法真正走向统一。在课程文化资本获取活动中，个体兴趣支撑起学生的知识学习热情，这期间学生由于"年少无知"而对社会性事务一知半解，更无法理解成人世界对实用的判断，那时候"上学就是什么事也没有，不愁吃不愁喝的，吃过了就去转转玩玩"（B-13），"那时候学习是一件很漫长的事情，一眼望不到利弊，不管反不反思都不影响自己的生活，没有人会扣我的生活费，没有人会把我从学校辞退"（B-32）。可见，学生满心都是对快乐的追求，甚至没有成型的世界观，更不可能理解世界的发展方式，而且对自身的生活世界都不甚明白，仅能凭着身体的情绪去触碰世界、见识世界。不过，即使学生尚无法理解知识的实用性价值，但这种价值早已经通过"听说"在学生心中扎根，在他们的潜意识中逐渐演变为正确、合理、规范的要求。在课程文化资本转化活动中，尤其是这些青年离开学校以后，他们已经按照成人世界的经纬来理解社会需求，资本转化中的所取和所予都以社会实用性为标准。当知识的社会实用性被无限放大，社会共同体的利益永远没办法被填满，主体只能放弃个体兴趣，投身于公共利益分配的争取中，至此，失学青年与社会共同体之间在利益与需求方面难以达成统一。

（二）在课程文化资本内容上，主体与社会共同体之间丧失区分

主体与社会共同体保持一致，这容易导致主体的自我被忽视和被消解，一个消解了的主体不可能与社会共同体形成统一，因为他本身执行的就是社会共同体的任务，他已经与社会共同体之间无法区别开了。也即，忽略自我才形成的与社会共同体的统一不是真正意义上的统一，因为个体始终是具有个性的人,他在保持个性的同时实现与社会共同体的统一才是关乎人的社会统一。失学青年作为主体仅参考社会的群体行为,却无法使社会回应自身。本书中这些青年感兴趣和擅长的知识是从自我的主我逻辑直接出发的资本内容。然而,这些由主我构成的资本内容并未在课程文化资本转化中产生作用,它们在实际课程文化资本转化中被悄无声息地压制,因为这些资本内容与失学青年希望隶属的社会群体取向并不一致。如此一来,由主我直接出发的知识在资本运作上将难以抵御主体向隶属群体奔赴的力量,至少在行动上主体便难以平衡不一致的关系。

(三)在课程文化资本管理上,主体不擅与社会共同体进行协作

失学青年作为课程文化资本运作主体,他们却并不善于通过协作管理进行资本运作,他们只是消极的积极者或积极的消极者。例如案例18在对待可能的职业挤压时所说:"升职的话,如果他们是关系户的话,可能会升得快一点,像我们这种没有关系的,就只能一步一个脚印地来。"消极的积极者在活动中很少将个体的主体性放在首位,而是在第一时间权衡利弊。此外,对于积极的消极者而言,"在厂里边上班,怎么说呢,比较简单一些,就是一些体力活手工活,跟着学就好了"(B-08),从自我对工作的认知来看,案例08不仅无法折现出课程文化资本运作的痕迹,甚至无法表现出主体性立场。失学青年既无法与自我形成统一,也无法与社会共同体形成统一。人类主体性的呈现在最理想的情况下是回到个人的维度上,在最一般的情况下是回到社会的维度上。因为人类文明进程是一个不断突破边界的格式,"对于自然的控制,逐渐发展到对于人的控制并最终发展到对于人类的内在自然的控制的统一"[1],而且从最理想到最一般情况的进程并不是终点,未来关于主体性的归途仍然是一个谜题。

---

[1] [加]尼科·斯特尔:《知识社会》,殷晓蓉译,上海译文出版社1998年版,第327页。

三 妥协性和解使主体的自我世界出现失衡

（一）在课程文化资本的价值驱动上，遗落自我的标签

失学青年对知识价值的核心诉求在于"有没有用"或者"是不是能用到"。可见，主体在课程文化资本发展活动中对资本的社会实用价值的需求远远高于自身的兴趣。这一现象与主体性衰落问题极其相似，"传统的个人复归已经被人类复归所取代，或至少是被补充，这是对人类中心论意识的揭露。《否定的辩证法》认为，这样的揭露就是努力揭开主体性，使它面对非主体的实在，这种努力不是由控制或操纵世界的意愿所引导，而是由谨慎关心的态度与尊重多样性的意愿所引导"[1]。主体在资本发展运作中坚定地追求资本的实用价值，这是社会统一规范的引导，于是主体将自身内在所关心和倾心的知识内容隐藏起来，没有任何抗争，这是一种直接的自愿选择。基于课程文化资本发展运作行为，这些青年主体主动遗落了自我的这一部分意愿。这一部分意愿的遗落代表主体的自我世界出现了失衡，因为遗落的这一部分正是自我的意象，包括主体内在的关心与倾心，当它们被遗落在主体之外时，主体的自我世界必然失衡。自我是主体的"人的形象"，哲学上界定为人的存在，而社会学更像用标签来标记，所以，自我是个体之间相区别的人类标记。这类似于部落与部落之间的标记，即通过代表性或象征性事物来表现。所以，自我由什么来代表则是自我的标签问题。从自我的那一部分意愿开始，自我的标签上便呈现出关心与倾心的轮廓，前者被海德格尔界定为人的决定性经验特性，后者是基于兴趣的托付。

（二）在课程文化资本的内容上，回避自我的意义

意义是主体自我世界的构成部分，对意义的回避也是自我世界的失衡。个体内部源始地存在一种关心结构，这种结构不会因为年龄变化而

---

[1] ［美］弗莱德·R. 多迈尔：《主体性的黄昏》，万俊人译，广西师范大学出版社2013年版，第37页。

改变，而且因为本身存在于人的本性中，它便不可能随便消失，而是在知识的塑造中逐渐炼化出具体形态。也即，关心是通过具象的形态来呈现，这种呈现有可能通过自我的个体意义。海德格尔在"我"的"自身性"上解释关心的主旨，"主体这一存在论概念所描述的不是'我'之为自身的自身性，而是一种总已现成的事物的自一性和持存性。从存在论上把'我'规定为主体，这等于说：把我设为总已现成的事物。'我'的存在被领会为 rescogitans（思执）的实在性"[1]。关心借"我"说出自己，不是"奠基在某个自身中，而是生存性作为操心的组建因素提供出此在自身持驻的存在论建构"[2]。这里的生存性并非简单的人的日常状态生存，它更是关心的意义。由此可见，人是人自身所关心的东西，人就是自我的意义。在知识劳动进程中，人最终能回到人的自我意义上吗？哈贝马斯指出，"人类从毫无保留地让渡自己退缩到自己制造的客观现实，变成一种人为的存在"[3]。人的退让会让自身离自然的"我"越来越远，而离人为的或社会性的"我"越来越近。多数失学青年缺乏直面自身意义的果敢，并不是他们感受不到自身内在的那份"关心"，例如有的青年设想多补充数学相关知识，并不是为拓展生活本领，而只是单纯希望通过数学知识使自身变得聪明，说明他具有智识发展的个体关心，这种关心仅仅指向人本身；还有青年"关心"如何满足跳舞的条件，这是她从小到大的内心挚爱。然而在现实的资本发展中，心在"关心"，身体却在退缩，这份对自我意义的探索始终未有真正成效。也即是说，每个人都清楚地知道扁平化的人是弱者形态，立体化的人是强者形态，但是从扁平化到立体化是一个付出过程。恰恰这个过程充满了来自社会的各种"替换法则"。就像其中一个案例的观点："只要有钱就什么都有

---

[1] [德]海德格尔：《存在与时间》，陈嘉映、王庆节译，商务印书馆2020年版，第438—439页。

[2] [德]海德格尔：《存在与时间》，陈嘉映、王庆节译，商务印书馆2020年版，第442页。

[3] [德]尤尔根·哈贝马斯：《合法化危机》，刘北成、曹卫东译，上海人民出版社2000年版，第165页。

了。"正是这种万能的替换法则为主体在个体意义上的退缩提供了说服基础,这种工具合理性带来的利益空间在他们看来可以补充或弥补自我意义的缺失。在自我意义问题上,最可怕的即是这种"替换法则",主体在课程文化资本发展活动中无视知识流失、轻视知识完善以及漠视知识生长的退缩过程本质上是对"替换法则"的乐观主义。"替换法则"最终会带来人的意义的僵化,因为"替换"过程中人是不断被消耗的,尤其是这些失学青年只具备并不理想的知识内容,这并不能实现他们理想中的"替换"。

(三)在课程文化资本的生长上,停滞自我的寻找

"寻找自我"是人自我意识自觉觉醒并通向发现自己和照顾自己的生长方式。赫拉克利特"在古希腊哲学史上率先提出了'寻找自我'的思想"[1]。主体对自我的寻找是一个无法停歇的过程,并且必然沿着可知、已知、预知、能知、未知和不可知这一确定性与非确定性并存的道路进行。然而在人的日常生活中,由于社会诉求的出现,人对自我的寻找受到忽视。陷入生活沼泽的普通人没有像赫拉克利特那样负责任地说"我已经寻找过我自己"[2],也无法像苏格拉底那样谦卑而诚实地"认识你自己"。但是,以寻找为基础的自我生长是人的活动的本质。无论人的自我寻找如何进行,个体都无法跨越确定性和非确定性的双重认识框架,前者以标准逻辑组织人的活动,后者以非标准的逻辑催化人的活动。

课程文化资本发展运作受到双重认识框架的非平衡性诱导,即对确定性生长追求远远超过非确定性生长,甚至通过确定性生长的合理化来压制非确定性生长的自我寻找征途,造成自我世界中的失衡。对这些失学青年来说,对确定性的把控是他们进行资本运作的前提。他们从一开始就明确自身是在课程文化资本运作风险的旋涡之外,因为他们参与不进普遍的课程文化资本竞争环境中。他们的第一个确定性是对"我有什

---

[1] 参见胡军《知识论引论》,黑龙江教育出版社1997年版,第3页。
[2] 北京大学哲学系外国哲学史教研室编译:《古希腊罗马哲学》,商务印书馆1961年版,第28页。

么"以及"我能干什么"的自我判断。这并不是主体进行自我寻找的全部过程,因为这种自我审视的对象来自对社会确定性的理解。第二个确定性是这些青年以为自己明确地知道如何在"不打扰"社会的情况下过属于自己的生活,也即确定自我对社会的确定。在"清楚"社会的需求和要求的情况下,这些青年比较清晰地陈述着自身与社会的融入度和对社会的贡献率。在这种确定性中,主体更加确定对未来课程文化资本发展运作的预知和规划。所以,主体对自我的寻找中出现的第三个确定即以理解为前提,发展即使是未来的一部分,仍然成为他们可以想象和可以期盼的"有奔头"的活动。非确定性是一个包容性很强的概念,一切不具有精确讨论可能的情况都属于非确定性的范畴,所以非确定性是对无法把控的事物的概括。流变是生活的本质,流变中有确定性的存在,也有非确定性的存在,这是人基于已有认识范畴得出的确定性结论,但它最终是否是真实的,这是非确定性的。因而存在无知论,即人的认识受到必然不可知的局限。在无知认识论基础上,主体在知识生长与自我发展上必然存在非确定性寻找这一面向。只有保持对无知的应对才能真正地发挥主体的个体能动性,因为无知的抉择和行动没有标准可以参考,或者说在标准的舒适区之外。这些青年对确定性的知识发展过于执信的关注,导致对非确定性的自我探寻处于停滞状态。一个非常突出的现象昭示这种非确定性自我寻找的停滞,即在如何应对闲时独处的问题上,实际的独处和意识到的独处都是个体进行自我寻找的条件,而这些青年在独处过程中的能动性非常淡弱。无知是人的能动性最好的生长剂,但是在课程文化资本发展运作过程中,主体拒绝与非确定性因素"接触",拒绝挑战,拒绝在可能性中行动。

第六章

结论与建议

回到本书的初衷,如何破解失学青年课程文化资本运作中的低效困境?学校基础教育课程如何培养学生进行有效的课程文化资本运作?学校传递的课程知识及其运作方式给主体的人带来了什么?如何理解知识及其运作对人的意义?课程是主体开始进行知识运作的地方,几个世纪以来,人都是在学校课程这个框架内接受与知识的相遇相知,但是我们在进入课程这种集体机制之后是否还能回到个体自我的生活?对这些问题的回应只有在探索知识作为课程文化资本并作用于主体行为实践的过程中得到。因而,本书通观主体课程文化运作的行动表现、形态表征和发生机制,最终得出这些失学青年未能进行理想的课程文化资本运作的根源以及有效课程文化资本运作的出路和归路,并在此结论的基础上提出基础教育课程在人的培养上的相关建议。

第一节 结论

基于课程文化资本运作形态和发生机制的分析,本书认为,主体未能进行理想的课程文化资本运作的根源可以总结为三点:第一,主体在课程文化资本运作过程中受到社会游戏及规则的压制,这种压制引起彼此间不同形式的冲突,包括符号冲突、行动冲突和异化的冲突,但这些都是表面和谐下的对抗与妥协。对抗与妥协是任何冲突都会面临的应对方式,这并不是主体课程文化资本低效运作问题上的最终根源,主体对社会的深度依赖性才是，正是依赖性的形成才导致课程文化资本运作中冲突的胶着。第二，课程文化资本运作冲突的纾解在于建立恰当的自我依赖性，这是有效课程文化资本运作的根本出路。主体在社会生活中同时谋求自我生长，才有可能在不确定的社会环境和加速的社会进程中获得内在的安全感，这份安全感才能安置人的行动的全部意义。第三，从自我出发的课程文化资本运作行动，其有效和理想的标准在于使个体成为一个"繁荣"的人，"繁荣"之姿才应是人的存在之姿。

一 课程文化资本运作冲突与主体对社会的深度依赖性有关

失学青年这一主体缘何毫无防备地加入以课程知识为资本运作实力的社会行动中？正是一股隐形的依赖性通过某种同样难以捕捉的力量在他们和社会之间形成，全方位包裹他们的行动。社会依赖性是一个值得严肃讨论的问题。人的社会依赖性在以知识为基础的社会行动中是一个绕不过去且影响深远的因素，主体的课程文化资本运作行动都根植于这种社会依赖性，而且主体在"能""不能"与"不知道能不能"三种资本实力程度上均受到社会依赖性的牵引。在"能"的情况下，主体在课程文化资本运作中陷入承认型依赖；在"不能"的情况下，主体在课程文化资本运作中捕捉到了照顾型依赖；而在"不知道能不能"的情况下，一种偏向型依赖推动主体课程文化资本运作的走向。

（一）成就与承认型依赖

"成就"是关于正确的行动的承认。正确的标准大部分来自社会投映，只有一小部分来自个体自身的判断，而且这种判断达到一定影响规模的时候才会引起恰切性思考。所以从整体上看，个体判断最终也会走向社会性投映。在课程文化资本运作上，主体对社会的成就依赖主要表现在实用和兴趣方面，两者沿着不同的承认与成就进路才导致资本运作中冲突的形成。

课程文化资本实用价值体现的是社会要求。主体需要在迎合社会要求中得到承认，承认方式多种多样，报酬、福利、尊重、保护、信任等都能够发挥承认的作用，而且受到正确性的核验，这使得溺赖于成就表现的课程文化资本运作行为并无不妥。主体更是在追逐知识实用的道路上显得非常执着、坚定和彻底，他们将自我完全地依附在社会层面上。主体的依赖受到某些内在或外在因素的阻碍时，他们的资本运作活动则陷入一种冲突关系。需要引起注意的是，越成熟的资本运作越不会将这种依赖性展露出来，所以大部分冲突都是主体的内在抗争与妥协。正是这种隐藏在深处的"理所当然"的依赖，承认与成就成为主体课程文化资本运作生活的基本信仰。

兴趣在知识及其资本运作中存在三种状态：其一，兴趣知识的资本运作受到实用知识的压制而终止，大部分失学青年是这种情况。因为兴趣知识的社会制度一旦撤离，兴趣的发展似乎也随之从他们身上撤离，这对于他们来说是合理的变化。学校能够保障兴趣知识的社会制度，他们便依托于此且充满热情。但是离开学校及其课程框架，这种保障消失之后，他们便自然地陷入新的社会依托。所以就目前来看这些青年陷入了"什么阶段做什么事"的逻辑，即在对社会生活的"正确"依赖中选择恰当的抓手。即使部分青年心有"不甘"且明显地感受到行动冲突的存在，也只能依托大量实用知识的利益积累来兑换未来生活中兴趣知识的运作可能，而这也首先依赖于主体能够获得相当程度的社会承认，才有可能拥有自主兑换的权利。其二，通过兴趣知识的持续运作来对抗外在压制，但这种努力一般也来自对社会承认的依赖。尤其是对"边缘""小众""亚状态"等社会界定的突破，即以承认的方式来获得同等的生存机会，所以主体不得不以冲突的状态来获得这种承认。在这些失学青年课程文化资本运作中几乎看不到这种持续对抗。不过从另一个角度来看，失学青年选择撤离学校来对抗公共知识系统以维护他们心中理想的成就表现，这种情况显然已经出现了兴趣转移。也就是说，公共的课程知识及其传播已经不足以引起他们的兴趣执着，他们在用其他的"兴趣"来实现关于社会承认的成就，在整体上失学青年还是陷入了对社会的依赖关系。其三，兴趣知识与社会要求完全融合，或两者无法融合。

这两种情况都不受制于社会依赖性，在某种程度上甚至能够超越社会依赖性，因为融合与无法融合都是在主体自我空间上进行文化资本运作，他们可以根据自身需求随时调节这种依赖性的程度。然而，大多数人无法彻底掌握社会依赖性的自决权，只有走在社会需求前面或者极大地退回到生物性依赖的属性上，才有这种可能性。不过在大多数情况下，个体甚至没有关于社会依赖性自决权的审查意识，从法曼的这段论述中即可以看出：

> 对社会安排妥当性的信赖存在于人的潜意识之中（正因为其位于潜意识中，由此使之逃脱了应由社会对其进行的适当性审查）。我们有关何为"理所当然"行为的理解主导了人们关于制度安排妥当性的看法。我们知道怎样做才能称得上是贤妻良母、理想丈夫，怎样的婚姻才算是美满婚姻。当个人按照传统文化所塑造的角色模式来行事、与主流意识形态和传统制度安排保持一致时，我们就说他们对自己的道路作出了正确的选择。但事实上，这一选择的作出是有问题的，社会中的个人选择完全是在主流意识形态和信仰所限定的框架内作出的①。

（二）失能与照顾型依赖

本书已经讨论到，失能主要在于主体在具体实践中没有"可行"的条件。课程文化资本运作的研究认为，运作失能主要在于社会结构分化与惰性养成两大因素，这两大因素背后都蕴含着一个社会照顾的问题。

从社会结构分化来看，知识的分化带来了社会结构与功能的分化。随着知识更新不断推进，知识正在以极大的分叉系统展开，知识的种类、功能、特点、属性和存储等及其后续分化像一根根矗立在人类发展道路

---

① ［美］玛萨·艾伯森·法曼：《自治的神话：依赖理论》，李霞译，中国政法大学出版社2014年版，第29页。

上的擎天柱供人类倚靠。与此同时，社会结构与功能分化表现为每一个职能系统都保持固有的位置，既不越轨也不越权，这成为社会自处的常态。正是这样的知识与社会结构分化了人的"所能"和"所为"，人既不能万能也难以全能，主体总会在某些方面呈现为"无能"状态，这种状态给了主体对社会产生依赖的理由。所以分化的结果是有所能有所不能，这种分化结果的发生贯穿了社会照顾的逻辑，也即，分化承担的是社会照顾的功能。结构分化形成了闭环式照顾系统，使主体产生高度的安全感。所以无论课程文化资本运作如何进行，社会都会分化出一块区域来满足它的运作需求。正如案例中所表现的，即使是最简单的知识劳动，例如基础计算，社会结构中也会分化出这样一个可供选择的空间；有些青年认准一门手艺便心无旁骛，按照这种手艺的需求更新知识，别的知识并不在他的视野范围内，可见这些青年将自身高度分化给一个特定领域，而其他的"不便"则依托给社会的照顾功能，相信社会的强大解决力。在这种坚定的信念中，失学青年即使在课程文化资本运作行动中遭遇困境也不会放弃或背离与社会的关联，分化引起的"无能"感也不会彻底冲击他们的生活意志，这也是为什么很多失学青年一边自轻自责一边却在自己的位置上兢兢业业，他们在能力冲突中接受了自己的分化领域。所以说，分化表面上提供了社会运转的秩序，本质上打造了依赖的逻辑，借助依赖的功能来保证秩序的顺畅。

　　分化是照顾的一个支点，惰性是照顾的另一个支点。惰性照顾并非一般的福利表现，而是知识行为层面上出现的"失能"依赖。不同于传统社会的知识运作，现代的知识运作逐渐趋向专业化、专利化、核心化以及精密化，导致知识及其资本产品大量涌现在社会生活中，普通人却无法碰触产品背后的知识运作，所以尽管知识改变命运的命题没有错，但普通人却越来越难。在现代化知识运作面前，社会已经容不得个体亲自"上手"，很多需要都被照顾。大多数人仅仅通过翻开说明书或指南来进行一些简易操作，人不是在知识的层面产生作用，更多时候是在扮演"按钮工"，真正的知识运作被隐藏在这些按钮背后。如果按钮的功能失调，主体便会束手无策，这种失能最终只能通过对外界的依赖来解决。也即，主体的失能不得不被相关的外部条件来照顾，否则将陷入生活的失序状态。但是这种无法解决问题的惰性并非主观上的惰性，而是知识被社会普遍打包成便利袋来出售，个体在追求便捷的过程中停止了追问和探究，例如很少有人会去搞清楚自己用来工作的软件是如何实现的，一来知识的分化将认识行为分支合理化了，二来社会的保障与照顾系统非常健全，这里最大的冲突便在于强大的照顾系统消解了人对真正的知识运作的执着，执着的丧失皆因人早已经有了退路，不过人对这种退路的依赖能否一直保持在社会功能的承受范围内，这是一个不确定性问题。

（三）陌异与偏向型依赖

知识的无知认识论提请我们关注社会行动中存在一个无知的维度。面对无知之知，大多数人存在一种陌异感。人的知识运作由简到难，这就是一个不断从已知向未知靠近的过程。有的人在这一过程中不断接近边界，通过挑战陌异感的阈值来保证自身的动力。也有人选择屈服于陌异感，从而在已知知识内进行行动，这两种都是偏向型依赖，前者依赖于看不见的知识及社会引擎，后者依赖于看得见的知识及社会结构。但是，只有极少一部分人能够在知识创新运作上安抚自身的陌异感，降低对看得见的世界的依赖性。大部分人更偏向于依赖已知或者自以为已知的稳定性知识。已知知识的世界是社会早已画写好了的蓝图，尽管它可能出现意外或者偶然，但这种情况在人的承受范围之内，或者是出现已经预判了的意外或偶然，这也并不能引起人的慌乱。所以对很多课程文化资本运作中的青年来说，在已知和未知的冲突中，结局是主体用对未知性的远离来破解冲突，他们放弃了给未知发展准备的机会，进而完全地依附于自己有把握的活动上面。例如这些青年的失学几乎是因为他们对大部分的课程知识已经产生了难以控制的陌异感，这种陌异感不是在冲突中被释放，而是在冲突中被转移，同时这种陌异感使他们对知识的深度获取和进一步发展都丧失了分寸和想象，所以"逃离"是对自身心灵的安抚，也是真正的社会性依赖。此外，陌异感存在对比性。主体倾向于选择陌异感低的课程文化资本进行运作，例如有些青年只学习"有感觉"的知识，无视"没感觉"的知识。总之，所有有意识的偏向都不可能是随心所欲，其中必然存在外在的影响因素。那么这种偏向型依赖是如何引发的？本书认为，课程文化资本运作中出现的偏向型依赖主要是受到社会制度的干预，尤其是评价制度。评价最终都是一种结果呈现，无知很有可能无法给出结果。而且评价制度的存在让大多数人做到了保守和规矩，可见，评价在一定程度上擎制了主体的行动范围，使他们依赖于固有的模式。

综上，主体对社会的依赖已经普遍化、合理化和事实化，"即使那些我们想象的离开地球的漫游者，也仍然是人；我们关于他们的'本性'所能做的唯一声明是：他们依然是受条件规定的存在者，即使现在他们的条件在很大程度上是人自己造的"[①]，课程文化资本运作中的冲突则必然发生，这正是理解课程文化资本运作的根本所在。一个产生在冲突上的课程文化资本运作行动是否可称得上"有效"或"高效"？"在马克思主义者和现实主义者看来，相互依赖是冲突和不安全的原因。吉尔平认为，'经济相互依赖在社会集团以及国家之间建立了一种实力关系……相互依赖产生了一种可供利用和操纵的脆弱性'"[②]。可见，没有限度或节制的依赖至少有可能在主体课程文化资本运作中产生疲累、无辜和弱势局面，所以，对社会依赖性的适度松绑是纾解课程文化资本运作冲突的关键。

二 课程文化资本运作冲突纾解在于建立自我依赖性

以课程知识为基础的文化资本运作是每个人的必然行动，资本运作发生中的冲突也必然存在，这在于人对社会结构及其知识的依赖性不可

---

① [美]汉娜·阿伦特：《人的境况》，王寅丽译，上海人民出版社2017年版，第3页。
② [美]罗伯特·基欧汉、约瑟夫·奈：《权力与相互依赖》，门洪华译，北京大学出版社2012年版，第4页。

能完全瓦解或消除，由此只能通过自我依赖性的建立来适度缓解主体对社会的依赖，从而以人的解放来纾解这种冲突，而且在人的生长上，"依赖性的集体责任不应越过个人权利和个人决定范围"①。课程文化资本运作是以人为主体的知识活动，人需要合理地依靠自我，发挥自我的主体性、主动性和主智能性。随着信息传播和多元智能方面的更迭，大多数人只是被卷入智能时代，自身的智能并没有得到及时的过渡，虽然在未来社会的知识发展上不可妄判，但是主体对社会的依赖必然只紧不松。学校课程对于人本身的智能发展方案还不显见，现在更多的是应对智能产品，但未来我们被智能产品包裹时，人应该如何自处这一问题还没有触及大部分人本身的智能提升。人在未来有没有可能出现整体性的智能提升？这是未来课程极困难的地方，人类要保持住主体地位，其思考力和行动力必须具有控制力量，而不是发生整体性滞后，很多科技想象都潜在地立足于一个相似的基点：外星文明的强大其实都是外星体（人）本身的强大，而不仅仅是他们的产品强大。所以，知识的文化资本运作活动必须意识到知识变革进程中的主体性危机，在行动力和思考力的层面上建立自我依赖性。

（一）在行动力上，主体出现能动性的功能减速

能动性是人的主动行动力，表现为人的自觉自发行为。但是在课程文化资本运作活动中，这些失学青年的能动性面临着功能减速的危机。过度的、束缚的以及彻底的社会依赖关系表面上引领失学青年在知识劳动中与社会共同加速前进，然而需要区别的是，这些青年只是在这个过程中主动地加速生存发展，而不是主动地加速生长发展，即他们把生命交给生活，而不是把生活交给生命，此间差异在于把什么当作最主要的个体任务，由于对前者的偏向，这些青年只能任由社会依赖在他们的行为选择中蔓延，本研究在案例分析中已经完全感受到主体在相关知识使

---

① [美]玛萨·艾伯森·法曼：《自治的神话：依赖理论》，李霞译，中国政法大学出版社2014年版，第13页。

第六章 结论与建议

用中对自我的抛离。例如有的青年直言自己的生活中不需要多少知识，就算去买东西，超市也会准确无误地帮忙计算好，一分钱都不会漏掉。所以在对"看不见的世界"的绝对倚靠面前，主体自身还能生长吗？课程为人贮备知识，是为了人本身的生长还是为了给人的生存提供机会？主体需要自我生长，自我生长才可创造新的社会景象并调节某些陷入固化和自我封闭的社会环节。自我的生长需要建立自我依赖，真正的通过知识获得解放即是从自我开始，康德的理论存在着绝对的主体性价值，所以这并非一种孤勇式的宣言，而是回到人的本身，把握他自己真正关心所在。可以预见，在未来的知识生产运作中，社会加速发展的好坏无法控制，但人对自身能动性的无意识减速则是对形成自我依赖的背离。基于此，波兰尼在讨论个人知识话题时已经就知识生活、能动性和自我依赖性的关系作了论述：

> 由于将来可能出现问题的范围是无限并且完全不可预测的，所以，我们今天把我们寄托在任何特定的信念上时所采纳的与这些问题有关的偏见同样是无穷无尽和不可预测的。因此，面对这些问题就可以揭示出我们任何的当前信念中所内在的隐含意义的不确定范围……促成我们的寄托行为的理智勇气，在寄托状态中保持着它的能动性，因为它依靠自身的才智去处理通过寄托行为而获得的知识的不可言传的含义。在面对变化着的世界时，我们保持冷静的首要能力就来自这种自我依赖。它使我们在向我们呈现出一系列未曾经历过的情境的宇宙中感到自在，甚至使我们就在这些场合中最真切地享受着生活，并且这些场合又迫使我们重新解释我们已经接受的知识以回应新事物。[①]

---

① [英]迈克尔·波兰尼：《个人知识：朝向后批判哲学》，徐陶译，上海人民出版社2017年版，第378—379页。

寄托的本质便是依赖，波兰尼在处理身体外寄托和身体内寄托时显然更倾向于身体内寄托，身体内的寄托往往更接近于真理，如其所言："在每一个认知行为中，都有着知道什么正在被认知的个人的默会的、充满热情的贡献；这种因素绝不仅仅是不完善，而是一切知识必不可少的成分。所有这些证据都表明一切被宣称的知识是绝对毫无根据的，除非我们全身心地坚持我们自己的确信"[1]。可见，这种身体内的寄托与感应实际上就是在触碰主体的能动性，并且通过信任来完成这一寄托行为，此便是自我依赖。

（二）在思考力上，人的智能与人工智能存在差异

当代不是一个人人都能处理人工智能问题的时代，它只是一个人人都能讨论和应付人工智能生活的时代，普通人能够"上手"的知识工作很少，同失学青年一样无法插手复杂的知识运作本身。由此，大多数人都变成了知识的消费者，而不是知识的运作者，这便是知识作为文化资本面临的主体依赖危机。知识的文化资本运作过程有可能出现两组关系的对立：一种是人与人之间知识实践的差异，另一种是人的智能与人工智能之间的距离。第一种情况，当人越来越依赖对知识产品的消费时，自身的文化资本运作将成为一种假象，这种活动不会给主体带来自我的生长。主体只是在完成知识运作活动中的指令，尤其是当信息库高度完备的时候，律师、医生、工人等工种更多的时候是与信息库进行周旋。信息库越清晰，个人所费的力气就越小。从这个意义上来说，人对自我的依赖将出现危机，更严重的便是人不依靠自己时，个体的成长便会陷入困境。第二种情况与第一种情况息息相关，第一种情况需要回应的问题是到底谁才是真正运作知识的主体？如果人必须是行动主体的话，人工智能的角色是什么？很多学者持有这样的猜想：当我们人类控制人工智能的时候，我们人类是不是正在被人工智能反控制？能够检验这一问

---

[1] ［英］迈克尔·波兰尼：《个人知识：朝向后批判哲学》，徐陶译，上海人民出版社2017年版，第372—373页。

题的举措只能是回到主体自我,建立对自我的依赖感,把个人的智能发展作为主要任务,提高自身的思考力和反思力,使主体成为真正知识运作的行为者。通过失学青年的课程文化资本运作研究,已经能够看到其中隐藏的主体依赖危机,这些失学青年的活动都已被安排好,早已呈现的"知识配方"为生活规划好了程序。

三 有效的课程文化资本运作着力于使个体成为"繁荣"的人

分析课程文化资本运作的现实发生机制及其根源问题只触及这一活动本身,需要进一步追问的是这一活动在主体身上产生的应然效果,即课程文化资本运作对主体应该具有什么助益。这些失学青年普遍陷入低效的课程文化资本运作状态,一味追求完成社会的期望,阻碍了主体的自我发展与生长。然而,有效的课程文化资本运作应该是着力于个体的自我生长,使个体成长为一个"繁荣"的人。"繁荣"是人及所有生命最壮丽的图景。英国学者大卫·利奥波德指出,青年马克思阐述了人类繁荣的观点,"个体只有实现了本质能力才可以称为健康的发展,而只有实现了这样发展的个体才算是实现了繁荣。这种繁荣的个体是'真正的人','真'是指一个实体充分表现了它的本性"[1]。可见,"繁荣"的人是人的发展的根本方向,也是人的一切进步行为的目的。所以从人本身来看,有效的课程文化资本运作对人的助益应该是使主体成为一个"繁荣"的人。

"繁荣"是生命成长的目的,亦是生命成长的过程。"繁荣"在《辞海》中释义为草木荣盛。"繁"来自金文,表示多和盛等,"荣"字源于《说文解字》,是一个多义性质的语字,例如:草类开花或谷类结穗;茂盛;盛大;光荣或荣耀等。此外,英语语系上具有"繁荣"之义的单词包括"boom""prosper"和"flourish",三者的区别在于:"boom"是在

---

[1] 参见[英]大卫·利奥波德《青年马克思——德国哲学、当代政治与人类繁荣》,刘同舫、万小磊译,中山大学出版社2017年版,第181页。

迅速发展和激增的状态上来形容繁荣的意义，"prosper"是指向明确成功和兴旺的繁荣状态，而"flourish"既在（植物）茁壮成长的意义上代表繁荣，也可表示人的健康幸福。尽管这三个词几乎可以作为同义词使用，但"flourish"一词与汉语中的"繁荣"更为意义贴合，利奥波德在探讨青年马克思的人类繁荣观点时也是使用"human flourishing"这一表述。不过，"繁荣"概念通常用来表现经济、政治、文化和社会等领域的发展程度，多倾向于"prosper"的含义，这似乎在喻示人需要通过这些外在领域的繁荣与成功来证明自己的发展成就。那么，人自己的"繁荣"真谛是什么？相比于人类相关产业的"prosper"，人自己的繁荣来自"flourish"。繁荣是一个极度的生命景象，正如"flourish"所表达的茁壮、健康与幸福，它是以内在生长的本性呈现的繁荣。恰如本书中已经论证的问题，只有主体的课程文化资本运作行动回到自我生长的路径上，这种以人为基础的"繁荣"生长才有可能，一个"繁荣"的人是以自我进行充实的主体，而且自我繁荣才能建立起对自我的依赖。对人的"繁荣"真谛的问询，一方面要探讨人的"繁荣"的去向，即"繁荣"对人来说意味着什么；另一方面要寻思人的"繁荣"的实现条件。

（一）人的"繁荣"之去向

对个体而言，"繁荣"意味着什么？利奥波德认为青年马克思提到的"物种性存在"（即类存在）是人的"繁荣"最终极且最根本的去向。"物种性存在"是生命世界最理想的目标。生命生长的"繁荣"是一个动态过程，个体需要在自身生长进程中享受这种"繁荣"力量，"繁荣"应该呈现在健康发展的每一步中。基于此，本书认为，人的"繁荣"还应该参考两种过程性去向：一种是在平衡状态中舒适地滋养，另一种是在心灵机会中绽放。而且这两种去向和马克思所提出的"物种性存在"去向都需要在同一条道路上来完成，即将知识运作为生命成长的劳动。

1. 从单向度走向舒适度

"单向度的人"是主体性危机与冲突的代表性观点。"决定性选择"引发了单向度社会的压制性和不舒适感，"人们创造自己的历史，不过是

第六章 结论与建议

在一定条件下创造自己的历史"①。此外，单向度问题中最核心的一点是社会发展混乱了合理性与不合理性并且以合理性规定了这一情况。单向度的症结在于人出现了成长误区，他把自身的舒适感寄托在外在的居所，而非内在的居所。以社会控制的工作制度为例，"工作提供了一个完全不同于自然环境的'人造物'的世界。这个世界成为每个个体的居所"②。多数人将自己过度地倾注于外在居所，这个居所的任务完成度能够调度主体自身的舒适感体验，以致为了这些社会追求而忽略、回避自我的内在舒适感，这种失衡状态正是单向度的人的内在生态环境。真正"繁荣"的人需要把握舒适度的平衡，找到课程文化资本运作的正确方式。对个体的社会生活而言，知识是获取利益的手段，但是对个体本身而言，知识的发现代表了人对自己的发现。只有同时明白这两条逻辑才能在知识劳动的动态平衡中自主决定自我的舒适感。单向度的社会过度倾斜于前一条资本逻辑，慢慢回归到后一条逻辑，个体才能在知识运作中感受到自我的内生力，内生力是个体"繁荣"的真正源泉，同时也给个体带来稳定的舒适感，人的舒适感又返回来继续滋养人的持续"繁荣"。

"繁荣"表现的舒适感并不必须以生命保全或情感愉悦为第一准则。困顿、哀惧、放弃和爱而不得等都是成长中的正常现象，它们与生命和快乐的价值是一样的。一些失学青年在课程文化资本运作中极度放大了生命至上和情感愉悦这一准则，以至于掩盖了这一准则对立面的存在。人的真正"繁荣"是面对真实并接受真实的一切，用真实带给自己的舒适力量来面对不美好的时刻，通过课程文化资本运作活动使自身在这些正常表现中安全过渡与承接。真正合理的社会"不一定没有困难或局限，更不一定是所有追求都是实现的社会"，并且"'解决'个体间的冲突可能不是涉及清除人类之间所有的冲突，而是清除那些需要清除，可以清

---

① [美]赫伯特·马尔库塞：《单向度的人：发达工业社会意识形态研究》，刘继译，上海译文出版社2014年版，第187页。
② [美]汉娜·阿伦特：《人的境况》，王寅丽译，上海人民出版社2017年版，第1页。

除的冲突"。① 既然人类行为中的冲突及其衍生矛盾是不可避免的事实，个体成长的"繁荣"就是一个有限性问题，或者是一种受到"考验"的发展状态。因此当这些失学青年在课程文化资本运作中遭遇困境，他们用放逐、逃离、逃避和妥协来建立内在的安全感实际上是在抑制个体"繁荣"生长，这是一种虚假的安全和内在舒适，他们依靠的全部是外部系统，反观自身则毫无依赖。很多青年以为自身遭遇的挑战可以通过选择进行规避，却没有意识到这些挑战是生命成长的必然性过程，所有的规避都有可能带来脆弱的生长，继而在不断积攒中最终成为对"繁荣"发展的致命一击。

2. 回应心灵投射的机会

本书已经提到，由心灵出发的表现包括关心和倾心，前者是海德格尔所说的先天性意义，而后者则可以是后天性的兴趣，两者都可谓为心灵投射的机会。主体在关心和倾心方面得到发展才算得上自我实现，也才是个体"繁荣"的取向。

海德格尔说，人的源始中存在一种关心结构，这种关心甚至先于人自身的存在。在这个意义上，人只有抓住内在关心所投射的机会才有可能实现真的"繁荣"。因而，主体进行知识认识的运作行为不是简单地转化为生活所需，不是一味去操劳或操持人以外的事务，也不是通过知识的资本性来获得生活上的便捷，而是仍然存在一种对内在关心的必然回应。最深刻的关心是主体对自我的意义主题的寻找。个体都有自己的主题，人对这种主题是在特定的文化行为和认识运作中逐渐接近和领悟。所以，主体的每一个课程文化资本运作行为都具有潜在的因果关系，对资本价值的认定、对资本内容的选择以及对资本运作的应对都需要在一定的生长空间中进行，通过这种运作行为帮助主体接近和表达他的"关心"。因此，"关心"是人的意义所在，也在人的意义之中。随着主体对这种心灵所执意的"关心"

---

① [英]大卫·利奥波德：《青年马克思——德国哲学、当代政治与人类繁荣》，刘同舫、万小磊译，中山大学出版社2017年版，第251—252页。

的无限靠近，主体的生长才可能具有"繁荣"景象。

人的内在投射的另一种机会是倾心于特定的事物，主体产生一定程度的迷恋，继而表现出浓厚的兴趣。这种兴趣表达在于主体将这种事物与自身深度结合，通过这种事物来表达自我。在这个意义上，兴趣发展也是一种"繁荣"。从知识的运作角度来看，兴趣的发展必然引起人本身的发展，因为人是真正地去认识他的兴趣所在，人本身就会获得生长。对事物的迷恋会让主体勇于在困难中前进，在失败中反思，在追逐中获得掌控力量。主体必须依靠自己，只有自己才能为自己的倾心做出界定。反观常规资本运作中的利益转化，它在人的外部利益间变换周旋，主体却在这些转化规则和标准之外。也即，主体在他本身之外的轨道上运转，却没有自身轨道的痕迹。而对特定事物的兴趣恰恰是使主体拥有自身轨道的契机。大部分人的兴趣迷恋是通过后天吸引，至少在后天接触之后得到更为坚固的维系，这种持续的吸引力是主体进行兴趣运作的保障。只有守护住这份吸引力而不是轻易地妥协、退让或割裂，才能在人本身实现生长。也只有这种兴趣得到发展，主体的"繁荣"状态才能得到展现。

3. 追求物种性存在（类存在）

"物种性存在"指的即是类存在，两者只是翻译上的区别。利奥波德认为，马克思理论中人类达到解放和繁荣的标准是"物种性存在"的实现。《论犹太人问题》中指出，"本来面目的人，被我们整个社会组织败坏了的人，失掉自身的人，自我排斥的人，被非人的关系和势力控制了的人，一句话，还不是真正的类存在物"[1]。非类存在物是一种外在的存在物，代表那种把一切变成人的外在的东西，包括民族的、自然的、道德的、理论的关系等等。类存在物出现在"现实的个人同时也是抽象的公民，并且作为个人，在自己的经验生活、自己的个人劳动、自己的个人关系中间"[2]，能够察觉自身的"原有力量"且正确表达这种力量。利奥波德将青年马克

---

[1] 《马克思恩格斯全集》（第一卷），人民出版社1995年版，第434页。
[2] 《马克思恩格斯全集》（第一卷），人民出版社1995年版，第443页。

思关于人类繁荣的论述解析为"'物种性存在'被描述为已经实现自我（充分发展和使用自身关键能力）的个体。本质能力指的是一种物种具有的历史特点和文化特色的能力，不是指个体特色的能力，也不是指区分一个社会或文化中个体成员与另一个社会或文化中个体成员的能力"①，这种本质能力的发展才是人的"繁荣"的实现。可见，"物种性存在"是人类自身发展中的最高级目标，以文化资本的人类运作为代表，都应该朝向这一目标努力。这一努力是通过人的社会行动来发展自身的本质能力，而不是仅仅作用于有可能因组织不当而割裂人的类联系的那些外在的东西。所以，课程文化资本运作这一行为绝不仅仅是为了人的社会功能而发生，为了社会性生计的课程文化资本运作有可能是对资本概念最大的误解，因为它过度专注于安身而忽视了立命的内涵。正如马克思所强调的，人类的解放与繁荣指向的应该是人的本质能力。

（二）人的"繁荣"之条件

利奥波德总结了青年马克思关于人类繁荣的实现条件，他将这些条件分为基本的生理需求和更高级的社会需求，同时也指出，青年马克思在人类基本生理需求上的辩护，通常不被认为属于他对人类繁荣的论述，而且这种需求具有特定的历史和区域背景。因此，利奥波德着重论述的是"劳动需求和对真正共同体需求在内的社会需求"两大因素。结合失学青年课程文化资本运作的实际活动，本书认为，"繁荣"的人可以从个体依赖和共同体屏障层面的维持来实现，这两个层面分别代表了主体的内在环境和外在环境，说明人在"繁荣"的进程中不仅要关注社会，更要自我关怀。

1. 个体依赖

以智能为基础的个体依赖。人类智能的理性程度、计算速度和范围等受到很多因素的影响，尤其是身体这一因素，"我们只能学习被感知到

---

① ［英］大卫·利奥波德：《青年马克思——德国哲学、当代政治与人类繁荣》，刘同舫、万小磊译，中山大学出版社2017年版，第181页。

第六章 结论与建议

的知识。通过一种感官获得所学内容，比如视觉、手指的触觉、嗅觉或味觉等。我们努力扩展这一能力，试图直接看穿数学、逻辑等抽象工具……经验越抽象，我们就越难处理它们"[1]。但人工智能在很大程度上超越了人类智能的生物限制，它不需要生物性的载体，甚至可以同时出现在多个"地点"，高度抽象、跨维、复制、重复等认识运作都在人类极限之上。此外人工智能数据可以制造"真相"，人把数据解读视为参考真相。在这一基础上，人自然而然地产生了依赖性倾斜，甚至将自身的计算、鉴别、经验等能力交付出来。人类智能在"本不富裕"的情况下仍然进行"让贤"并且甘之如饴，这在于人工智能的正确性远远高于人类理性结果，信任的天平则毫无疑问地偏向被认为是更"正确"的一方。所以，人类自身生长的"繁荣"渐入艰难境地。个人需要对自身智能发展保持坚守并充满热情地面对智能发展的挑战，一方面维持基本思维与能力的灵活性；另一方面去冲刺智能极限，才可能回到对人本身智能水平的依赖。此外，对人自身智能的信任和依赖并不是停止想象和质疑的脚步，恰恰是想象和质疑的认识方式才能够增加对人的智能的依赖强度。也即是说，在主体的课程文化资本运作活动中首先要建立对自身智能的合理依赖。

以尊重为基础的个体依赖。青年马克思提到劳动关系中的自我尊重，自我尊重在于承认、肯定和接纳自己及其劳动成就。其一，尊重主体生命的成长任务，而不是与自我疏离。自我疏离是与主体自身本性疏离，并且在行动中将自己陌生化和距离化。"一旦工作变成纯粹的生存手段，人类对在生产活动中实现自我的需求就会降低。若生产活动只是为了满足工人的基本需求，'他作为人的本质'就变成了'物理存在的手段'。"[2] 其二，主体对自身劳动成就的尊重也属于自我尊重。"在实现自

---

[1] ［美］阿米尔·侯赛因：《终极智能：感知机器与人工智能的未来》，赛迪研究院专家组译，中信出版社2018年版，第23—24页。

[2] ［英］大卫·利奥波德：《青年马克思——德国哲学、当代政治与人类繁荣》，刘同舫、万小磊译，中山大学出版社2017年版，第238页。

· 235 ·

我的工作中，我的'人格'会'客观'体现在产品中，即我的创造将以'可感知'的形式体现我的才华和能力"[1]。主体在知识的文化资本运作活动中出现质疑或否定自身成果的情况是正常的人的认知表现，但不应成为常态。在本书案例中，大部分失学青年在课程文化资本运作的各活动中都表现出"没有意义""只会这些最简单的""坚持再久都没用"以及"什么都不会"等态度，这些态度早已将主体和他的实际成就做了定性，完全陷入了悲观的"感知"。导致失学青年课程文化资本运作低效甚至失败的原因在于冲突的尖锐性，而冲突的存在正是由于主体对自我的否定与遗失。综上，自我尊重即是自我依赖的形式之一，无尊重则无所依赖。以尊重为基础的依赖才能源源不断地赋予主体繁荣生长的动力，在课程文化资本运作行动中亦如此。

以享受为基础的个体依赖。自我的享受能够引起对自我的信赖，而自我的非享受则可能带来对自我的否定。此外，享受并非扬扬得意与自以为是这种对外部成就感的满足，而是通过内在认同来表达个体成长的成就。青年马克思已经讨论到，个体成长与行为劳动中的"繁荣"发展应该激发个体的享受态度，首先，在对劳动成就上，"我将从自己制造的产品中'得到乐趣'"[2]。也即，主体应该珍惜每一次都是竭尽全力获得的课程文化资本运作成就，即使可能不完美，但却引起了主体的某些突破。其次，在劳动过程中也应该是享受性的，"我会在生产过程中表现我的'个性'，即在生产过程中表现我的才华和能力，因此生产活动与工人的性格'吻合'；生产活动不再是'我讨厌'的活动。这些观点预先假定人类会享受劳动中的自我实现活动。在工作中我会'享受表现自己的生活'"[3]。默会认识论已经揭露，很多知识无法通过语言来"显身"，

---

[1] [英]大卫·利奥波德：《青年马克思——德国哲学、当代政治与人类繁荣》，刘同舫、万小磊译，中山大学出版社2017年版，第240页。

[2] [英]大卫·利奥波德：《青年马克思——德国哲学、当代政治与人类繁荣》，刘同舫、万小磊译，中山大学出版社2017年版，第240页。

[3] [英]大卫·利奥波德：《青年马克思——德国哲学、当代政治与人类繁荣》，刘同舫、万小磊译，中山大学出版社2017年版，第241页。

只有主体在自己的行为过程中默而识之。对于那些无法言述的认识过程（例如：如何领悟、如何解释以及如何决策等），只能主体对自己保持信任。此外，个体间的态度也是主体的一种享受，"个体之间很强的感情纽带，毫无疑问对人类的繁荣至关重要"，例如"我会因他人使用或喜欢我的产品而感到'满足'。这种满足源自'知道'自己生产的产品'符合他人的需求'。我以满足他人的需求为乐，而不是因为我那么做会获得好处。这种关系的另外一面是他人对我的态度。他人能理解并'承认'我在满足其需求和在其'实现'本性中起到的作用"。① 这种情感态度是通过产品这一介质而形成的彼此欣赏，欣赏的是人自身的本性，而不是那种优越性。换句话说，个体有权利享受欣赏的情感，这种欣赏使人与人之间彼此依赖也更为依赖自身。

2. 共同体屏障

共同体是指"有共同价值观和生活方式，且每个成员会彼此行为认同和承认彼此为成员"② 的组织形式。"对共同体的需求是较高级的社会需求，对它的辩护经常被认为是马克思对人类繁荣论述的独特的部分"③。作为人的"繁荣"进程中的终极守护与保障力量，社会共同体应表现出以下特性：

社会共同体是一种集体仪式。集体的形成往往是因为人的"交往需求"，交往的冲动形成了彼此关系，关系结构形成了深度的纠缠与聚合。此外，交往本质上也是人的一种认识活动，个体通过认识他人及其周围环境来确认自身。在寻找自我的道路上，主体便积累了事物的知识，遂也产生了以知识为基础的资源竞争。可见，集体仪式与知识发展是同步进行的，并且两者在相互补充中维持彼此的需要，而且都是主体寻找自

---

① ［英］大卫·利奥波德：《青年马克思——德国哲学、当代政治与人类繁荣》，刘同舫、万小磊译，中山大学出版社2017年版，第241页。

② Andrew Mason, *Community, Solidarity and Belonging: Levels of Community and Their Normative Significance*, Cambridge: Cambridge University Press, 2000, pp. 20 – 27.

③ ［英］大卫·利奥波德：《青年马克思——德国哲学、当代政治与人类繁荣》，刘同舫、万小磊译，中山大学出版社2017年版，第242页。

身和确认自身的手段。但是,从这些失学青年的课程文化资本运作活动来看,交往行为从"一开始的手段最后变成了目标"①,他们越来越与自我疏离,越来越重视集体成员这一身份,并且努力参与成员间的活动。综上,一方面社会共同体是人的自我发展过程中的体系性保障手段,使得人的认识活动和资源竞争维持一种平衡,否则人处在"散漫"状态中在很大程度上会面临自我消灭的结局,因为当所有冲突都不受调节时,冲突将带来巨大且不可逆的能量消耗。所以,社会共同体的结构维持了人的发展中的基本稳定,为主体的认识与生长活动做出合理的引航。另一方面社会共同体作为集体仪式并非人本身的生长目标,而是生长手段,人始终需要在社会共同体的运作环境中秉持回到自我和实现"物种性存在"的初心上面。所以,课程文化资本运作表面上是一种社会性活动,本质上却是主体性活动。也即,这一运作活动虽然是在社会共同体的系统中进行,但并非仅为了满足社会共同体的运转纲领,实际上社会共同体的运转应该是为了配合主体的知识认识行动,帮助主体追求自身真正的发展需要。

社会共同体是人的行动的屏障系统,而不是作为控制系统。人的"繁荣"需要社会共同体的有效屏障。社会共同体"不是凌驾于个体的,抽象的,普遍权力,而是表现了每个个体的本性、行为、生活和自己的精神"②。也即,作为屏障的社会共同体应该把促进人类繁荣作为自己的目标,及时处理人类繁荣生长过程中的种种必须应对的冲突。马克思的观点也在于,人类不可能实现所有的发展目标,因为围绕人类行为而产生的冲突不可能全部且彻底地消除。所以,社会共同体的屏障作用主要在人类"物种性存在"的实现受到阻碍的时候产生,并非将人的所有行为都划定为唯一的标准。因而,社会共同体下的制度、规则、章程、价

---

① [英]大卫·利奥波德:《青年马克思——德国哲学、当代政治与人类繁荣》,刘同舫、万小磊译,中山大学出版社2017年版,第243页。
② [英]大卫·利奥波德:《青年马克思——德国哲学、当代政治与人类繁荣》,刘同舫、万小磊译,中山大学出版社2017年版,第245页。

值和信念等结构需要出现在一个合理范畴内，如果社会的这些结构超越或限制了主体的本性，则有可能是一种对人的僭越。课程文化资本运作行动是人的本性表达，同时也是社会共同体成员的公共游戏，这决定了人的"繁荣"需要依靠社会共同体的集体努力，但是这种依靠并非转化为控制和依赖，而是给予一种"保护"，即真正有效的社会共同体是尊重并赋予每个个体足够的思考、鉴赏、决策和承担等能力，选择和自由并不是个体最有效的生长条件，前者才是。主体极大地发展了自身的思考、鉴赏、决策和承担等能力，才可能成为一个"繁荣"的人。这些内容时刻显现在课程文化资本运作活动中，主体从自身出发来思考、鉴赏、决策和承担课程文化资本的价值、内容和行为方式等，突破社会单一的具有潜在控制性的标准依赖，从而为自我成长感到荣幸。

社会共同体维护人真正的本质能力。在马克思那里，"物种性存在"是人的本质能力，人类"物种性存在"的实现需要共同体的作用。人类总是潜藏着"向人性"的本能，这是物种之间难以言说的高级默契。所以，社会可以发生变化，但人无论如何都会保证他的本体来寻找他自己，这与社会共同体维护人的本质能力是相互呼应的。社会共同体维护人的本质能力不仅围绕生命、自由、尊重、选择、权利、平等和安全等主题，更是在本性上维护人理解自己和实现自己的愿想。人的这一深层愿想，只有依靠人自己的繁荣。在这一立论下，主体通过课程文化资本运作既保持群体间的生存张力，又激发自身的发展水平，社会共同体维护人的本质能力则需要积极矫正知识活动中的冲突、失衡与僭越等不良运作状态。矫正工作的起点在于社会共同体的教育体制，教育功能的保留使得人类的很多突出设计历经山海而绵绵传承。反思教育需要回到人的行为表现上，而反思人的行为表现又需要回到教育的细节中。同时，人的行为表现发生在主体与社会共同体的共同知识运作活动中，对这一活动的关注不仅对于理解社会共同体对人的本质能力的维护至关重要，而且对两种反思路径的梳理更是无可替代。综上，课程文化资本运作对于形成"繁荣"的人的意义不可估量。

第二节　对基础教育课程发展的建议

本书已经论及失学青年课程文化资本运作中的根源问题，以及资本运作中人的"繁荣"实现的内外条件。课程是一项把握科学性和人文性的工作，科学性在于注重人的认识发展规律，人文性在于介怀人的尊严关系。但科学性和人文性解决不了人如何荣幸地生活这一问题，即如何在资本争夺活动中感到"荣幸"，而荣幸感来自主体在"繁荣"意义上获得生长。故而，本书认为基础教育课程发展不仅要在科学与人文的逻辑上进行人的培养，同时也要在"繁荣"的意义上帮助个体寻找自我、自洽和自我依赖性，使个体真正地通过知识获得解放。从目前的研究结论来看，基础教育课程应该回应如何将自我依赖根植于人的行动中这一问题，也即如何培养学生进行有效的课程文化资本运作行动。本书从课程的价值理念、内容和行动三个维度对我国基础教育课程的进一步发展做出反思并提出建议，为深化课程改革贡献自己的力量。

一　通过课程文化资本的价值驱动，回到"人"的身份

学者刘铁芳在讨论"'人'的身份与'人'的教育"这一议题时指出，"我们首先是一个'人'，然后，才是家庭、集体、国家的一个'分子'。后者的身份意识在大多数情况下，不是掩盖前者，而是更好地实现前者，凸显前者。当社会需要我们更多地持守后者身份的时候，我们也不应该忘记，我们原本是一个人，那是我们最基本的身份"[1]。以"人"的最基本身份为基础才是关于"人"的教育。可见，课程文化资本运作的核心价值驱动应该是"人"的身份，教育的目的绝不只是提供生活的技能，更不只是实现人的主观欲望，而是将人从自然生物性和个别性中，解放出来的神圣事业，人才是知识行为的本质追求。

---

[1] 刘铁芳：《知识与教养之间》，北京师范大学出版社2017年版，第4页。

(一)围绕课程功能,细化立德树人之义

中国基础教育的课程功能简洁且直接,即"立德树人"。"立德树人"看上去清晰明了,实际上语境宏阔,语意深远,"德"和"人"都是充满想象的范畴,蕴含了无限的生成性含义。所以,围绕立德树人的课程功能,基础教育要细化知识对人的发展的意义。本研究认为,基础教育课程需要更加精准地阐发"德"与"人"的旨趣,让学生理解"德"与"人"之于自己的必要性。其一,超越常识中"德"的界定。普通人的常识中,"德"是行好事、做好人、守法律、遵规矩的意思,失学青年即是这种想法,他们印象最深的就是思想品德课程,在他们的课程文化资本运作行动中产生了深度的规约作用。学者研究的"德"却要丰富于这些学生的认识。"当苏格拉底在两千多年前的古希腊大声疾呼'知识即美德'时,他是期待人们要用知识来照料人的心魄,用知识来点亮人生。但现实告诉我们,知识并不等于美德,唯有用知识来敞开狭隘自我,通向教养之坦途,知识才可能一步步通向美德之乡。当教育始终游离于人生之外,只是个体身上的缀饰,而没有内化到生命之中,没有成为生命的真实内涵,满塞于身心的知识与能力也就很难转化为人生的美德"[①]。"德"是美德,是生命的真实内涵,不仅仅表现为行为规约。"德"是生命对美好的理解,美好的状态就是"德",苏格拉底认为知识与认识就是美好状态,就是人的美德。所以,课程的"立德"功能应该超越常识中"德"的限制作用,发挥"德"的勉励作用,引导学生重视和追求美好,一种广泛意义上的美好。其二,回到"人"的身份这一阵地。很多成年人喜欢问孩子一个问题:长大后你想成为什么人?这一问题可能暴露了一个教育漏洞,即把"人"的身份作为一个"先在"假设或者教育中一个不起眼的附属任务。当这些失学青年被问及自身"期待中的生活状态",他们几乎没有触及人本身,多表达人的社会身份。所以,学校课程的"树人"功能应该坚决回到人的中坚地位,真正地坚持

---

① 刘铁芳:《知识与教养之间》,北京师范大学出版社2017年版,第7页。

以人为本，回到"人"的主体追求上，让课程的知识充分激发人本身的才智、才情和才干，促进人的生长性"繁荣"，知识的运作才有可能走向最终的蓬勃，否则一再地忽视人的"主场性"，人的行为便有可能渐趋标准化，丧失人的独特性。

（二）围绕课程目标，减少知识实用价值的浸润

知识实用价值可以摆平人大部分的生活与生存问题。但是，实用性解决不了人的生命成长问题，实用性有一个已知结果，即"用在哪里"已经被预设，人的生命无法被预设，小说《三体》中表达了一个观点：人生没有出现过意外才是意外。生命充满了无知、未知、变故、偶然与不确定，这种才是常态。知识实用价值的有限性导致其无法覆盖人的整体，并且不能成为人全部的价值目标。

基础教育课程是最为纯粹的培养人的工程，"教育造人，所以严重"[1]，这意味着关于"人"的教育更应该警惕知识实用功能的过度浸润，否则这种实用性以合乎道理和法律的权威来侵袭和封闭人，从而阻碍人的"繁荣"生长。基于此，基础教育酝酿课程目标时需要做到：第一，减少用知识关联社会生存。传统课程目标表述中往往无意识地放大知识的工具性价值，注重知识的谋生本领，说明知识在学生的社会生存方面的极大作用，结果是"我们在知识教学中考虑最多是如何让学生掌握和使用知识，所关心的是怎样使他们通过知识的占有来获得高分、学历和社会地位，知识的意义性价值受到冷落，知识对于人的精神的意义、对于人整体生命成长的价值在教学中失去了应有的位置"[2]。课程目标对知识价值的理解和表征应该回到主体生命维度，让学生意识到自我的生命生长与个体生存同样重要，例如在课程目标上提倡通过课程知识学习让学生成为他自己、认识他自己、理解他自己，而不仅仅是让学生成为一个对他者、对社会有用的人。第二，减少用

---

[1] 赵汀阳：《教育为了什么》，《爱思想》（网络版）2010年3月7日，http://www.aisixiang.com/data/32139.html，2022年1月22日。

[2] 辛继湘：《知识教学与生命关怀》，《湖南师范大学教育科学学报》2011年第1期。

知识刻画社会形貌。知识是人类求知的结果，它应该与人类紧密结合。课程目标却弱化了这一点，反而通过知识的实用价值将知识与人类社会相结合，实用主义把人拉进了社会的巨幕，实用原则成为所有人的行为的标准。"生命仅仅作为'创造生活'的有机体，通过对环境的正确处理以及对后者进行符合自身最终目的的恰当调整，才能继续存在下去"[①]，这一观点预设了人的生命最终只能走向扎根社会的图景。基础教育课程在培养人的目标上需要守住知识实用性的边界，在必要的地方跳出预设，明确提出知识与主体自我结合的合理性，例如在课程目标中表达知识学习是帮助学生发现生命奥秘，守护生命安全以及欣赏生命馈赠，让学生感受到知识与自己息息相关，而不是将知识的社会过程负重于身。

（三）围绕课程愿景，谨慎解读终身学习的旨趣

终身学习是课程文化资本运作的源泉，课程的愿景应该指向学生终身学习能力的实现。基础教育课程发展中需要警惕两种误区：其一，终身学习的目的是人的终身发展，不是知识的终身使用。课程对学生的期待应该表达为学生有能力通过终身学习促进终身发展，每个学生在知识学习中可以独立且周全地塑造自己和完善自己。传统课程使这些失学青年将终身学习作为保障知识使用率的手段。一如案例所感慨的，"必须每天都保持学习的状态，学习是没有尽头的，今天有今天要学习的东西，明天有明天要学习的东西，如果哪一天稍微落下，就有可能与社会脱轨，社会变更太快了，就像那些层出不穷的新词，如果不去学就跟不上社会的脚步，就会因为无知被社会抛弃"，他们担忧由于无知而跟不上社会发展的进程，却不担忧因为无知影响人本身的成长进度。在知识学习中亲身竭力地丈量自我与无知之间的距离，才是终身学习的奥义。2021年底联合国教科文组织发布了最新的教育报告：《一起重新构想我们的未来：

[①] ［美］约翰·杜威：《杜威全集·中期著作（1899—1924）》第四卷（1907—1924），陈亚军、姬志闯译，华东师范大学出版社2010年版，第142页。

为教育打造新的社会契约》，其中提到"生命全程的教育学"①这一概念，要求教育"既要覆盖受教育者的完整生命历程，也要依据人的成长规律和不同发展阶段需求，提供差异化、侧重性的教育机会"②，为学生的终身学习提供条件。在联合国教科文组织的愿景中，人的位置始终没有脱落，"教育改变生活（生命）"，社会、自然与人的合力指向的是人的存在与发展。其二，终身学习的过程不在于一直学习，也包括转化学习。课程在终身学习的概念上强调持续性学习的必要性，指出持续性学习是学生成长的动力。不过用持续性学习来解读终身学习理念是比较单薄的，本书建议在终身学习理念旨趣上再加入转化学习这一维度，用转化学习和持续学习共同建立个体的学习过程，这更加符合课程文化资本运作的内涵。转化学习是"个体对于自身所处的环境产生印象深刻的或根本性的改变的一种学习方式，它是一种批判意识产生的过程，也是个体对预先设定的看法重新建构的过程"③。课程愿景是通过终身学习能力实现人的成长与发展，所以终身学习需要成为学生的自为行为，课程要提醒学生转化学习是知识劳动的关键，帮助学生建立转化学习意识，让终身学习成为真正的主体行为。

二 通过课程文化资本的内容构成，把课程还给知识

课程在知识选择上长期受到"引进来"思路的影响，缺乏一些"走出去"的勇气。课程知识选择应顾及知识本身的复杂性，客观面对各种处在各自生长地方的知识，即正确知识的载体。知识（包括已知、不确定和未知知识）的载体可能是语言、有形物和人的行动本身，也可能是

---

① 联合国教科文组织：《一起重新构想我们的未来：为教育打造新的社会契约（执行摘要中文版）》，2021年11月22日，https://unesdoc.unesco.org/ark:/48223/pf0000379381_chi，2022年1月22日。
② 林可、王默、杨亚雯：《教育何以建构一种新的社会契约？——联合国教科文组织〈一起重新构想我们的未来〉报告述评》，《开放教育研究》2022年第1期。
③ 参见陈勤《转化学习理论视域下破解教育改革"理念阻力"的思与行》，《现代教育管理》2018年第6期。

其他尚未认识到的形式。总之，对任何知识都进行"一刀切"式的"引进来"，容易出现高付出低效能的知识资本化运作，于个体成长无益。课程适当地"走出去"，使学生能够在知识生长的地方理解知识，才能把课程还给知识，把知识交给学生。

（一）在客观化课程文化资本上，正确捍卫人的认识规律

知识的本质是认识。学校课程中的科学、理论、思想、原理、事实和程序等类型知识都属于客观化课程文化资本，它们基本上由教材语言和数据库语言的形式来组织，通过学生的理性认识能力来获得。所以，本书建议，承载课程知识的教材和数据库要正确捍卫人的认识规律，在知识上遵循认识过程才能使学生获得知识。其一，在教材对知识内容的选择与组织上尽量避免碎散化的知识呈现，强化知识的串联力度。尤其是在教材的课时安排上，力求让学生在每段稳定的时空中获得严密且完整的认识建构。以一节课的生字教学为例，常规课堂甚至不会单独利用一节课只讲解生字，很多老师只演示生字的操作，要求学生"会写"即可。这种方式有可能割裂人的认识整体，一个生字不应只包括操作，这个生字的历史演化过程、文化背景、性质、使用情境等都是学生对这个字进行认识的材料。有趣的是，除了字的操作过程着重在基础教育中完成，其他诸如历史演化过程和文化背景等则由学生自己定夺，要么自学，要么在后来的课程学习中根据时机完成，这一步几乎都是在高等教育中才有机会。所以一个完整的认识链却被割裂为不同学习时段的任务。基础教育课程一般把认字作为一项基础任务，而不是一种认识工作，这在一定程度上弱化了字的符号功能，字是人与世界对话的能力，认识字并不是简单的机械过程。其二，在数据库对信息的组织上尽量避免多而全、大而周的做法，着重沿着知识本身的完整思路。数据库通常是多维、多面、多领域的综合知识，给人以宏大、复杂和难以入手的认识限制，需要灵活多变的认识视角在高度谋划中同时工作才能显现这种知识的价值，个体在有限的精力内既不可能"见识"完所有的语言排列，也不可能对所有的语言排列都保证同样的兴趣。

（二）在身体化课程文化资本上，重视范例的默会本质

库恩创造"范式"（paradigm）概念，意在说明知识的形成与表达是在具体应用完成中，"科学家从不抽象地学习概念、定律和理论，也不从它们自身中学习。它与应用一起出现并通过应用得以展示出来，一个新理论总是与它在自然现象的某种具体范围的应用一道被宣告"①。"范式"在狭义层面上突出了范例的内涵，因而基于库恩的论述，范例成为默会知识的传递和表达手段，而且范例本身也是一种知识，因为默会知识不通过范例来表达，范例便会消失，范例消失意味着默会知识也就不复存在。范例与具体的默会知识无法分离，身体化课程文化资本又是默会知识的代表，所以在身体化课程文化资本方面需要重视范例的默会本质。将范例视为知识的一个种类，要求身体化课程文化资本的组织与传递做到：一方面实施实境示范，引领课程走出去。实境示范是范例应用的典型方式，指的是真切、实在、自然地展现。以研学旅行课程为例，"研学营地合理开放那些活态文化资源的示范空间，包括现在'还活着'的文化、'活过的'文化以及非文本物理形式存储的文化等口传身授内容。例如学生在大熊猫基地近距离观察大熊猫这种活着的自然文化生物，默会了大熊猫的体态表现和相处细节等知识内容；再如学生在红色文化基地透过一件件历史实物来理解时代激流并树立坚定的理想信念，每个学生心中增添了浓厚的情感力量；还有学生拜访了刺绣工作坊，切身体验到中国传统技艺与文化知识的卓绝"②。另一方面构建故事性课程，拓展学生亲知体验。学生置于动态的课程故事里，以"局内人"的角色融入故事生活的各种滋味中。以职业体验为例，学生真实地走进职业的配置场域，进入职业人员的故事生活，例如"文物修复工作，学生的感知觉与工作室工作的日常样貌形成连通，学生也能够在观察和实践中本能地

---

① ［美］托马斯·库恩：《科学革命的结构》，金吾伦、胡新和译，北京大学出版社2012年版，第36—41页。
② 仇盼盼：《研学旅行课程知识的默会原理及其培养》，《中国教育学刊》2022年第4期。

默会对待古文物的小心谨慎状态和文物修复知识"[1]。知识（尤其是默会知识）处在它生长的地方，由实际发生的情境表现出来，学生置身于真实的故事课程中，感知觉能够调动情感共鸣，运动系统能够达成肢体认同，头脑能够对知识合理性做出反应，此即亲知。综上可见，范例知识具有地域的"保护主义"，不临其境，不见其貌，不闻其声，往往会产生错觉或遗漏。此外，像范例这种默会知识本身处于流变环境，只能通过人与人之间的示范进行表现与传播，使得范例知识在个人间得以传递并融汇在个人的身心系统之中。

（三）在制度化课程文化资本上，合理遏制泛化投入

制度化课程文化资本包括学业文凭、课程成绩、技能资格、竞赛排名和师生评价等，这些是通过公共制度的承认而形成的资格认定。对学生来说，得到资格认定的知识在社会生活中更具有资本效力，所以学生在这类知识的追求上更为迫切。不过，泛化的投入忽略了制度化课程文化资本首先存在一个有效性问题，立足这种有效性进行有效的学习投入，才能真正发挥制度化课程文化资本的优势。因此，基础教育课程要做到合理遏制学生在制度化课程文化资本方面的泛化投入行为。一方面，鼓励学生积极争取那些对自我成长有益的制度化课程文化资本，例如基本的学业成就或擅长和感兴趣的知识等方面，尽管学业成就和擅长内容的资格评估都来自社会承认，但对个人来说，这些内容的实现首先来源于自身的知识输出，没有自身在这方面的成长，这些制度化课程文化资本无法被象征性地表达出来。这些制度化课程文化资本来自主体的内在需求，能够代表主体的发展程度，展现主体的发展状态。另一方面，引导学生进行自我判断，抑制盲目跟风的资格认定行为，例如五花八门的兴趣培养和各种名头的素质拓展，这些内容有可能成为学生的制度化课程文化资本。但是，盲目跟风且毫无根据的资格认定是制度化课程文化资本的泛化，容易降低这种文化资本的竞争实力，更重要的是，它无法在

---

[1] 仇盼盼：《研学旅行课程知识的默会原理及其培养》，《中国教育学刊》2022年第4期。

个体身上产生持续的生长与发展，更无法代表主体的"繁荣"状态，因为这种资格认定的初衷往往仅是为了增加社会承认的筹码。

三 通过课程文化资本的应对方式，营造开放式学习环境

以基础教育课程为基础，学生不仅是掌握与人的"繁荣"生长有关的知识，还要为这个过程中知识转化与进一步发展做好相关链接，保障知识资本化运作目标的实现，教师和学生需要相互协作，营造开放式学习环境。

（一）就教师而言，要灵活布置学习渠道

其一，教师可以采取适度的"断联"措施，让学生学会利用学习独处空间。学习独处是一种以自我的认识发展为基础的学习行为。在学习独处空间，教师可以倡导学生制定属于自己的学习周期，自己全权负责这一学习行动，包括自己对什么话题或问题感兴趣，需要获取哪些帮助，自身具备什么实施条件以及如何评价自己的这一学习行动等等。这是一个自由度和开放度较高的学习过程，需要学生自己展开谋划。教师在这个过程中，可以"隐身"，可以旁观，可以暂时切断与学生学习的联系，用一种不介入的形式为学生提供学习渠道。而且，教师可以不增加"先学后教"的辅助环节，教师的任务是默默体验学生的学习状态，总结每个学生的学习模式和学习局限，就单纯的学习问题提供改进策略，而不是将视线落在知识上。所以，学习独处不是人的独处，而是公共学习之外的学习方式，即围绕自我的需求来学习。学习独处也不同于课程中的自习安排，自习安排隐藏着公共学习的任务，一般是处理相关的知识作业和回应老师的教学任务，公共学习这双"看不见的手"仍然掌控着学生。学习独处更不是通过失学来自学知识。很多人在失学中迎来了独处，但没有迎来自学的独处，甚至丧失了学习的兴趣和能力，失学在很大程度上破坏了学习的底层建设，使人的认识陷入整体建构困难。

其二，教师可以将师生互评设计为学生的一种学习方式。评价一直被视为学习成果检验的工具。事实上评价可以成为一种学习方式，

第六章 结论与建议

帮助学生建立基于知识认识现场的理解功能。课程高调地强调对知识的理解，却忽略了人对人的理解。评价意识的偏颇导致这种人对人理解的偏颇，"在我们的文化传统观念中，还有一个重要的情结，那就是我们对孙悟空的五体投地与对白骨精的恨之入骨。在我们视界中，孙悟空恐怕是没有必要去'理解'白骨精的。……与此相伴的必然是人与人之间的理解同样的先行缺席"[①]，这一论述与师生评价系统中的理解偏向相契相关。教师具有理解学生知识背景的权利，由此教师可以以此为参照反思教学漏洞。但是，学生没有权利去理解教师的知识背景，无形中扩大了教师的主导性，而且抹掉了学生通过评价来审查自身知识背景的可能性。评价是彼此之间认识的对话，学生显然缺少这一对话窗口，故而只能被审查，而不能自审查。在"被"的逻辑上，学生从知识学习开始便潜在地变成语言、思维和权利关系行为中的第二位，即学生几乎无法自然地把自己展现为主导性的存在。这种情况从失学青年的讲述中即可发现，最常见的就是语言沟通中潜藏着"第二位"的惯性，因为他们早已习惯"跟着"。"第二位"锁定的突围只能通过将师生互评作为一种学习方式。师生互评作为一种常规的学习互动，一方面帮助学生在互动中安心投入对知识的把控。学生与教师在知识、认识、见识、见解、思想、态度、逻辑、兴趣、信念等等维度上的自由交锋，才能不断刺激学生表达自己、磨炼自己、反观自己和完善自己。这曾经是教师的独家福利，将评价行为向学生敞开，让学生以主体形态展开评价，这样"有来有往，有批评也有反击，才会走向合理"[②]，就像叶澜教授所说"让课堂焕发出生命活力"[③]；与此同时，帮助学生养成主场意识，主场意识代表了把自己放在"第一位"的自觉。通过师生互评的学习方式，教师无法引导学生对教师自己进

---

① 刘铁芳：《知识与教养之间》，北京师范大学出版社2017年版，第129页。
② 方柏林：《知识不是力量》，华东师范大学出版社2011年版，第24页。
③ 叶澜：《让课堂焕发出生命活力——论中小学教学改革的深化》，《教育研究》1997年第9期。

行评价，学生只能依靠自己的知识积累和身心体验。师生评价可能随机或随时随地出现，一种态度的碰撞也是在互相理解与琢磨的参悟中进行的互评行为。保持随时随地进行知识与认识"战斗"的性能，学生才能从教师那里、从知识那里以及从自身这里获得更多的成长。由此学生能够养成高度的应变性、组织性和真实性学习状态，认识的冲击与反冲的联合效应将提升学生对知识的自我敏感性，从而推动课程文化资本在一种充满活力的状态中运作。

（二）就学生而言，要积极追求学习"断乳"

学生应该主动进行探索性学习。进行探索性学习是对知识不确定性和未知性的追问与反思，是人主动汲取养分的行为，这是人走向"繁荣"的必经之路。所以探索性学习需要做到两方面工作：一方面是保持追问。在常规课程中，大部分学生感到被动，甚至有问题也不知道如何追问，这在于他们缺少追问的能力和热情，只有具有探索性质的内容才可能刺激学生的学习意愿。由此课程学习不应该是浅尝辄止或点到为止，在课程中任由学生尽情追问，不刨根问底不结束，如此才可能增加课程学习的激情与热情。学生对知识进行探索时并不知道自己的认识会飘向何方，产生的认识结果也可能只是暂时的答案，没有设限就是探索性追问学习最好的状态，保证知识的进步，也促进人的认识的"繁荣"生长。与此同时，要保持反思。反思是认识的质检，经过反思的知识才有可能值得确信，"除了知识，人们还需要思想，因为任何一种知识的合法性都是个问题，都需要被反思"[1]。这些失学青年的课程学习年代缺乏反思要求，而现在的课程中，学生大多被提供专题进行自我反思。不过今天课程中的自我反思也值得反思，那些常见的反思性总结（例如："不够努力""底子薄弱""粗心大意""心态不稳""学习能力差"以及"学习天赋低"等）真的在对认识进行反思吗？这些反思内容更像是自责，跟认识这个行为没有关系。所以，大

---

[1] 赵汀阳：《人民需要思想，而不仅仅需要娱乐和知识》，《爱思想》（网络版），2022年1月15日，http：//www.aisixiang.com/data/130994.html，2022年1月22日。

多数学生的反思都在认识的外围，徒增学生的压力和自我怀疑。有效的反思在于问题本身，问题剖析越具体，越有可能撕开问题的伪装，帮助学生扫清知识探索道路上的障碍。

学生应该主动熟悉自身的知识境域。熟悉自己，才知道如何帮助自己。教育中一个固有问题可能在于使学生经常忘记自己，所以在知识的学习上难以形成自我依赖。就课程作业来说，由于减负政策的落地，教师在作业布置上的可发挥空间有限，由此学生自己熟悉自己的学习，包括课程知识需要巩固多少遍，以及在哪些知识上有感悟等。比如几乎不会有老师要求学生课后把《桃花源记》阅读五十遍或更多，有的学生出于对自身学习的要求或真的想验证"书读百遍，其义自现"的可靠性，便实实在在地把《桃花源记》阅读一百遍。无论学生在这一百遍之后得到怎样的成果，但他在学习上有自己的想法，主动地去践行自身的知识境域。就知识的掌握程度来说，对知识的掌握与学会并非止步于会记忆、会阅读、会解释和会使用，这对于认识过程来说还不够丰满，认识更应该走到关联与反思的环节。学生往往由于缺乏知识关联与反思的学习过程或者不了解自身在知识深度学习上的能力，使得课程文化资本竞争运作中陷入被动。学生自己去熟悉自己的知识境域是一种自觉建立行为，而孩子在自觉性上普遍令人操心。但是，自觉性薄弱也有可能是教育规训的结果，"你什么时候见过小孩自觉自愿断奶的？""为什么把学习的主动权交给学生之后，学生反而不适应？学生对老师的依赖程度到底应该在什么样的一种范围内？"[①] 依赖性问题已经阻碍到学生自己熟悉自己的学习步伐，甚至影响学生以后的课程文化资本运作。因而，课程中关于学生主体、平等和尊重等理念在引导立场上展开践行是不够彻底的，课程及其教师需要真正地、放心地、有担当地让学生自己去熟悉自己的知识境域，在自觉性上"断乳"，学生在学习过程中才可能形成回到自身的习惯。

---

① 方柏林：《知识不是力量》，华东师范大学出版社2011年版，第24页。

结　语

　　课程是培养人的地方，关注学生一生的美好发展，课程竭力为每个学生实现美好发展而提供各种必要的知识，并由学生自己在学习过程中转化为持续稳定的内在实力，此即为课程文化资本。学生圆满地运作自身的课程文化资本实力，不仅在于实现自我的内在发展，同时也能够促进他们的社会性发展，成为一个"繁荣"发展的人。而从大部分的事实来看，失学的青年在课程文化资本实力上较为薄弱，他们的知识资本化运作行动也较为低效。只有弄清这些情况的特殊性，找出他们在课程文化资本运作上的根源问题，才能推动课程文化资本运作朝着良性有效的方向进行。本书即在现实与理想的牵引下，走进这些课程文化资本薄弱的失学青年的真实运作境遇，发现他们课程文化资本运作中隐含的冲突发生机制，以及这种冲突中深深植入的社会依赖性。基于此，本研究最终回到课程对人的培养上，力图在课程上通过价值、内容和知识获得方式等方面的调整来平衡主体的社会依赖性与自我依赖性之间的关系，从而使主体得到真正"繁荣"的个人发展。总之，进行课程文化资本运作的研究，目的在于澄明课程文化资本运作对主体发展的助益，梳理课程文化资本运作与人的发展之间的隐秘关系，从而为我国基础教育课程在人的培养与关怀上提供明晰、真实、客观和有价值的参考，激发课程发展的活力，发挥课程真正的育人功能。

　　本书也存在需要进一步完善的地方。其一，在研究方法的具体使用上，本书通过教育自传邀请信的方式收集到的失学青年个人自传基本处于整体性描述上，这些自传在具体活动上还存在较大回忆空间，而且可能受到文化水平限制，他们在自传表达上略显稚嫩，这些在一定程度上会影响本研究对一些重要信息的抓取。其二，本书在理论深度，尤其是结论讨论上还需要提高学理化和抽象化程度。其三，本书将主要工作和精力投入低效课程文化资本运作的考察和思考上，对有效的课程文化资本运作的认识还处于较为初步和笼统的阶段，即"繁荣"的人的课程文化资本运作的应然样态还需要进一步拓展研究。鉴于这些不足之处，后期的专业学习与探究过程中将以更加科学严谨的研究进行补充和完善，不断对课程文化资本及其运作这一主题的研究做出贡献。

附 录

附录一 研究对象教育自传邀请信

亲爱的朋友：您好！

  首先感谢您对本研究的支持！来信主要目的在于诚请您以自传的视角和情感来回顾和"复刻"您在学校课程教育中的学习情况。该份自传仅作为探讨课程知识作为课程文化资本而发生的资本运作实践过程，并协助挖掘和分析个体课程文化资本运作的本质。同时，本研究也希望以自己的教育自传与您分享交流，诚以打开彼此的柔软世界。此外，本研究将对自传信息进行妥善存储和严格保密，请您在撰写过程中表达自己的真实记忆和真实想法。基于此，本研究期待您在自传撰写中能够涉及但不局限于以下五部分内容：

  （一）您的在校受教育阶段

  （二）您的课程内容学习（可以附带相关笔记、日记、试卷等材料）及自我感受

  （三）您在校期间获得的课程评价内容（可以附带相关奖状、成长记录等材料）及相关影响

  （四）您在校期间获得的课程荣誉资格（可以附带相关证书等材料）及其作用

  （五）您对学校课程教育的自我认识和态度

  以上五点内容若存在不解之处，可随时与本人沟通。再次感谢您对

本研究工作的支持！

祝您及家人生活愉快！

邀请人：仇盼盼
2020 年 12 月 2 日

附录二　研究对象访谈提纲

您好，首先感谢您接受我们的访谈邀请并支持我们的研究工作！本次访谈的目的，是要通过您对全日制学校阶段课程学习情况的回望，叙述您在生活中将课程作为一种资本来运作的细节或关键事件，以共同探讨学生课程文化资本运作背后的隐藏逻辑，从而关注基础教育领域文化资本视角下课程与学生的隐秘关系及其对学生成长与发展的影响。

本次访谈主要采用半结构化方式，由访谈者引导谈话主题与方向，但不干涉受访者的讯息表达。访谈者详细记录谈话内容，以便在研究过程中进行资料整理与分析。同时访谈记录仅供本研究之用，并会妥善存储和严格保密。请您在访谈过程中尽量放松和放开顾虑，表达自己的真实记忆和真实想法。

1. 您好，很高兴认识您。感谢您抽出时间参与到关于学校学习课程和运用课程内容的讨论。首先您上学上到什么时候，即受教育程度是什么？

2. 您从××结束后不再继续上学的话，应该年龄还小，您方便说一下是什么时候出生的吗？

3. 您介意展开谈一谈不再上学的主要原因吗？

4. 您对当初离开学校后悔过吗？什么事情导致您出现这种想法的？

5. 离开学校后您都做些什么？您是如何看待自己的工作更换的？

6. 目前您是做什么的？如何获得这份工作的呢？您认为用人单位看中您的是哪方面？

7. 您是否面临过职业不公平对待？比如超量工作、被排挤或者怀才不遇等等。

8. 您在工作中有没有面临过困难？您方便展开聊一聊吗？

9. 您喜欢这份工作吗？您为什么满意/不满意这份工作？

10. 您在工作期间有没有职位上的调整？包括部门调整和职位晋升调整。您认为自己为什么能够得到工作调整的机会？

11. 在工作实践中，学校学到的课程内容可以产生影响吗？您可以结合具体事情来谈谈吗？

12. 除了具体工作以外，您会在生活其他领域及时使用学过的课程内容吗？

13. 这些课程内容能帮助您获得想要的利益吗？您是如何理解课程内容对您的影响的？

14. 学校的课程内容对您来说是有价值的吗？您是怎么衡量课程内容的价值的？

15. 您是从什么时候开始意识到学校的这些课程内容是有价值且很重要的？当时对您个人是不是产生过什么帮助？或者您是如何发现它的价值所在的？

16. 在学校课程内容上，您认为除了学到知识，还可以得到什么？

17. 您认为通过学校课程有没有塑造和发展您的知识学习、能力锻炼、性格和气质培养，以及情绪情感体验等等方面？

18. 您认为像知识、能力、性格、气质、情感这些是一种人的资本或内在实力吗？您认为自己拥有这些资本吗？

19. 您认为这些资本是用来做什么的？

20. 您有没有有计划或有目的地去丰富和完善这些资本？比如在学校时想去学习自己认为有用的知识或能力这些。

21. 在课程学习上，您认为自己付出足够的努力了吗？您为什么（不）努力学习？

22. 您认为努力会给您带来什么？

23. 在课程学习上，您会遇到困难吗？这些困难有没有成为您学习上的阻碍或薄弱项？

24. 您会去克服这些困难吗？您是如何做的？自己钻研还是寻求援助？

25. 您认为自己的做法帮助您缓解困难了吗？您会放弃继续克服困难吗？

26. 当您放弃课程困难的时候，是否会加大其他学习投入来弥补它对整体学习成就的威胁？

27. 当您放弃课程困难的时候，是否会觉得是一种自我损失或者自我失败行为？

28. 在课程困难面前，您出现过不想甚至讨厌学习学校课程的厌学情绪吗？

29. 发生厌学情绪时，您会做什么？您会进行自我分析与反思来调整心态吗？

30. 您是否习惯去反思自己的行为？您怎么理解个人反思这种习惯的？

31. 在课程学习习惯方面，除了反思活动，您是积极主动参与的学生吗？包括在课程准备、课堂互动、课程巩固等阶段。

32. 除了在课本知识上，您会不会在其他方面主动表现自己或锻炼自己？包括竞赛、技能、兴趣爱好、团体活动等方面。

33. 您为什么会主动/不主动去做这些？

34. 对您来说，学校课程中最有价值的部分是什么？

35. 您最喜欢的课程是什么？为什么会喜欢这一课程？

36. 所有课程内容中最使您感到自豪和自信的是什么？它给您带来过什么高光的时刻吗？或者对您产生过关键性的帮助吗？您方便具体聊一聊吗？

37. 您会因为课程学习成就获得认可而感到快乐和自豪吗？可以聊一些印象深刻的经历吗？

38. 您会将学习的课程内容以及学业成绩（包括各种荣誉）跟别人

分享交流吗？您内心期待别人的赞扬或鼓励、安慰和理解吗？

39. 您想要成为别人眼里很优秀的人吗？您会在哪方面展示和证明自己的优秀呢？您认为自己优秀的地方跟以往学校中的课程学习积累有关系吗？

40. 您认为在哪些方面可能会弱于别人？您为什么觉得这是自己的短板或不足？它给您造成过什么困扰或损失吗？可以展开来谈一谈吗？

41. 您认为自己最大的优势是什么？或者您最肯定自己的地方是什么？

42. 这种优势对您有什么益处？

43. 您满意现在的知识与能力等课程内容储备吗？不满意的话，是在哪一方面比较欠缺？

44. 这种欠缺对您在现在或未来参与社会生活有影响吗？

45. 您渴望得到社会的认可和重用吗？您怎么理解社会的认可和重用？

46. 您认为社会需要什么样的人？您自身的内在实力水平对社会是有帮助有贡献的吗？

47. 您满意现在的生活状态吗？包括社会地位、生活质量、精神追求、对外关系等等。

48. 您方便描述一下期待中的生活状态吗？这跟您目前的内在实力水平相匹配吗？

49. 您会为了期待的生活状态而补充和提升相关的内在实力吗？您对此有信心吗？这种信心从哪里来的呢？

50. 好的，希望我们都对未来怀抱信心、不忘初心、坚定恒心、心想事成！那么关于今天的访谈，您还有其他需要补充和说明的吗？

访谈结束，致谢并约定后续细节补充与校对！

参考文献

中文参考文献

一　著作

陈搏:《知识交易及管理研究》,湖南大学出版社2009年版。

陈霜叶、王哲编:《课程研究的百年审视与未来想象》,华东师范大学出版社2019年版。

陈向明:《质的研究方法与社会科学研究》,教育科学出版社2000年版。

陈志尚主编:《人学原理》,北京出版社2004年版。

程猛:《"读书的料"及其文化生产:当代农家子弟成长叙事研究》,中国社会科学出版社2018年版。

丛立新、王本陆主编:《国际视野中的课程与教学改革》,北京师范大学出版社2007年版。

董小平:《课程知识的认识发生过程研究》,西南师范大学出版社2017年版。

方柏林:《知识不是力量》,华东师范大学出版社2011年版。

郭晓明:《课程知识与个体精神自由——课程知识问题的哲学审思》,教育科学出版社2005年版。

韩庆祥:《马克思人学思想研究》,河南人民出版社1996年版。

韩庆祥:《现实逻辑中的人:马克思的人学理论研究》,北京师范大学出版社2017年版。

韩庆祥:《哲学的现代形态——人学》,黑龙江教育出版社1996年版。

韩庆祥、邹诗鹏:《人学:人的问题的当代阐释》,云南人民出版社 2001
年版。

郝德永:《课程与文化:一个后现代的检视》,教育科学出版社 2002
年版。

胡军:《知识论引论》,黑龙江教育出版社 1997 年版。

扈中平、蔡春、吴全华、文雪:《教育人学论纲》,高等教育出版社 2015
年版。

简楚瑛:《课程发展理论与实践》,教育科学出版社 2010 年版。

瞿海源、毕恒达、刘长萱、杨国枢主编:《社会及行为科学研究法(二)·
质性研究法》,社会科学文献出版社 2013 年版。

课程教材研究所编:《课程改革整体论》,人民教育出版社 2002 年版。

李弘祺:《学以为己:传统中国的教育》,华东师范大学出版社 2017
年版。

李山译注:《管子》,中华书局 2009 年版。

李泽厚:《实用理性与乐感文化》,生活·读书·新知三联书店 2005
年版。

梁漱溟:《中国文化要义》,上海人民出版社 2011 年版。

刘敬鲁:《海德格尔人学思想研究》,中国人民大学出版社 2001 年版。

刘铁芳:《知识与教养之间》,北京师范大学出版社 2017 年版。

潘洪建:《致知与致思:课程改革的知识论透视》,山东教育出版社 2015
年版。

庞世伟:《论"完整的人"——马克思人学生成论研究》,中央编译出版
社 2009 年版。

陶东风、金元浦、高丙中主编:《文化研究(第 4 辑)》,中央编译出版
社 2000 年版。

王双桥:《人学概论》,湖南大学出版社 2004 年版。

吴刚平、李茂森、闫艳:《课程资源论》,北京师范大学出版社 2014
年版。

吴琼：《雅克·拉康：阅读你的症状》，中国人民大学出版社 2011 年版。

吴永军：《课程社会学》，南京师范大学出版社 1999 年版。

新课程实施过程中培训问题研究课题组：《新课程与学生发展》，北京师范大学出版社 2001 年版。

徐长福：《理论思维与工程思维：两种思维方式的僭越与划界》，上海人民出版社 2002 年版。

郁振华：《人类知识的默会维度》，北京大学出版社 2012 年版。

张进：《活态文化与物性的诗学》，人民出版社 2014 年版。

张世英：《自我实现的历程：解读黑格尔〈精神现象学〉》，山东人民出版社 2001 年版。

赵长林：《科学课程知识观的重建——在人文与科学之间》，中国社会科学出版社 2008 年版。

赵汀阳：《第一哲学的支点》，生活·读书·新知三联书店 2017 年版。

赵汀阳：《坏世界研究：作为第一哲学的政治哲学》，中国人民大学出版社 2009 年版。

赵汀阳：《论可能生活——一种关于幸福和公正的理论》，中国人民大学出版社 2009 年版。

郑太年：《学校学习的反思与重构——知识意义的视角》，上海教育出版社 2006 年版。

钟启泉主编：《课程论》，教育科学出版社 2007 年版。

二　论文

鲍磊：《社会学的传记取向：当代社会学进展的一种维度》，《社会》2014 年第 5 期。

毕芙蓉：《文化资本与符号暴力——论布迪厄的知识社会学》，《理论探讨》2015 年第 1 期。

蔡连玉：《贫困本科生的文化资本积累与脱贫流动》，《高教探索》2019 年第 2 期。

曹慧萍：《文化资本视域下智慧校园建设的探索与实践》，《中国电化教育》2019 年第 5 期。

陈锋：《文化资本导论》，博士学位论文，中共中央党校，2005 年。

陈乐：《"先赋"与"后生"：文化资本与农村大学生的内部分化》，《江苏高教》2019 年第 8 期。

陈勤：《转化学习理论视域下破解教育改革"理念阻力"的思与行》，《现代教育管理》2018 年第 6 期。

陈治国：《布尔迪厄文化资本理论研究》，博士学位论文，首都师范大学，2011 年。

程良宏：《从知识教学到文化实践：深度教学走向深入的视域演进》，《课程·教材·教法》2019 年第 7 期。

程猛、康永久：《从农家走进精英大学的年轻人："懂事"及其命运》，《中国青年研究》2018 年第 5 期。

程猛、吕雨欣、杨扬：《"底层文化资本"再审视》，《苏州大学学报》（教育科学版）2018 年第 4 期。

程猛、史薇、沈子仪：《文化穿梭与感情定向——对进入精英大学的农家子弟情感体验的研究》，《中国青年研究》2019 年第 7 期。

仇立平、肖日葵：《文化资本与社会地位获得：基于上海市的实证研究》，《中国社会科学》2011 年第 6 期。

仇盼盼：《青少年家庭文化资本获得及其有限性的个案研究》，《少年儿童研究》2021 年第 10 期。

仇盼盼：《研学旅行课程知识的默会原理及其培养》，《中国教育学刊》2022 年第 4 期。

崔东植：《城乡高中学生家庭背景与大学专业选择意向关系个案研究——从三维资本理论的视角分析》，博士学位论文，东北师范大学，2012 年。

董美英：《教育机会均等视阈下重点高校大学生来源的历史研究——以上海某重点大学为例》，博士学位论文，华东师范大学，2009 年。

杜亮、刘宇：《"底层文化资本"是否可行——关于学校教育中的文化资

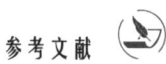

本与社会流动的几个理论问题的探讨》,《中国青年研究》2020 年第 5 期。

段吉方:《资本现代性批判——马克思视域中的文化资本问题及其审美阐释价值》,《外国文学研究》2021 年第 4 期。

樊林洲:《严复文化资本的积累和初始流通》,《甘肃社会科学》2017 年第 2 期。

范云霞:《教育资本:定义、模型与运作分析》,《教育学报》2018 年第 1 期。

龚亚夫:《文化悟力——一个被忽视的方面》,《课程·教材·教法》1988 年第 3 期。

郭丛斌、闵维方:《家庭经济和文化资本对子女教育机会获得的影响》,《高等教育研究》2006 年第 11 期。

郭桂周、易娜伊、赵忠平:《论作为文化资本的核心素养——全球化的视角》,《教育科学研究》2020 年第 3 期。

郭珥、孔令帅:《亚洲国家国际学校的挑战与启示——基于文化资本论的视角》,《现代基础教育研究》2021 年第 4 期。

何振科:《布丢文化资本理论与文化创业实践研究》,博士学位论文,山东大学,2012 年。

胡安宁:《文化资本研究:中国语境下的再思考》,《社会科学》2017 年第 1 期。

胡春光、杨宁芳:《布迪厄的教育社会学思想除魅——作为符号权力的文化》,《外国教育研究》2005 年第 7 期。

胡尚峰:《家庭文化资本对大学新生心理健康的影响研究》,《中国特殊教育》2016 年第 9 期。

黄瑾、程祁:《家庭文化资本对幼儿数学学习的影响》,《心理科学》2011 年第 6 期。

黄俊:《布尔迪厄文化再生产理论研究——一种教育社会学的视角》,博士学位论文,西南大学,2016 年。

黄忠敬：《知识·权力·控制——基础教育课程文化研究》，博士学位论文，华东师范大学，2002年。

焦宏丽：《主体与互文：克里斯蒂娃思想研究》，博士学位论文，山东大学，2020年。

李传英：《幼儿园课程知识的文化哲学研究》，博士学位论文，西南大学，2011年。

李广海、杨慧：《乡村振兴背景下乡村教师治理角色的重塑》，《中国教育学刊》2020年第5期。

李恒威：《从心智到文化：达马西奥的生命哲学》，《西北师大学报》（社会科学版）2020年第5期。

李丽、赵文龙：《家庭背景、文化资本对认知能力和非认知能力的影响研究》，《东岳论丛》2017年第4期。

李忍：《农村青少年失学现象研究——以五马镇三个自然村为例》，硕士学位论文，中南民族大学，2014页。

李威、陈中文：《新高考改革背景下农村学生如何"逆袭"——兼议"黄冈教育"再崛起》，《现代基础教育研究》2020年第1期。

李晓亮：《农村高中日常教学实践与高考改革之脱节——为何"寒门难出贵子"？》，《全球教育展望》2020年第3期。

李毅、谭婷：《家庭经济资本和中小学生阅读兴趣的关系：家庭文化资本的中介作用》，《心理与行为研究》2019年第4期。

李赟吉：《社区失学无业青年的就业援助研究》，硕士学位论文，华东师范大学，2008年。

李召存：《课程知识的意义性研究——生存论的视角》，博士学位论文，华东师范大学，2007年。

林可、工默、杨亚雯：《教育何以建构一种新的社会契约？——联合国教科文组织〈一起重新构想我们的未来〉报告述评》，《开放教育研究》2022年第1期。

刘祎莹：《文化折叠：中国"学二代"家庭代际文化的传递与冲突》，

《北京社会科学》2020 年第 5 期。

刘祎莹：《中产阶级子弟在精英大学中的生存图式——基于文化资本、场域、惯习的民族志研究》，《中国青年研究》2018 年第 12 期。

卢风：《西方社会科学方法论中的个人主义与整体主义之争》，《哲学动态》1993 年第 8 期。

罗生全：《符号权力支配下的课程文化资本运作研究》，博士学位论文，西南大学，2008 年。

罗生全：《学校文化资本建设的现实选择》，《中国教育学刊》2010 年第 1 期。

马洪杰、张卫国：《文化再生产抑或文化流动：中国中学生学业成就的阶层差异研究》，《教育与经济》2019 年第 1 期。

毛林林：《马克思哲学视域中现实主体的生成：从欲望到需要》，《哲学研究》2019 年第 9 期。

牛龙菲、张一凯：《知识生态学：对人类与知识实体关系的新探索》，《兰州大学学报》1990 年第 1 期。

潘泽泉、杨金月：《高等教育场域中的文化再生产、阶层分化与教育公平及其中国实践》，《学习与实践》2019 年第 1 期。

齐学红：《学校、家庭中的文化资本与社会资本》，《全球教育展望》2007 年第 1 期。

钱民辉：《意识三态观：民族教育研究的新视野》，《广西民族大学学报》（哲学社会科学版）2013 年第 3 期。

秦惠民、李娜：《农村背景大学生文化资本的弱势地位——大学场域中文化作为资本影响力的视角》，《北京大学教育评论》2014 年第 4 期。

秦玉友、李琳、赵忠平：《失学的概念、影响因素和控制策略——基于 UNESCO 的 10 年 EFA 全球监测报告的分析》，《外国教育研究》2012 年第 12 期。

冉隆锋：《大学学术资本生成的实践逻辑研究》，博士学位论文，西南大学，2015 年。

盛冰:《社会资本与文化资本视野下的现代学校制度变革》,《教育研究》2006年第1期。

盛仁泽:《具身认知视角下的身体叙事研究》,《外国语文》2013年第2期。

孙杰:《论文化资本对农村义务教育均衡发展的影响——布迪厄文化资本理论的启示》,《山西大学学报》(哲学社会科学版)2011年第5期。

田宗友:《论农村学龄女童失学原因》,《江西社会科学》2003年第10期。

王处辉、朱焱龙:《文化资本的"名""实"分离——中国语境下文化资本对高等教育获得影响的重新检视》,《高等教育研究》2018年第7期。

王国明、杨赟悦:《文化资本视角下的农村教师补充困境研究》,《湖南师范大学教育科学学报》2014年第3期。

王金娜:《高考统考科目的"文科偏向"与隐性教育不公平——基于场域—文化资本的视角》,《教育发展研究》2016年第20期。

王玲:《三边联动:中国的教育理念及其运行研究》,博士学位论文,南京大学,2020年。

王晴飞:《顽主·帮闲·圣徒——论石一枫的小说世界》,《当代作家评论》2017年第3期。

王荣欣:《权力、秩序与变迁——街角青年亚文化的探讨》,《中国青年研究》2018年第1期。

王伟宜、刘秀娟:《家庭文化资本对大学生学习投入影响的实证研究》,《高等教育研究》2016年第4期。

王志宏:《论黑格尔〈法哲学原理〉中的道德主体概念》,《云南师范大学学报》(哲学社会科学版)2015年第3期。

魏同玉:《课堂教学中知识观的冲突与妥协——知识的存在意义究竟何在》,博士学位论文,南京师范大学,2021年。

吴继霞、何雯静:《扎根理论的方法论意涵、建构与融合》,《苏州大学学报》（教育科学版）2019 年第 1 期。

吴丽萍：《英国学校督导新增"文化资本"标准》，《上海教育》2020 年第 6 期。

吴晓玲：《寻求知识的联结》，《教育研究与实验》2017 年第 5 期。

吴愈晓：《社会分层视野下的中国教育公平：宏观趋势与微观机制》，《南京师大学报》（社会科学版）2020 年第 4 期。

夏代云、何泌章：《浅议方法论个体主义与方法论整体主义之争——以沃特金斯 VS. 布洛德贝克为例》，《自然辩证法研究》2009 年第 7 期。

谢益民：《论教育场域中的文化资本与话语构建：以学生为视角》，《湖南社会科学》2013 年第 6 期。

辛继湘：《知识教学与生命关怀》，《湖南师范大学教育科学学报》2011 年第 1 期。

熊静、单婷、钱梦菊：《农村青少年的辍学行为研究——基于家庭文化资本的视角》，《中国青年研究》2016 年第 3 期。

杨明全：《论课程知识的文化本质——基于东西方文化的诠释与比较》，《全球教育展望》2013 年第 12 期。

杨钦芬：《知识的文化内涵及其文化意义建构》，《教育研究与实验》2011 年第 5 期。

杨小微：《"濡化"与"涵化"：中国教育学内涵更新的机制探寻》，《南京社会科学》2011 年第 9 期。

姚伟、刘舒雯、柯平等：《基于数据画像的短视频领域中知识动员模型研究》，《现代情报》2020 年第 7 期。

叶浩生：《"具身"涵义的理论辨析》，《心理学报》2014 年第 7 期。

叶澜：《让课堂焕发出生命活力——论中小学教学改革的深化》，《教育研究》1997 年第 9 期。

于述胜：《教育口述史漫议》，《中国教师》2009 年第 9 期。

余秀兰、韩燕：《寒门如何出"贵子"——基于文化资本视角的阶层突破》，《高等教育研究》2018 年第 2 期。

余秀兰：《中国教育的城乡差异———一种文化再生产现象的分析》，博士学位论文，南京大学，2002年。

俞树煜、李禹衫、杨莉娟：《文化资本视野下的农村中小学现代远程教育工程》，《现代教育技术》2012年第7期。

曾庆福：《评埃尔斯特的方法论个体主义》，《河南社会科学》2008年第4期。

曾雯露：《零零后初中辍学青年研究———基于对粤北某农村零零后辍学青年的深度访谈》，《中国青年研究》2021年第3期。

张芳玲、周玉忠：《从知识学习走向文化体认：深度学习的一种可能面向及实现路径》，《当代教育科学》2020年第8期。

张金运：《课程知识的文化性研究》，博士学位论文，陕西师范大学，2018年。

张楠楠、沈江平：《资本图绘中的马克思与布迪厄》，《理论视野》2020年第7期。

张文宏、苏迪：《文化资本、经济资本与阶层再生产》，《江海学刊》2018年第3期。

张义祯：《教育获得与教育流动实证研究———基于代际视角》，博士学位论文，上海大学，2016年。

张意忠、黄礼红：《家庭文化资本与高等教育需求关系实证分析》，《江西社会科学》2017年第8期。

张莹：《从知识传递到文化交往：深度教学的路径审思》，《当代教育科学》2021年第2期。

赵明仁、陆春萍：《从外控逻辑到内生逻辑：贫困地区义务教育控辍保学长效机制研究》，《教育研究》2020年第10期。

赵汀阳：《语言和语言之外》，《哲学研究》1987年第3期。

赵卫国：《康德道德主体的有限性内涵》，《云南师范大学学报》（哲学社会科学版）2015年第3期。

钟年：《文化濡化及代沟》，《社会学研究》1993年第1期。

周海玲：《论流动儿童教育公平化的策略——文化资本的视角》，《教育理论与实践》2008 年第 9 期。

周洪宇、刘来兵：《教育口述史研究：内涵、形态与价值》，《现代教育管理》2018 年第 11 期。

周小李：《女大学生就业难：文化资本与符号资本的双重弱势》，《教育研究与实验》2011 年第 1 期。

朱丽：《突破再生产：布迪厄理论的另一面》，《清华大学教育研究》2021 年第 3 期。

朱伟珏：《超越社会决定论——布迪厄"文化资本"概念再考》，《南京社会科学》2006 年第 3 期。

朱伟珏：《"资本"的一种非经济学解读——布迪厄"文化资本"概念》，《社会科学》2005 年第 6 期。

朱晓文、韩红、成昱萱：《青少年教育期望的阶层差异——基于家庭资本投入的微观机制研究》，《西安交通大学学报》（社会科学版）2019 年第 4 期。

朱洵：《教育全球化中的影子教育与文化资本理论》，《清华大学教育研究》2013 年第 4 期。

三　译著

[德] 斐迪南·滕尼斯：《共同体与社会——纯粹社会学的基本概念》，张巍卓译，商务印书馆 2019 年版。

[德] 哈特穆特·罗萨：《新异化的诞生：社会加速批判理论大纲》，郑作彧译，上海人民出版社 2018 年版。

[德] 海德格尔：《存在与时间》，陈嘉映、王庆节译，商务印书馆 2020 年版。

[德] 卡尔·曼海姆：《意识形态与乌托邦》，黎鸣、李书崇译，商务印书馆 2000 年版。

[德] 马克斯·韦伯：《社会科学方法论》，韩水法、莫茜译，商务印书

馆 2021 年版。

［德］诺贝特·埃利亚斯：《文明的进程——文明的社会发生和心理发生的研究》，王佩莉、袁志英译，上海译文出版社 2018 年版。

［德］伊曼努尔·康德：《答复这个问题："什么是启蒙运动？"》，何兆武译，《理性与启蒙——后现代经典文选》，东方出版社 2004 年版。

［德］伊曼努尔·康德：《对"什么是启蒙"的回答》，肖树乔译，中译出版社 2015 年版。

［德］尤尔根·哈贝马斯：《合法化危机》，刘北成、曹卫东译，上海人民出版社 2000 年版。

［法］P. 布尔迪约、［法］J. C. 帕斯隆：《再生产——一种教育系统理论的要点》，邢克超译，商务印书馆 2002 年版。

［法］安德烈·焦尔当：《学习的本质》，杭零译，华东师范大学出版社 2015 年版。

［法］布尔迪厄：《文化资本与社会炼金术——布尔迪厄访谈录》，包亚明译，上海人民出版社 1997 年版。

［法］亨利-伊雷内·马鲁：《古典教育史：希腊卷》，龚觅、孟玉秋译，华东师范大学出版社 2017 年版。

［法］梅洛-庞蒂：《可见的与不可见的》，罗国祥译，商务印书馆 2016 年版。

［法］莫里斯·梅洛-庞蒂：《知觉现象学》，姜志辉译，商务印书馆 2001 年版。

［法］皮埃尔·布迪厄、［美］华康德：《实践与反思：反思社会学导引》，李猛、李康编译，中央编译出版社 1998 年版。

［法］皮埃尔·布尔迪厄：《科学的社会用途——写给科学场的临床社会学》，刘成富、张艳译，南京大学出版社 2005 年版。

［法］皮埃尔·布尔迪厄：《实践理性：关于行为理论》，谭立德译，生活·读书·新知三联书店 2007 年版。

［加］巴里·艾伦：《知识与文明》，刘梁剑译，浙江大学出版社 2009

年版。

[加] 尼科·斯特尔：《知识社会》，殷晓蓉译，上海译文出版社1998年版。

[美] 阿拉斯戴尔·麦金太尔：《依赖性的理性动物：人类为什么需要德性》，刘玮译，译林出版社2013年版。

[美] 阿米尔·侯赛因：《终极智能：感知机器与人工智能的未来》，赛迪研究院专家组译，中信出版社2018年版。

[美] 安妮特·拉鲁：《不平等的童年：阶级、种族与家庭生活》，宋爽、张旭译，北京大学出版社2018年版。

[美] 布鲁纳：《教育过程》，邵瑞珍译，文化教育出版社1982年版。

[美] 戴维·波普诺：《社会学》，李强等译，中国人民大学出版社2007年版。

[美] 戴维·斯沃茨：《文化与权力：布尔迪厄的社会学》，陶东风译，上海译文出版社2006年版。

[美] 弗莱德·R. 多迈尔：《主体性的黄昏》，万俊人译，广西师范大学出版社2013年版。

[美] 哈佛委员会：《哈佛通识教育红皮书》，李曼丽译，北京大学出版社2010年版。

[美] 汉娜·阿伦特：《人的境况》，王寅丽译，上海人民出版社2017年版。

[美] 杰克·奈特：《制度与社会冲突》，周伟林译，上海人民出版社2009年版。

[美] 杰瑞·卡普兰：《人工智能时代：人机共生下财富、工作与思维的大未来》，李盼译，浙江人民出版社2016年版。

[美] 克利福德·格尔茨：《文化的解释》，韩莉译，译林出版社1999年版。

[美] 罗伯特·K. 默顿：《社会理论和社会结构》，唐少杰、齐心等译，译林出版社2006年版。

［美］罗伯特·基欧汉、约瑟夫·奈：《权力与相互依赖》，门洪华译，北京大学出版社2012年版。

［美］玛萨·艾伯森·法曼：《自治的神话：依赖理论》，李霞译，中国政法大学出版社2014年版。

［美］迈克尔·W. 阿普尔：《意识形态与课程》，黄忠敬译，华东师范大学出版社2001年版。

［美］欧文·戈夫曼：《日常生活中的自我呈现》，冯钢译，北京大学出版社2008年版。

［美］帕梅拉·博洛廷·约瑟夫等：《课程文化》，余强译，浙江教育出版社2008年版。

［美］乔恩·威特：《社会学的邀请》，林聚任等译，北京大学出版社2008年版。

［美］乔治·H. 米德：《心灵、自我与社会》，赵月瑟译，上海译文出版社2005年版。

［美］唐纳德·里奇：《大家来做口述历史：实务指南》，王芝芝、姚力译，当代中国出版社2006年版。

［美］托马斯·库恩：《科学革命的结构》，金吾伦、胡新和译，北京大学出版社2012年版。

［美］约翰·D. 布兰思福特等编著：《人是如何学习的——大脑、心理、经验及学校（扩展版）》，程可拉等译，华东师范大学出版社2012年版。

［美］约翰·波洛克、乔·克拉兹：《当代知识论》，陈真译，复旦大学出版社2008年版。

［美］约翰·杜威：《杜威全集·中期著作（1899—1924）》第四卷（1907—1909），陈亚军、姬志闯译，华东师范大学出版社2010年版。

［美］约翰·杜威：《经验与自然》，傅统先译，商务印书馆2017年版。

［美］约翰·杜威：《民主主义与教育》，王承绪译，人民教育出版社1990年版。

[美] 朱丽叶·M. 科宾、[美] 安乾坤尔姆·L. 施特劳斯：《质性研究的基础：形成扎根理论的程序与方法》，朱光明译，重庆大学出版社2015年版。

[日] 大前研一：《低欲望社会："丧失大志时代"的新·国富论》，姜建强译，上海译文出版社2018年版。

[日] 加藤谛三：《与内心的冲突和解》，赵净净译，中国友谊出版公司2019年版。

[英] A. V. 凯利：《课程理论与实践》，吕敏霞译，中国轻工业出版社2007年版。

[英] 爱德华·泰勒：《原始文化》，蔡江农编译，浙江人民出版社1988年版。

[英] 保罗·威利斯：《学做工：工人阶级子弟为何继承父业》，秘舒、凌旻华译，译林出版社2013年版。

[英] 大卫·利奥波德：《青年马克思——德国哲学、当代政治与人类繁荣》，刘同舫、万小磊译，中山大学出版社2017年版。

[英] 卡尔·波普尔：《通过知识获得解放：关于哲学历史与艺术的讲演和论文集》，范景中、陆丰川、李本正译，中国美术学院出版社2014年版。

[英] 凯西·卡麦兹：《建构扎根理论：质性研究实践指南》，边国英译，重庆大学出版社2009年版。

[英] 罗素：《冲突的原由》，吉林大学出版社、吉林音像出版社2004年版。

[英] 罗素：《人类的知识——其范围与限度》，张金言译，商务印书馆2018年版。

[英] 迈克尔·波兰尼：《个人知识：朝向后批判哲学》，徐陶译，上海人民出版社2017年版。

[英] 麦克·F. D. 扬主编：《知识与控制——教育社会学新探》，谢维和、朱旭东译，华东师范大学出版社2002年版。

［英］约翰·洛克：《教育漫话》，杨汉麟译，人民教育出版社 2005 年版。

《马克思恩格斯全集》（第二卷），人民出版社 2005 年版。

《马克思恩格斯全集》（第一卷），人民出版社 1995 年版。

北京大学哲学系外国哲学史教研室编译：《古希腊罗马哲学》，商务印书馆 1961 年版。

李秋零主编：《康德著作全集第 3 卷：纯粹理性批判》，中国人民大学出版社 2004 年版。

李秋零主编：《康德著作全集第 5 卷：实践理性批判　判断力批判》，中国人民大学出版社 2004 年版。

中共中央马克思恩格斯列宁斯大林著作编译局编译：《资本论》（第一卷），人民出版社 2018 年版。

英文参考文献

一　著作

Andrew Mason, *Community, Solidarity and Belonging: Levels of Community and Their Normative Significance*, Cambridge: Cambridge University Press, 2000.

Bourdieu, P., *The Form of Capital* (R. Nice Trans.), in L. C. Richardson (Ed.). *Handbook of Theory and Research for the Sociology of Education*, New York: Greenwood Press, 1986.

Diggins, J. P., *The Promise of Pragmatism*, The University of Chicago Press, 1994.

Freire, P., *Teachers as Cultural Workers: Letters to Those Who Dare Teach*, Boulder, Colo., Westview Press, 1998.

Jake Ryan and Charles Sackrey, *Strangers in Paradise: Academics from the Working Class*, South End Press, 1984.

Michael Polanyi, *The Study of Man*, London: Routledge & Kegan Paul,

1957.

Michael W. Apple, *Ideology and Curriculum.* (*Second Edition*), London & New York: Routledge & Kegan Paul Ltd, 1990.

Punday D., *Narrative Bodies: Toward a Corporeal Narratology*, New York: Palgrave Macmillan, 2003.

Winick, Charles, *Dictionary of Anthropology*, Totowa, N. J.: Littlefield, 1984.

二 论文

Alice Sullivan, "Cultural Capital and Educational Attainment", *Sociology*, Vol. 35, No. 4, 2001.

Amanda Gilbertson, "'Mugging Up' Versus 'Exposure': International Schools and Social Mobility in Hyderabad, India", *Ethnography and Education*, Vol. 9, No. 2, 2014.

Andre, J. B., and Baumard, N., "Cultural Evolution by Capital Accumulation", *Evolutionary Human Sciences*, No. 2, 2020.

Ann Walker Nielsen, *This Is a Job!: Second Career Teachers' Cultural and Professional Capital and the Changing Landscape of Teaching*, Ph. D. dissertation, Arizona State University, 2014.

Annette Lareau and Erin McNamara Horvat, "Moments of Social Incdusion and Exdusion: Race, Class, and Cultural Capital in Family-School Relationships", *Sociology of Education*, Vol. 72, No. 1, 1999.

Annette Lareau, "Social Class Differences in Family-School Relationships: The Importance of Cultural Capital", *Sociology of Education*, Vol. 60, No. 2, 1987.

Audrey Lucero, "Dora's Program: A Constructively Marginalized Paraeducator and Her Developmental Biliteracy Program", *Anthropology & Education Quarterly*, Vol. 41, No. 2, 2010.

Barone, C., "Cultural Capital, Ambition and the Explanation of Inequalities in Learning Outcomes: A Comparative Analysis", *Sociology*, Vol. 40, No. 6, 2006.

Basit, T., "Educational Capital as a Catalyst for Upward Social Mobility Amongst British Asians: A Three-Generational Analysis", *British Educational Research Journal*, Vol. 39, No. 4, 2013.

Birgit Becker, "How Often Do You Play with Your Child? The Infuence of Parents Cultural Capital on the Frequency of Familial Activities from Age Three to Six", *European Early Childhood Education Research Journal*, Vol. 22, No. 1, 2014.

Brittney Van Tonder, Alison Arrow and Tom Nicholson, "Not Just Storybook Reading: Exploring the Relationship Between Home Literacy Environment and Literate Cultural Capital Among 5-Year-Old Children as They Start School", *Australian Journal of Language and Literacy*, Vol. 42, No. 2, 2019.

Buffy Smith, *Demystifying the Higher Education System: Rethinking Academic Cultural Capital, Social Capital, and the Academic Mentoring Process*, Ph. D. Dissertation, University of Wisconsin-Madison, 2004.

Carolyn Puckett Griswold, *Families, Education, and Equity: The Role Social and Cultural Capital*, Ph. D. Dissertation, University of Georgia, 1994.

Cheng Yong Tan, "Conceptual Diversity, Moderators, and Theoretical Issues in Quantitative Studies of Cultural Capital Theory", *Education Review*, Vol. 69, No. 5, 2017.

Cheng Yong Tan, "Examining Cultural Capital and Student Achievement: Results of a Meta-Analytic Review", *Alberta Journal of Educational Research*, Vol. 63, No. 2, 2017.

Christina DeRoche, "Labels in Education: The Role of Parents and Parental Cultural Capital in Acquiring Diagnoses and Educational Accommodations", *Canadian Journal of Education*, Vol. 38, No. 4, 2015.

Cliona Hannon, Daniel Faas and Katriona O'Sullivan, "Widening the Educational Capabilities of Socio-Economically Disadvantaged Students Through a Model of Social and Cultural Capital Development", *British Educational Research Fournal*, Vol. 43, No. 6, 2017.

Crescentia Fatima Thomas, *Peer Mentorship and Cultural Capital Among High School Students*, Ph. D. Dissertation, University of the Pacific, 2014.

Dustin Hornbeck, "Dewey and Bourdieu: Experience, Habit and a New Direction for Education Reform", *The Journal of Educational Thought*, Vol. 52, No. 1, 2019.

Ebrahim Khodadady, Farnaz Farokh Alaee and Mottahareh Natanzi, "Factors Underlying the Social and Cultural Capitals of High School Students and Their Relationship with English Achievement", *Theory and Practice in Language Studies*, Vol. 1, No. 11, 2011.

EI-Bilawi and Hassan H. , *Schooling in Industrial Society: A Critical Study on the Political Economy and Cultural Capital Theories in the Sociology of Education*, Ph. D. Dissertation, Univrsity of Pitsburgh, 1982.

Elisabeth Anne Palmer, *Cultural Capital and School Success: Implications for Student Achievement*, Ph. D. Dissertation, University of Minnesota, 2001.

Fataar, A. , "Pedagogical Justice and Student Engagement in South African Schooling: Working with the Cultural Capital of Disadvantaged Students", *Perspectives in Education*, Vol. 30, No. 4, 2012.

Gilbert Brown, Beth Hurst, and Cindy Hail, "Early Reading Experiences: An Artifact of Cultural Capital", *Critical Questions in Education*, Vol. 7, No. 2, 2016.

Gloria Park, Carol Rinke and Lynnette Mawhinney, "Exploring the Interplay of Cultural Capital, Habitus, and Field in the Life Histories of Two West African Teacher Candidates", *Teacher Development*, Vol. 20, No. 5, 2016.

Heather D. Curl, *The "Ongoing Culture Shock" of Upward Mobility: Cultural Capital, Symbolic Violence and Implications For Family Relationships*, Ph. D. Dissertation, University of Pennsylvania, 2013.

Herman G. van de Werfhorst, "Cultural Capital: Strengths, Weaknesses and Two Advancements", *British Journal of Sociology of Education*, Vol. 31, No. 2, 2010.

Hh ne, and Sproll, "Devaluation of Cultural Capital on Online Platforms and the Changing Shape of the Social Space", *Work Organisation, Labour and Globalisation*, Vol. 14, No. 1, 2020.

Ingrid Lin, *Cultural Capital: Perceptions of Culturally-responsive Teaching and Student Engagement for At-Risk Students*, Ph. D. Dissertation, University of Redlands, 2015.

Jacqueline Olga Cooke-Rivers, *On the Nature of Cultural Capital: The Reinforcing Action of Non-Elite Forms and Racial Differences in Student Achievement in the Middle Class*, Ph. D. dissertation, Harvard University, 2014.

James P. Spillane, and Tim Hallett and John B. Diamond, "Forms of Capital and the Construction of Leadership: Instructional Leadership in Urban Elementary Schools", *Sociology of Education*, Vol. 76, No. 1, 2003.

Jennifer Anne Jacobson, *The Gendered Processes of Hidden Curriculum and Cultural Capital Within Two Teacher Preparation Programs*, Ph. D. dissertation, Arizona State University, 2008.

Jorge Jeria, *Educational Journey of First Generation, Foreign-Born Immigrant Students in the U. S. : Transnational Experiences and the Role of Cultural Capital in Pursuing Higher Education*, Ph. D. dissertation, Northern llinois University, 2017.

Josipa Roksa and Daniel Potter, "Parenting and Academic Achievement: Intergenerational Transmission of Educational Advantage", *Sociology of Education*, Vol. 84, No. 4, 2011.

Jun Xu and Gillian Hampden-Thompson, "Cultural Reproduction, Cultural Mobility, Cultural Resources, or Trivial Effect? A Comparative Approach to Cultural Capital and Educational Performance", *Comparative Education Review*, Vol. 56, No. 1, 2012.

Karen Kostenko and Peter Merrotsy, "Cultural and Social Capital and Talent Development: A Study of A High-Ability Aboriginal Student in A Remote Community", *Gifted and Talented International*, Vol. 24, No. 2, 2009.

Kate M. Wegmann, M. S. W., and Gary L. Bowen, "Strengthening Connections Between Schools and Diverse Families: A Cultural Capital Perspective", *The Prevention Researcher*, Vol. 17, No. 3, 2010.

Knaggs, C., Sondergeld, T., Provinzano, K., Fischer, J. M., & Griffith, J., "MeasuringCollege-Going Cultural Capital of Urban High School Seniors in a Voluntary College Preparatory Program", *The High School Journal*, Vol. 104, No. 1, 2020.

Leticia Marteleto and Fernando Andrade, "The Educational Achievement of Brazilian Adolescents: Cultural Capital and the Interaction between Families and Schools", *Sociology of Education*, Vol. 87, No. 1, 2014.

Liliya Leopold and Yossi Shavit, "Cultural Capital Does Not Travel Well: Immigrants, Natives and Achievement in Israeli Schools", *European Sociological Review*, Vol. 29, No. 3, 2013.

Lina Guan, "Investigation into Current Condition of the Cultural Capital of Chinese EFL Teachers in the Universities of Sichuan Province in China", *Theory and Practice in Language Studies*, Vol. 9, No. 5, 2019.

Mads Meier Jager, "Does Cultural Capital Really Affect Academic Achievement? New Evidence from Combined Sibling and Panel Data", *Sociology of Education*, Vol. 84, No. 4, 2011.

Mads Meier Jxger, "Equal Access but Unequal Outcomes: Cultural Capital and Educational Choice in a Meritocratic Society", *Social Forces*, Vol. 87,

No. 4, 2009.

Matza, David and Gresham Sykes, "Juvenile Delinquency and Subterranean Values", *American Sociological Review*, Vol. 26, No. 5, 1961.

Megan Thiele, *Class, Cultural Capital and the Elite University: A Look at Academic and Social Adjustment and Relations with Authority*, Ph. D. Dissertation, University of California, Irvine, 2011.

Moore, Rob, "Cultural Capital: Objective Probability and the Cultural Arbitrary", *British Journal of Sociology of Education*, Vol. 25, No. 4, 2004.

Nathan D. Martin · Kenneth I. Spenner, "Capital Conversion and Accumulation: A Social Portrait of Legacies at an Elite University", *Research of Higher Education*, No. 50, 2009.

Ochkina, and A., V., "The Social Mechanisms of the Reproduction of the Cultural Capital of Families in a Provincial Russian City", *Russian Education & Society*, Vol. 53, No. 3, 2011.

Olneck, and M., "Can Multicultural Education Change What Counts as Cultural Capital?", *American Educational Research Journal*, Vol. 37, No. 2, 2000.

Patrick Lie Andersen and Marianne Nordli Hansen, "Class and Cultural Capital-The Case of Class Inequality in Educational Performance", *European Sociological Review*, Vol. 28, No. 5, 2012.

Richard S. Clucas, *A Case Study of the After-School Programs at Tomorrow's Aeronautical Museum and the Development of Embodied Cultural Capital*, Ph. D. dissertation, Claremont Graduate University, 2015.

Rodríguez, and Louie F., "Dialoguing, Cultural Capital, and Student Engagement: Toward a Hip Hop Pedagogy in the High School and University Classroom", *Equity & Excellence in Education*, Vol. 42, No. 1, 2009.

Ryan Wells, "The Effects of Social and Cultural Capital on Student Persistence: Are Community Colleges More Meritocratic?", *Community College*

Review, Vol. 36, No. 1, 2008.

Sarah M. Ovink · Brian D. Veazey, "More Than "Getting Us Through": A Case Study in Cultural Capital Enrichment of Underrepresented Minority Undergraduates", *Research of Higher Education*, No. 52, 2011.

Sergej Flere, Marina Tavčar Krajnc, Rudi Klanjšek, Bojan Musil, and Andrej Kirbiš, "Cultural Capital and Intellectual Ability as Predictors of Scholastic Achievement: A Study of Slovenian Secondary School Students", *British Journal of Sociology of Education*, Vol. 31, No. 1, 2010.

Shelley R. Espinosa, *The Impact of Cultural Capital on Advancement Via Individual Determination Students From Two Southern California High Schools*, Ph. D. Dissertation, University of Southern California, 2012.

Somaye Piri, Reza Pishghadam and L. Quentin Dixon and Zohreh Eslami Rasekh, "Predictors of L2 Achievement: Testing a Model Based On EFL Learners' Emotional, Social, and Cultural Capitals", *Issues in Educational Research*, Vol. 28, No. 3, 2018.

Soo-yong Byun, *Cultural Capital and School Success: The Case of South Korea*, Ph. D. Dissertation, University of Minnesota, 2007.

Stephanie Claussen, Jonathan Osborne, "Bourdieu's Notion of Cultural Capital and Its Implications for the Science Curriculum", *Science Education*, Vol. 97, No. 1, 2013.

Susan A. Dumais, "Cultural Capital, Gender, and School Success: The Role of Habitus", *Sociology of Education*, Vol. 75, No. 1, 2002.

Tamela McNulty Eitle, David J. , "Eitle. Race, Cultural Capital, and the Educationall Effects of Participation in Sports", *Sociology of Education*, Vol. 75, No. 4, 2002.

Veselina Lambrev, "Cultural Mismatch in Roma Parents' Perceptions: The Role of Culture, Language, and Traditional Roma Values in Schools", *Alberta Journal of Educational Research*, Vol. 61, No. 4, 2015.

Vincent J. Roscigno and James W. Ainsworth-Darnell, "Race, Cultural Capital, and Educational Resources: Persistent Inequalities and Achievement Returns", *Sociology of Education*, Vol. 72, No. 7, 1999.

Werner Georg, "Cultural Capital and Social Inequality in the Life Course", *European Sociological Review*, Vol. 20, No. 4, 2004.

Yamamoto, Y., and Brinton, M. C., "Cultural Capital in East Asian Educational Systems: the Case of Japan", *Sociology of Education*, Vol. 83, No. 1, 2010.

后 记

历史社会学教授黄宗智说"学术研究的问题意识根本上是来自于自己的情感"。执着于对课程文化资本运作研究的选择正是受到我自身成长体验的加固。课程文化资本的运作是一个复杂的课题，于我这种教育学背景的研究生是既恰切又重要，恰切的是这个课题仅仅围绕在知识如何教、如何学以及如何利用的问题上，符合教育学的意旨；重要的是这个课题融合了社会图景、生命成长图景、价值与关系图景等等人的重大取向，深入教育学的关怀。博士生活四年如一日，时常出现混乱、漏洞、错误、偏见，但是我未曾气馁。直到此时，回顾我放在对这些身边接触的乡邻及他们各自的知识劳动过程的精力和心思，把研究做在自己所有的背景中，成长的、专业的、心理的和情感的，回归那些熟悉又陌生的行为，回归那个熟悉又陌生的角色，我内心之感尤切。

研究之路上幸而遇见这么多给予我提携、支持和信任的人。我的导师吴永军教授总能在关键地方为我答疑解惑，并且提供有价值的思考方向，我秉记于心的包括论文的立论、方法论、研究过程、研究结论等方面的探讨。吴老师丰厚的哲学认识和针对性的社会学关怀总是能令我唏嘘自己的无知、片面和弱小，同时也能够激发我对研究的热情和动力。可以说，吴老师的学术风貌为我展现了这项工作的独特魅力。吴老师有时候也很严厉，尤其在学术问题上，会批评、否定，也会质疑，这些确实很容易打击到一个并不那么肯定自身学术力量的人。

不过，我仍然感激吴老师的谆谆教导和扶持，尤其是今日的回想，当时的那些受伤挫败感着实是情绪化了，导致看不清每一次讨论所带给我对于研究规范梳理能力的提升，所以他是这样一位严谨的学者，看似打击，实则每一步都是学术思维的引导。

我很感谢师兄弟姐妹们通过师门读书与讨论会、日常自由交流以及各种学术沙龙等途径倾力为我出谋划策。博士师兄诸芫泽经常关心我的论文进度，为我提供了很多研究资料；博士师弟郭方涛是一个和善、绅士、温暖的男生，有时候我们会就相互的研究选题和研究工具的使用交换意见，他对学术的真诚和纯粹常常让我感到敬佩；付维维师姐是与我同时进入师门的在职博士，她就像亲姐姐一样关心爱护我、我们共同合作，彼此取长补短，可以说是对彼此的论文非常熟悉，完全称得上是彼此的见证者；而杨东亚师兄、殷雪萍师姐和俞霞师姐以及刘礼兰师妹等也是日常学习和写论文过程中交流很多的伙伴，还有诸多硕士师妹，包括但不限于闫恺蓉、何黎梅、吴柔媚、张艺萌等，此外，我要特别感谢来自西南大学教育学部的姜文静博士、盛雅琦博士与宋莉博士在博士论文写作进程中与我共享资源，相互批评指正，共同进步，我们深厚的学术友谊是对彼此最好的支持。

另外，我还想要感谢南师大教科院的老师和同学。黄伟老师指出我在研究问题链上存在逻辑顺序漏洞，徐文彬老师提醒我注意文化资本概念的限定范围、课程文化资本运作主体的地位和教育自传研究方法的清晰使用，李如密老师希望我深度挖掘研究问题的核心和关键，进一步聚焦在课程与教学论研讨领域内。教科院其他老师像齐学红老师、高妙老师、项贤明老师等都是我的良师，他们通过有生命力的课程引领我去构建全新的研究视野和研究格局。教科院的同学既优秀又努力。罗英师姐、宋岭师兄，还有张涛博士、段乔雨博士、魏同玉博士、黄盼盼博士和孙彦婷博士等都是我的学习榜样。李小玉、魏光文、李秀梅、于盼、刘屹桥、乔义凯等师妹师弟都是我朝夕相处的战友。还有张冰、雷晓庆和周亚文等博士都是我的益友。

后 记

对于默默支持我的家人，除了将他们的付出默记于心，用更多的关爱和在乎回报他们，我想还有我变得越来越好才能够让他们宽心。这些年，我和家人相聚的时间屈指可数，这就是生活，起起伏伏，磕磕绊绊，丝丝连连，不断地酝酿爱意，体会爱意，回馈爱意。我真诚地感恩家人一直以来的包容和支持，让我无后顾、有勇气、坦坦荡荡地走过每一段人生路，包括畅游未来。

最后，我想要郑重地感谢江苏大学教师教育学院在研究、写作和成书过程中提供的支持。傅茂旭、秦鑫鑫等诸位同仁以专业的视角帮助我进行书稿修改，尽力找出并解决存在的问题，让这本书能够以较为完善的面貌呈现出来。此外，我还要由衷感谢中国社会科学出版社的高歌编辑，是高编辑以其高度专业的水准为这本书细致把关，从题目的修订、内容的逻辑、语言的表达到格式的规范，每一个方面都有幸让高编辑为之操心，这感激之情必定长存于心。限于本人的学识和阅历，本书在思考和写作中难免存在错误和浅薄，敬请读者批评指正。

仇盼盼
于南师大随园校区
2022 年小满
2024 年 2 月修订